Rudolf
Mayerhofer

Die schönsten Schitouren in Vorarlberg

100 reizvolle Routen

lœwenzahn

Die schönsten Schitouren in Vorarlberg – Übersicht

Vorwort

Dieser Winterführer wendet sich an alle Fans von Vorarlbergs Bergwelt, ob selbst Vorarlberger oder Gast unseres Landes. Er beschreibt erlebnisreiche Touren im winterlichen Gebirge. Dabei kann es sich natürlich nur um eine Auswahl handeln. Trotzdem werden über 150 Gipfel beschrieben, ein Zeugnis der Vielfalt, die Vorarlberg zu bieten hat. Es wird dabei auch auf Tourengeher mit Snowboard, mit Schneeschuhen und mit Firngleiter Rücksicht genommen. Somit handelt es sich nicht um einen reinen Schitourenführer, sondern um einen alpinen Wintererlebnisführer.

Abseits der gesicherten Pisten sind die Berge Vorarlbergs im Winter oft nicht besonders leicht zu erreichen. Die Anzahl der leichten Grashügel, die an genügend Tagen im Jahr eine Schneedecke aufweisen, aber nicht durch Lifte erschlossen sind, ist beschränkt. Einige Ziele sind felsige Gipfel, die Trittsicherheit erfordern. Trotzdem gibt es sowohl Touren für Anfänger als auch für leistungsstarke Bergsteiger.

Die Touren- und Routenauswahl erfolgte im Gespräch mit einheimischen Tourenfans. Dabei wurde davon ausgegangen, dass die meisten Vorarlberger Tourengeher im Bereich Rheintal und Walgau wohnen und von hier anreisen. Die meisten Touren sind als Tagestouren gedacht, da die Berghütten im Winter meist geschlossen sind. Nur in der Silvretta sind sie über Weihnachten und von März bis Mai meist offen.

Ich wünsche dem Benutzer dieses Führers viele erlebnisreiche und unfallfreie Touren in Vorarlbergs Bergwelt.

Rudolf Mayerhofer

Gamsfreiheit

Einführung

Der vorliegende Führer deckt den gesamten Vorarlberger Raum, Liechtenstein und angrenzende Bereiche der Schweiz ab. Zur besseren Orientierung wurde eine Gliederung nach Ausgangspunkten gewählt, da vom gleichen Standort oft mehrere Touren erreicht werden können.
Viele Touren erfordern einen Anstieg von mehr als 900 Höhenmetern. Durch die Höhe und Steilheit sind fundierte Kenntnisse und ausreichende Erfahrung in der Einschätzung der Lawinengefahr und Spuranlage erforderlich. Eine gewisse Grundkondition ist eine weitere Voraussetzung für das Genießen-Können der Touren.
Es sind auch leichte und kurze Touren im Führer zu finden. Anfänger sollten jedoch unbedingt mit einem erfahrenen Kollegen mitgehen, der für die richtige Einschätzung der Verhältnisse sorgt.
Wie bei allen Unternehmungen in den Bergen hängt die Sicherheit von den „Eindringlingen" selbst ab. Ausreichende Kenntnisse in Tourenplanung, Routenfindung und Erkennung der alpinen Gefahren müssen in der Tourengruppe vorhanden sein und können weder an die Führerliteratur noch an den Lawinenwarndienst delegiert werden. Auch der Umgang mit Notsituationen (Verschüttetensuche und Erste Hilfe) muss ausreichend geübt sein.
Um zu einem „Experten" zu werden, muss man mehrere Jahre zu allen Jahreszeiten und an verschiedenen Zielen Erfahrung sammeln. Ergänzende Theorie ist auch erforderlich, um die Ernsthaftigkeit der winterlichen Berge einschätzen zu lernen.

Tourenbeschreibungen

Haben Berge einen großen Teil des Anstieges gemeinsam, werden sie zu einem Kapitel zusammengefasst. In den Tourenbeschreibungen werden meist die Ortsnamen der AustrianMap (die elektronische Österreichkarte) verwendet. In einigen Fällen, in denen die Vorarlberger Aussprache deutlich abweicht, wurde auf die lokal übliche Bezeichnung zurückgegriffen.

Windeggerspitze

Die Schwierigkeitsangaben basieren auf folgender Definition:

(1) leicht
Übersichtliches, nicht sehr steiles Gelände. Die Tour ist für Anfänger geeignet.

(2) mittel
Die Steilheit erfordert schon Spitzkehren, die Einschätzung der Gefahr benötigt Routine. Der Gipfelanstieg mit Schiern ist manchmal nicht möglich.

(3) schwierig
Die Touren setzen sehr gute Kondition und sicheres Beherrschen von Spitzkehren voraus. Die Gipfelbesteigung erfordert oft kurze Kletterei. Die Abfahrten erfordern hohes schifahrerisches Können in steilem Gelände bei gleichzeitig schwierigem Schnee.

(4) sehr schwierig
Diese Touren stellen hohe Anforderungen an Kondition, Orientierung, Gefahreneinschätzung und Klettern in Fels und Eis. Nur sehr gute Allround-Bergsteiger können solche Touren gefahrlos bewältigen.
Diese Art von Touren wurde im Führer nicht aufgenommen.

In den beiliegenden Karten wird folgende Symbolik verwendet:

Hauptroute

Fußgängervariante

Routenvariante

Abfahrt, die von Anstieg abweicht

Verhalten im Gebirge

Der Mensch ist nur Gast in der winterlichen Natur. Deshalb sollte er sich auch dementsprechend verhalten. Dazu gehört, dass Müll wieder ins Tal genommen wird, dass er sich ruhig verhält und das Wild nicht stört und dass keine Pflanzen zu Schaden kommen.
Speziell sollten ausgewiesene Wildruhezonen und Jungwälder gemieden werden.

Monatsangaben

Bei den Monatsangaben handelt es sich um grobe Richtwerte. Je nach Schneereichtum beziehungsweise -armut des Winters kann es zu beträchtlichen Verschiebungen kommen. Auch regional kann es deutliche Unterschiede geben.
Trotzdem sollten die Touren nicht früher als angegeben begangen werden. Leider hat es sich in den letzten Jahren eingebürgert, dass auch Touren im Hochgebirge immer früher im Winter begangen werden. Gerade in der Silvretta ist aber eine ausreichende Überdeckung der Spalten am Gletscher notwendig. Dies ist nun mal erst etwa ab März der Fall.
Bei manchen Touren sind die Verhältnisse nur sehr kurze Zeit gut. Unter Einbezug des Wetters ergeben sich also nicht viele mögliche Tourentage (z.B. Madererspitze – Tour 53). Mitunter muss man auch den Abbruch einer Tour beschließen, um nicht mutwillig in Gefahr zu geraten.
Die Verwendung von Firngleiter und Short Carver ist nur im Mai und Juni sinnvoll, deshalb wird bei der Monatsangabe darauf keine Rücksicht genommen.

Kartenausschnitte

Alle Kartenausschnitte sind im gleichen Maßstab (1:50.000) und lagerichtig dargestellt (Norden oben). Auf einer Tour sollte zusätzlich eine vollständige Karte mitgenommen werden. Einerseits ist diese wetterfester, anderseits ist darauf auch das Gebiet im weiteren Umfeld der Tour erkennbar. Auch die angrenzenden Karten können von Vorteil sein.

Höhenunterschied

Der Höhenunterschied ist die wichtigste Grundlage zur Ermittlung der Anstiegszeiten. Die angegebenen Werte wurden mittels der Höhen in der Karte rechnerisch und nicht mittels der Aufzeichnungen eines elektronischen Höhenmessers ermittelt. Sie sind deshalb immer etwas gerundet. Sind im Aufstieg und bei der Abfahrt gleich viel Höhenmeter zu überwinden, wird nur ein Wert angegeben.

Zeitangaben

Die Zeitangaben beziehen sich auf die jeweils erstgenannte Hauptroute. Weichen sie bei Varianten merklich ab, wird dies separat erwähnt. Die Zeiten sind als Richtwerte zu betrachten und beinhalten keine Pausen, kurze Stopps für einen Schluck aus der Thermoskanne oder das Verspeisen eines Riegels ausgenommen. Sie setzen eine normale Kondition und gute Verhältnisse voraus. Muss erst eine Spur angelegt werden, sind die Zeiten kaum erreichbar. In steilem Gelände kann fehlende Routine bei Spitzkehren viel Kraft und zusätzlich Zeit erfordern. Für die Abfahrten sind keine Zeitangaben sinnvoll.
Bei Übergängen ist die Zeit von Hütte zu Hütte gerechnet. Die Abfahrtszeiten sind hier mit enthalten. Dabei wird von einem durchschnittlich sicher fahrenden Schifahrer ausgegangen, der ein rasches Entfernen und Aufkleben der Felle beherrscht. Dies gilt auch für Zwischenabfahrten im Anstieg.

Lawinengefahr

Jede Bergtour in Tiefschnee birgt die Gefahr von Lawinen. Neben der Mitnahme der entsprechenden Notfallausrüstung (LVS-Gerät, Schaufel, Sonde, Erste-Hilfe-Paket, Biwaksack) ist vorausschauendes, Risiko vermeidendes Verhalten erforderlich. Grundlage ist eine möglichst realistische Einschätzung des Gefahrenpotenzials. Auch die Verwendung von aktiven Sicherheitssystemen wie Airbag, Avalanche Ball und Avalung sollten nicht zu erhöhter Risikobereitschaft führen, denn diese Systeme erfordern eine aktive Auslösung.

Zur Beurteilung der Gefahr stehen verschiedene Methoden zur Verfügung (Stop-or-Go, Reduktionsmethode, SnowCard), die allerdings nicht allein aus Büchern gelernt werden können. Der Vorarlberger Lawinenwarndienst bietet fundierte Hinweise zur allgemeinen Lage. Zusätzlich ist eine Beurteilung vor Ort unbedingt erforderlich.

Es ist leider oft zu beobachten, dass von den vielen Informationen des Lawinenlageberichtes meist nur die Warnstufe registriert wird und einfach auf die entsprechenden „erlaubten“ Hangneigungen umgelegt wird. Diese unzulässige Vereinfachung der Stop-or-Go-Methode kann leicht zu Unfällen führen. Schneeverfrachtungen durch die üblichen Westwinde ergeben oft eine deutlich höhere Gefahr, als die allgemeine Lage vermuten lässt.

Orientierung

Die Orientierung ist im Winter im Vergleich zum Sommer schwieriger und einfacher zugleich. Einerseits sind viele Markierungen unter dem Schnee verborgen, anderseits kann man sich den Weg selbst gestalten und manches Hindernis auch einfach „übergehen“. Die einheitlichen Wegweiser können auch im Winter eine wichtige Hilfe sein. Sie sind klar erkennbar und weisen auch oft Höhenangaben auf. Wegweiser in Pink bezeichnen Winterwanderwege, die für Fußgänger begehbar sind.

Die Verwendung von GPS-Geräten ist nicht unbedingt erforderlich. Viele Tourengeher verwenden solche aber zur Aufzeichnung der Route und anschließender Betrachtung in Google Earth. Verwendet man GPS-Daten von anderen Bergsteigern, sollte man sich nicht sklavisch an solche Routen halten, denn die Bedingungen bei der Aufzeichnung können sich merklich von den aktuellen unterscheiden und eine eigene Spurwahl aus Sicherheitsgründen kann sehr zu empfehlen sein.
Zur Eingabe in Straßennavigationssysteme ist bei jeder Tour die Ausgangskoordinate angegeben.

Anreise mit öffentlichen Verkehrsmitteln

Bei einer Anreise mit öffentlichen Verkehrsmitteln kann im Internet unter www.vmobil.at der aktuelle Fahrplan ermittelt werden. Leider werden im Winter nicht alle Ziele angefahren, und im Frühjahr ist man mit öffentlichen Verkehrsmitteln meist zu spät am Ausgangspunkt.

Rheintal

Das Rheintal ist der Hauptsiedlungsbereich von Vorarlberg. Sowohl auf schweizer als auch auf österreichischer Seite reihen sich Gemeinde an Gemeinde. Die Höhe des Talbodens liegt in Bregenz bei 400 m und in Feldkirch bei 458 m.
Durch die kurzen Anfahrwege gehören auch Ziele in der angrenzenden Schweiz und in Liechtenstein zum Nahbereich des Vorarlberger Rheintales und werden deshalb hier beschrieben. Schließlich trifft man hier fast gleich viele Vorarlberger wie Schweizer oder Liechtensteiner.
Als Kriterium zur Aufnahme einer Tour in diesen Führer galt, dass die Tour vollständig auf einer Österreichkarte M 1: 50.000 abgebildet ist.
Durch die allgemeine Erwärmung reicht der Schnee nur selten bis ins Tal und nur wenige angrenzende Berge übersteigen die 2.000-Meter-Grenze. Trotzdem gibt es überraschend viele Tourenziele. Liegt auch im Tal Schnee, sind viele der Touren sogar sehr lange und anstrengend.
In Rankweil mündet das Laternsertal ins Rheintal. Es bietet eine Vielzahl interessanter und eher kürzerer Touren. In Liechtenstein ist das kleine Seitental von Malbun das Herz des Schitourengeschehens.

Knapp unter der Hohen Kugel

Vorarlberger Rheintal

Gebirge: Bregenzerwaldgebirge

Talorte: Bregenz (397 m), Dornbirn (429 m), Hohenems (415 m), Götzis (433 m), Klaus (478 m), Weiler (486 m), Rankweil (502 m), Feldkirch (458 m)

Ausgangspunkte: Rickatschwende (850 m), Bödele (1.139 m), Ebniterstraße – Abzweigung Niedere (725 m), Ebnit (1.075 m), Millrütte (1.106 m), Fraxern – Sportplatz Matschels (1.000 m)

Anreise: Die Talorte sind über die Autobahn erreichbar und entsprechend beschildert.
In Dornbirn sind die Anfahrten zum *Bödele* und nach *Ebnit* (steile, enge Straße) beschildert. Die Parkplätze am Bödele sind gebührenpflichtig.
Die Parkmöglichkeiten in Rickatschwende (entlang der Straße), bei der Ebniterstraße – Abzweigung Niedere und in Ebnit (gegenüber dem Alpenheim) sind knapp, d.h. besser den Bus benutzen!
Fraxern erreicht man über Klaus-Weiler. Der Parkplatz beim Sportplatz oberhalb des Ortes ist gebührenpflichtig. *Millrütte* wird von Götzis über eine sehr schmale Straße erreicht.

Öffentliche Verkehrsmittel: Die Talorte sind mit der Bahn erreichbar. Bei den Bahnhöfen starten jeweils die Stadt-, Orts- und Landbusse.
In Dornbirn fährt der Landbus Linie 38 aufs *Bödele* und die Linie 47 nach *Ebnit*.
Von Götzis bringen die Landbuslinien 59 und 60 den Fahrgast nach Weiler und anschließend die Linie 62 nach *Fraxern*, wobei der Sportplatz auf telefonische Anfrage (Rufbus) angefahren wird. Im Winter fährt bei Betrieb des Schleppliftes ein Schibus nach *Millrütte*.

Karten: ÖK-Blatt 111 + 140 + 141, ÖKU-Blatt 1218 + 1224, LKS-Blatt 218 + 228 + 227 + 237S + 238S, LKS-Blatt 1096 + 1115 + 1116 + 1135 + 1155 + 1136 + 1156, F&B-Blatt 364

Blick von der Hohen Kugel zum Hohen Freschen

1 Hochälpelekopf 1.464 m

Hochälpelehütte

Eine beliebte Bewegungstherapie für Anfänger und Profis – mit einer gemütlichen Einkehrmöglichkeit am Ziel: der Hochälpelehütte.

Gebirge: Bregenzerwaldgebirge
Talort: Dornbirn (429 m)
Ausgangspunkt: Rickatschwende (849 m)
Ausgangskoordinaten: N47 25 43.7 E9 46 54.5
Gehzeit: 2 Std.
Höhenunterschied: 620 Hm
Beste Jahreszeit: Dezember bis Anfang März
Karten: ÖK-Blatt 111, ÖKU-Blatt 1218, LKS-Blatt 218 + 228
Lawinensituation: Praktisch kein Risiko

Besonderheit: Aufs Hochälpele wird man es kaum schaffen, die erste Spur zu ziehen. Durch die Nähe zu Dornbirn ist dieses Ziel sehr beliebt. Die nordseitigen Grashänge erlauben schon bei wenigen Zentimetern Schnee den Anstieg. Reicht der Schnee bis ins Tal, kann auch direkt in Dornbirn, in Watzenegg oder sogar im Gütle, gestartet werden. Einmal im Jahr veranstaltet der ÖAV Dornbirn den Guntenlauf, der vom Gütle übers Hochälpele zum Gunten und wieder zum Hochälpele zurückführt. Dabei haben die Teilnehmer 2.074 Aufstiegshöhenmeter und 17,5 Streckenkilometer zu bewältigen.
Am Gipfel des Hochälpelekopfes steht die Hochälpelehütte. Sie lockt zu einer gemütlichen Einkehr, bevor man wieder abfährt. Deshalb ist sie auch am Abend als Tagesausklang interessant. Nicht weit davon lockt noch ein zweites Ziel – die Lustenauer Hütte, die auch für lange Abende bekannt ist.
An Wochenenden herrscht vor allem entlang der Route von Rickatschwende fast so viel Betrieb wie auf der Piste. Aber auch während der Woche muss man früh starten, will man Ruhe haben. Neben den beschriebenen Anstiegen gibt es noch eine Vielzahl von Varianten. Das gesamte Gebiet eignet sich auch sehr gut für Wanderer mit Schneeschuhen.

Anstieg: 150 m oberhalb von Rickatschwende startet man rechts über eine Wiese. Dann geht es auf dem Weg links der Langwies im Wald bis zur flachen Wiese des Foramoos (Naturschutzgebiet). Nun schwenkt man nach Süden, quert zwei Mal die Langlaufloipe und gelangt wieder in den Wald. Dabei sollte man sich unbedingt an die Markierungen halten! So erreicht man den oberen Weg von der Schwendealpe und etwas steiler geht es weiter auf den Lank (1.368 m). Hinter der Liftstation vorbei, immer den Kamm entlang, erreicht man das Hochälpele.

Abfahrt: Die Abfahrt folgt bis zum

Lanklift dem Anstieg. Dann fährt man die Piste hinab bis in den Bereich der Talstation. Nun geht es flach nach Westen (links) und nach Querung eines Güterweges gelangt man auf einem Waldweg wieder zum Foramoos. Ab hier folgt man wieder dem Anstieg.

Varianten

Anstieg vom Hochälpelelift [1a]

Ausgangspunkt:
Bödele-Hochälpelelift (1.078 m)

1¼ Std. · 400 Hm · leicht

Kurz nach dem Bödele beginnt auf der Bregenzerwälderseite der Hochälpelelift. Vor und nach Betriebsschluss ist es reizvoll, entlang der Piste aufs Hochälpele aufzusteigen (Achtung auf Pistenpräparierung). Abfahrt wie Anstieg.

Anstieg von Watzenegg [1b]

Ausgangspunkt: Watzenegg (647 m)

2½ Std. · 820 Hm · leicht

Direkt in Watzenegg geht es über Wiesen zur Schwende Alpe hoch, dann dem Weg den Kamm entlang auf den Lank und weiter aufs Hochälpele. Dieser Anstieg ist vor allem für Schneeschuhgeher interessant. Abfahrt wie Anstieg.

Anstieg von Schwarzenberg [1c]

Ausgangspunkt:
Schwarzenberg (696 m)

2½ Std. · 770 Hm · leicht

Von der Ortsmitte in Schwarzenberg geht es entlang der Schipiste in westlicher Richtung bergauf. Man passiert die Bergstation des Haldenliftes und zwischen Wald geht die Piste hinauf bis zum Hochälpele. Abfahrt wie Anstieg.

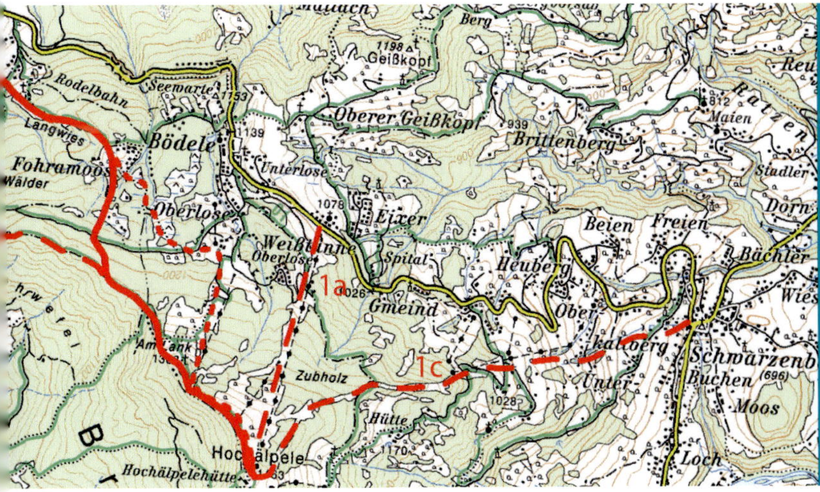

2

Dornbirner First:

Guntenkopf 1.765 m
Guntenspitze 1.811 m

Obersehrenalpe

Die „Krone“ von Dornbirn bietet trotz bescheidener Höhe eine eindrückliche Aussicht – und ist in angenehmer Schiwanderung zu erreichen.

Gebirge: Bregenzerwaldgebirge
Talort: Dornbirn (429 m)
Ausgangspunkt: Bödele (1.139 m)
Ausgangskoordinaten: N47 25 05.25 E9 49 04.9
Gehzeit: 4 Std.
Höhenunterschied: 1.000 Hm
Beste Jahreszeit: Dezember bis März
Karten: ÖK-Blatt 111, ÖKU-Blatt 1218 + 1224, LKS-Blatt 228
Lawinensituation: Bis zur Untersehrenalpe ist kaum ein Risiko vorhanden. Der Weiterweg ist steil und nach starken Schneefällen sollte man ihn besser meiden.

Besonderheit: Als First wird der Kamm zwischen Hangspitze und Mörzelspitze bezeichnet und beinhaltet den Guntenkopf und die Guntenspitze. Die Einsattelung zwischen Hangköpfe und Guntenspitze wird auch Gunten genannt. Der Gipfelhang des First ist steil und hat sehr lange Schnee. Unter der Nordseite des Gipfels breitet sich das Gebiet ums Hochälpele aus. Südwestseitig führt der oft überwechtete First zur Mörzelspitze und weiter zum weit entfernten Freschen. Ganz besonders eindrucksvoll ist die Aussicht über den Bodensee. Die niedrige Höhe und Nähe zur Stadt Dornbirn machen dieses Gebiet besonders attraktiv und beliebt. Das gesamte Firstgebiet eignet sich besonders gut für Schneeschuhwanderungen und bietet noch viele weitere Varianten. Der Anstieg vom Bödele ist größtenteils als Schiwanderung zu bezeichnen und passiert eine Vielzahl von Hütten, die zu einer Pause verlocken. Auf der Firsthütte sind an Wochenenden (Samstagabend bis Sonntagmittag) Mitglieder des Bergrettungsdienstes stationiert und es ist eine Notrufsäule verfügbar. Am Weg über Kobel kommt man weniger in Versuchung und es ist ruhiger. Das dabei durchwanderte Tal gehört zu den schönsten, die man sich vorstellen kann und gerade im kalten Hochwinter ist der teil-

Weißenfluhalpe

weise gefrorene Kobelbach eine Augenweide.
Auf den First gibt es 3 sehr unterschiedliche Anstiege. Die beiden im Nordwesten werden hier, der Anstieg von Mellau wird im Bereich Bregenzerwald beschrieben.

Anstieg: Vom Bödele gelangt man über den beschilderten Sommerweg (Spechtweg) zur Lustenauer Hütte (1.250 m). Natürlich kann man auch den Weg übers Hochälpele [Tour 1a] wählen. Weiter wandert man meist ziemlich flach zur Weißenfluhalpe (1.368 m). Dann geht es, vorbei an der Firsthütte, südseitig hinab zum Hottersattel. Anschließend steigt man nach Süden zur Untersehrenalpe (ca. 1.250 m) und weiter den Hang Richtung Gunten auf. Oberhalb 1.400 m wendet man sich nach rechts (Westen) (Achtung auf eventuelle Lawinengefahr!) und gelangt auf den Rücken, der von der Guntenspitze herunter zieht. Rechts kann man die Obersehrenalpe sehen und betritt den Gipfelhang, der von links nach rechts entlang des Sommerweges überwunden wird. Der Anstieg endet auf dem Sattel zwischen Guntenspitze und Guntenkopf, die beide abschließend leicht zu erreichen sind.

Abfahrt: Abfahrt wie Anstieg. Dies bedeutet zum Bödele Gegenanstiege. Den Gipfelhang befährt man meist an seiner linken Seite. Bei sicheren Verhältnissen kann man auch von der Guntenspitze

Kobelache

Guntenkopf

direkt nach Norden über die so genannte Wasserwanne abfahren. Dazu muss man zuerst nach Osten etwas Richtung Gunten absteigen, bevor man in den Hang queren kann.

Variante [2a]

Ausgangspunkt: Dornbirn – Ebniterstraße, Abzweigung Niedere (725 m)

4 Std. • 1.100 Hm • mittel

Von der Abzweigung Niedere geht man etwa 1 Stunde die Straße entlang bis zur Kobelalpe. Sie führt durch eine tief eingeschnittene Schlucht und ist oft durch Schneemobile gespurt. Nach ungefähr einer ¾ Stunde öffnet sich das malerische Tal kurz und man geht gerade weiter. Direkt oberhalb der Kobelalpe geht es nach rechts zum Gütler Schiheim – auch Gütler Berghütte genannt (am Wochenende in der Regel offen) und zur Mörzelspitze. Oberhalb der etwas höher gelegenen Hasengerach Alpe führt ein Güterweg in einem Bogen nach links zu einem steilen Hang, der hinauf zur Obersehrenalpe (1.519 m) führt, deren Kreuz mit Sitzbank einen tollen Aussichtspunkt darstellt. Über die Senke hinter der Alpe gelangt man zum steilen Gipfelhang (siehe oben). Man kann auch nach Westen um den felsigen Kopf herum und über den Rücken auf den Guntenkopf.
Abfahrt wie Anstieg, wobei ab der Kobelalpe Vorsicht geboten ist, da an schönen Tagen viele Fußgänger und, man lese und staune, Mountainbiker unterwegs sind und bei vereistem Weg ein hohes Abfahrtstempo erreichbar ist.

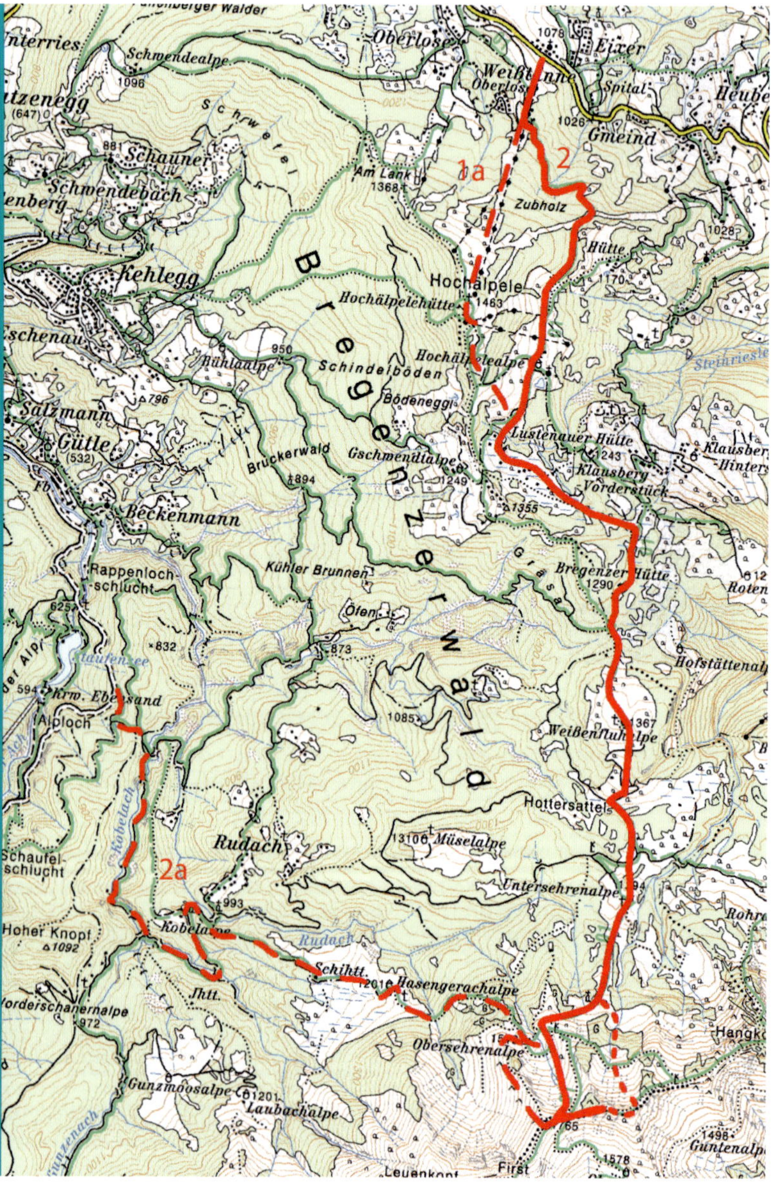
Oberlose
Eixer
Weißtanne
Oberlose
Spital
Gmeind
1a
2
Am Lank
1368
Zubholz
Schwendealpe
1096
Schauner
Schwendebach
Kehlegg
Bregenzerwald
Hochälpele
Hochälpelehütte
1463
Hochälpelealpe
Schindelböden
Bödeneggi
950
Bühlaalpe
796
Salzmann
Gütle
(532)
Beckenmann
Bruckerwald
894
Gschwendtalpe
1249
Lustenauer Hütte
1243
Klausberg
Vorderstück
1355
Bregenzer Hütte
1290
Rappenloch-schlucht
625
Kühler Brunnen
Öfen
873
832
Staufensee
594
Krw. Ebensand
Alploch
1085
Hofstättenalpe
1367
Weißenfluhalpe
Hottersattel
Kobelach
Rudach
1310
Müselalpe
2a
Untersehrenalpe
Schaufel-schlucht
993
Kobelalpe
Hoher Knopf
1092
Rudach
Schihtt.
Hasengerachalpe
Jhtt.
Vorderschanernalpe
972
Obersehrenalpe
Gunzmoosalpe
1201
Laubachalpe
1498
Guntenalpe
1578
First
1028
Hütte
1170
Steinriesle
Gunzenach
Hangkopf

3 Hohe Kugel 1.645 m

First 1.617 m

Im Abstieg von der Maisäßalpe

Kurze und einfache Tour, die grandiose Aussichten bereithält: ins Rheintal, zum Bodensee und auf den Hohen Freschen.

Gebirge: Bregenzerwaldgebirge
Talort: Klaus (478 m), Weiler (486 m)
Ausgangspunkt: Fraxern – Sportplatz Matschels (1.000 m)
Ausgangskoordinaten: N47 19 13.1 E3 41 1.4
Gehzeit: 2 Std.
Höhenunterschied: 650 Hm
Beste Jahreszeit: Dezember bis März
Karten: ÖK-Blatt 111, ÖKU-Blatt 1224, LKS-Blatt 228, LKS-Blatt 1096
Lawinensituation: Am Normalanstieg gering, beim Anstieg auf den First bei Neuschnee oft hohe Lawinengefahr!

Besonderheit: Von der Ferne unscheinbar ist die Hohe Kugel, der „Rheintalblick“ schlechthin. Das gesamte Tal breitet sich vor den Augen des Betrachters aus. Links liegt Liechtenstein, im Westen thront der Säntis und im Nordwesten ist der Bodensee zu sehen (falls kein Nebel die Sicht behindert). In die andere Richtung trifft der Blick auf den Hohen Freschen, liebevoll auch „Fröschen“ genannt.
Deshalb ist die „Kugel“ ein sehr beliebtes Ganzjahresziel für Halbtags- und Abendunternehmungen. Auch im Winter sind Wanderschuhe oft besser als Schier geeignet. Wem es hier zu hektisch ist, kann auf den First ausweichen. Hier ist man oft allein. Allerdings kann der Rundblick nicht mit dem von der „Kugel“ mithalten. Weiters ist der grasige Gipfelhang bei Neuschnee oft sehr lawinengefährlich und es sind in der Vergangenheit schon einige Unfälle passiert. Die auf halber Strecke zu den Gipfeln befindliche Maisäßalpe (1.350 m) ist an Wochenenden durch den Schiclub Fraxern, die Kugelalpe (1.568 m) knapp unterhalb des Gipfels der Kugel durch den Schiclub Klaus-Weiler bewirtschaftet. Beide verlocken zu einer längeren Rast.

Anstieg: Der Aufstieg folgt ziemlich genau dem Sommerwanderweg, vorbei an der Maisäßalpe, über freie Grashänge und kurze Waldpassagen zum Gipfel. Anfangs folgt diese Route dem Güterweg zur Staffelalpe und kürzt nur wenig ab. Bei Muttaboda (1.190 m) zweigt man links zur Maisäßalpe ab. Oberhalb der Alpe, nach einem kurzen flachen Stück im Wald, kommt man auf

Fraxner First

die Rheintalseite und über einen freien Hang zum Gipfel.
Wenn man bei Muttaboda weiter dem Güterweg folgt, ist dies auch kein Unglück. Man kann auf etwa 1.300 m nach links wieder zur Maisäßalpe gelangen oder man bleibt bis zum Treietpass (1.489 m) und der daneben liegenden Staffelalpe auf dem Güterweg. Dann geht es links den Rücken hoch zum Gipfel.

Abfahrt: Die Abfahrt verläuft prinzipiell entlang der Aufstieges. Schifahrerisch interessant ist es, ein Stück Richtung Ebnit abzufahren, dann über den Treietpass auf den First aufzusteigen und schließlich über die nordwestlichen Grashänge bis auf den Güterweg auf etwa 1.320 m abzufahren. Dann folgt man am besten dem Weg zurück zum Parkplatz.

Varianten

Anstieg direkt aus Fraxern [3a]

Ausgangspunkt: Fraxern – Ende der Dorfstraße (878 m)
2 1/2 Std. • 770 Hm • leicht
Im Dorf fährt man gerade weiter zur Pizzeria Petrocelli. Kurz danach endet die Straße. Hier ist der optimale Startpunkt für Schibergsteiger, denn dadurch gewinnt man bei der Abfahrt einen schönen Hang. Über diesen gelangt man etwas oberhalb des

Hohe Kugel

Sportplatzes auf den Güterweg und somit zur oben beschriebenen Route.

Anstieg von Ebnit [3b]

Ausgangspunkt: Ebnit – Heumoseralpe (1.066 m)
2 Std. • 580 Hm • mittel
In Ebnit fährt man bis zur Heumoseralpe. Von dort kann man bei sicheren Verhältnissen durch den Wald entlang des Sommerweges über Schneewaldalpe und Kugelalpe zum Gipfel aufsteigen. Abfahrt wie Anstieg.

First (1.617 m) [3c]

2 Std. • 620 Hm • mittel
Zuerst wie oben beschrieben zum Treietpass. Dann steigt man einfach über den schönen Hang

rechts des Sattels zum Gipfel auf. Abfahrt wie Anstieg.

Varianten für Fußgänger

Ausgangspunkt: Ebnit – Kirche (1.075 m) [3d]

2 Std. • 570 Hm • mittel

Fußgänger wählen am besten den Weg von der Kirche in Ebnit zum Fluhereck und weiter zum Sattel bei der Hohenemser Hütte. Exakt über den Sommerweg führt auch im Winter meist eine gut begehbare Spur zum Gipfel.

Ausgangspunkt: Millrütte (1.106 m) [3e]

1 3/4 Std. • 550 Hm • mittel

Dieser Anstieg ist kaum schitauglich. Im Wald liegt meist nur wenig Schnee und in der Felsstufe auf etwa 1.400 m müssen Schier geschultert werden. Vom Parkplatz folgt man genau dem Sommerweg durch den Wald, dann unter den Felsen nach rechts und nun wieder im Wald steil zum Gipfelhang. Nun sind es noch 150 Hm zum Gipfel.

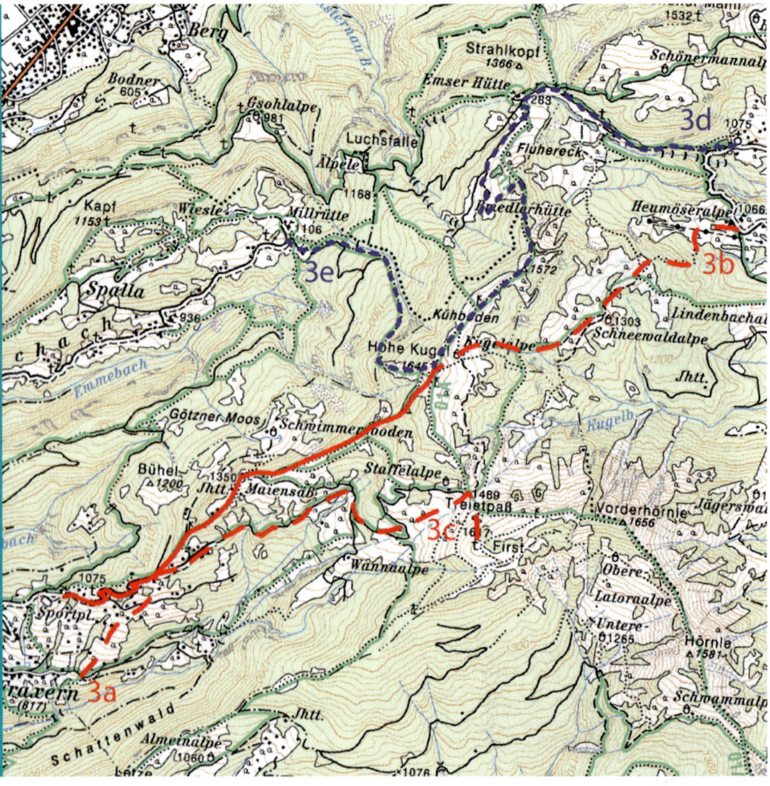

Schweizer Rheintal und Wildhaus

Gebirge: Säntis-Glarus
Talorte: Rüthi (426 m), Grabs (467 m), Buchs (455 m), Sevelen (470 m), Trübbach (512 m), Sargans (483 m)
Ausgangspunkte: Furnis bei Plona (645 m), Wildhaus (1.084 m), Grabs (467 m), Berghaus Malbun (1.369 m), Räfis-Burgenau (455 m), Oberschan (812 m), Trübbach (512 m), Obertrübbach (546 m), Straße ins Weißtannental (860 m)
Anreise: *Wildhaus* erreicht man von der Autobahnabfahrt Haag über Grabs. Zum *Berghaus Malbun* fährt man in Buchs Richtung Buchserberg und Schilift. Nach etwa 10 km erreicht man den Parkplatz beim Berggasthaus Malbun. Im Hochwinter sind oft Ketten erforderlich und der Parkplatz ist gebührenpflichtig (Münzen bereithalten, Automat wechselt nicht). Die Parkgebühr wird aber bei Konsumation im Berghaus angerechnet. Die Anreisen zu den anderen Touren werden in den entsprechenden Kapiteln beschrieben.
Öffentliche Verkehrsmittel: Nach *Wildhaus* fährt von Buchs ein Linienbus. Zum *Berghaus Malbun* fahren ab der Kirche in Buchs Schibusse.
Karten: ÖK-Blatt 110 + 140, ÖKU-Blatt 1223 + 1229, LKS-Blatt 237S, 227, LKS-Blatt 1135 + 1155

Tiefblick vom Fulfirst

4 Kamor 1.751 m

Hoher Kasten 1.791 m

Auf dem Kamor

Beliebte Frühstücks- und Mittagstour, die ergiebige Ausblicke übers Rheintal, ins Appenzell und zum Säntis erlaubt.

Gebirge: Säntisstock
Talort: Rüthi (426 m)
Ausgangspunkt: Furnis bei Plona oberhalb Rüthi (645 m)
Ausgangskoordinaten: N47 17 01.5 E9 30 50.5
Anreise: Furnis erreicht man, indem man in Rüthi nach Westen Richtung Plona in ein kleines Seitental des Rheintales und dann weiter Richtung Lienz fährt. Nach 1/2 km ist man am Ausgangspunkt bei einem kleinen Kinderschilift (wenig Parkmöglichkeiten). Weiters kann man von Lienz dorthin gelangen. Mit öffentlichen Verkehrsmitteln ist Furnis nicht erreichbar.
Gehzeit: 3 Std.
Höhenunterschied: 1.100 Hm
Beste Jahreszeit: Dezember bis Februar, wenn der Schnee bis ins Tal reicht
Karten: ÖK 110, ÖKU-Blatt 1223, LKS-Blatt 237S + 227, LKS-Blatt 1115
Lawinensituation: Bei richtiger Spur nur geringes Risiko

Besonderheit: Diese Tour eignet sich auf Grund der sehr kurzen Anreise für einen Vormittag oder Nachmittag. Dementsprechend ist dies auch keine einsame Schitour, aber die Tourengeher verteilen sich gut. Auch Schneeschuhwanderer kann man treffen. In der Früh hat man den Vorteil, dass man von Anfang an in der Sonne unterwegs ist. Die Aussicht nach Osten übers Rheintal bis tief nach Vorarlberg hinein und nach Westen ins Appenzell und zum Säntis ist kaum beschreibbar.

Aufstieg: In Furnis startet man einfach über die Wiese Richtung Westen. Gleich darauf erreicht man einen Forstweg, der nach rechts (Norden) höher führt. Man sieht nun schon wunderbar ins Rheintal, und ist man nach einer Kälteperiode unterwegs, passiert man jetzt tolle Orgelpfeifen aus Eis. Nach etwa einer halben Stunde kann man den Weg links verlassen und abkürzend über eine Wiese zum Stöfeli (eine kleine Hütte) aufsteigen. Von hier geht es im Aufstieg links eines Grabens nach Westen über Wiesen und an einzelnen Bäumen vorbei weiter hoch. Auf etwa 1.400 m wird es flacher und man sieht die Funkstation unterhalb des Gipfels. Hier trifft man meist auf eine Pistenraupenspur, und über den Kamm gelangt man von Norden auf den Gipfel.

Abfahrt: Abfahrt prinzipiell wie Anstieg, man fährt aber eher mehr südseitig über die Hänge ab. Dabei ist auf eingeblasene Hänge

Kamor

zu achten! Zuletzt muss man noch den Forstweg hinunter, der wegen Vereisung durchaus schwierig sein kann, denn die Sturzräume sind klein.

Ergänzung

Hoher Kasten (1.791 m) [4a]

Abzweigpunkt: Sattel unterhalb des Kamor (1.700 m)

+1/2 Std. • +120 Hm • mittel

Natürlich kann man vom Kamor auch noch zum Hohen Kasten aufsteigen. Dazu muss man in die Einsattelung zwischen den beiden Gipfeln hinab und den steilen Gipfelhang hoch. Dieser ist aber auf Grund seiner Steilheit oft sehr kritisch und muss oft ohne Schi bewältigt werden. Für die Abfahrt bringt dieser Gipfelwechsel nicht viel.

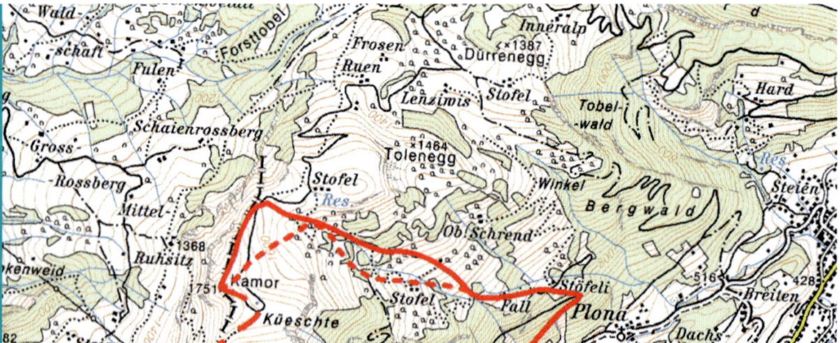

Tour 4 Kamor

5 Altmann 2.435 m

Wildhuser Schafberg 2.363 m

Altmann

Anspruchsvoller, langer Anstieg auf einen mächtigen Berg, der einen mit einem Blick auf ausgedehnte Gebirgslandschaften belohnt.

Gebirge: Säntisgruppe
Talort: Grabs (467 m), Wildhaus (1.084 m)
Ausgangspunkt: Wildhaus (1.084 m), eventuell mit Schilift bis 1.359 m
Ausgangskoordinaten: N47 12 26.9 E9 21 25.2
Gehzeit: 5 Std.
Höhenunterschied: 1.350 Hm
Beste Jahreszeit: Februar bis April
Karten: ÖK 140, ÖKU-Blatt 1223, LKS-Blatt 237S + 227, LKS-Blatt 1115
Lawinensituation: Aufgrund der Steilheit nur bei sicherem Firn ratsam. Dann sind allerdings ein früher Aufbruch, Harscheisen und eventuell Steigeisen erforderlich.

Besonderheit: Der Altmann ist neben dem Säntis der mächtigste Berg dieser Berggruppe. Seine Besteigung ist sommers und winters nicht ganz einfach. Als Belohnung erlebt man eine weitläufige einsame Berglandschaft und eine traumhafte Aussicht.

Anstieg: Zuerst steigt man entlang des Schiliftes in nordwestlicher Richtung bis fast zu dessen Bergstation auf. Dann wendet man sich nach rechts (Nordosten) und gelangt unterhalb der Schafbergwand bei Fros in flaches Gelände. Zuletzt leicht bergab erreicht man den P1389 (LKS). Nun etwa 2 km ohne viel Höhengewinn in östlicher Richtung weiter. Etwa einen halben Kilometer nach der Alp Tesel geht es auf dem Sommerweg nach links (Norden) über eine Felsstufe hinauf in den Bereich der Chreialp (oftmals müssen die Schi getragen werden). Oberhalb davon rechts haltend nach Nordosten und dann nach Norden bergauf zur Zwinglipasshütte (1.999 m). Von der Hütte geht man direkt auf den Altman zu und dann links haltend unter seiner Südwand vorbei in das steiles Kar hinter dem Westgrat. Durch dieses etwa 150 Hm mit vielen Spitzkehren hinauf zum Altmannsattel (2.368 m). Der letzte Anstieg zum Gipfel erfolgt ohne Schi entlang des Normalweges und ist schwierig (Schwierigkeitsgrad I, Eisenstifte, oft vereist).

Abfahrt: Abfahrt wie Anstieg. Ab P1389 könnte man auch durch ein Kar direkt abfahren. Da es meist mit Lawinenbrocken gefüllt ist, steigt man besser nochmals kurz entlang der Aufstiegsroute auf und fährt entlang des Liftes ab.

Oberhalb des Altmannsattels, Hintergrund: Altmann

Altmannsattel

Ergänzung

Zum Wildhuser Schafberg (2.363 m) [5a]

+2Std. • +350 Hm • schwierig

Vom Altmannsattel geht es den Kamm (Nädlinger) entlang bis zum Jöchli (2.294 m). Nun folgt eine kurze Abfahrt bis etwa 2.050 m. Dann geht es nach Südwesten hinauf zum P2197 (LKS). Weiterweg und Abfahrt siehe unten.

Variante

Wildhuser Schafberg (2.363 m) [5b]

4 Std. • 1.280 Hm • schwierig

Zuerst wie zum Altman zur Bergstation des Schiliftes. Dann nach Norden hinauf zur Schäferhütte (dazwischen Felsriegel – Schi tragen) und zuerst das steile Kar hinter der Schafbergwand und später über Steilflanke (etwa 35°) bis P2197 (LKS) unterhalb des Gipfelaufbaus. Nun sehr steil nach links (Westen) bis unter den Südgrat des Schafberges (bis 40° steil) und über diesen schwierig zum Südgipfel (bei hartem Schnee Absturzgefahr!).

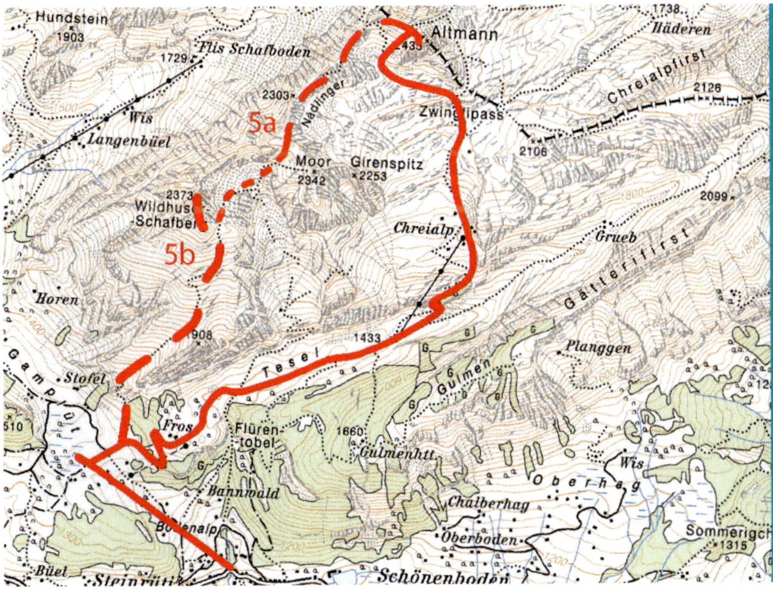

Tour 5 Altmann

6 Gamperney-Chapf 2.043 m

Rosswis 2.334 m

Tiefblick vom Chapf ins Rheintal

Angenehm gleichmäßiger Anstieg bei großem Höhenunterschied: eine beliebte Tour, bei der man sich in bester Gesellschaft befindet.

Gebirge: Alviergruppe
Talort: Grabs (467 m)
Ausgangspunkt: Ortsmitte (467 m; Parkmöglichkeiten teilweise kostenpflichtig)
Ausgangskoordinaten: N47 10 46.9 E9 26 16.0
Gehzeit: 5 Std.
Höhenunterschied: 1.580 Hm

Beste Jahreszeit: Dezember bis März
Karten: ÖK 140, ÖKU-Blatt 1229, LKS-Blatt 237S, LKS-Blatt 1135
Lawinensituation: Bei richtiger Spurenwahl kein besonderes Risiko. Die Hänge oberhalb der Grabser Schihütte sind zwar steil, die starke Befahrung während des gesamten Winters mindert aber die Gefahr.

Besonderheit: Egal wann man unterwegs ist, wer auf dieser Tour keinen Bekannten trifft, kennt nicht viele Tourengeher. Durch die optimale Erreichbarkeit ist der Gamperney-Rücken eine der beliebtesten Touren überhaupt. Der Anstieg erfolgt in perfekter, fast gleichmäßiger Steigung ohne echte Schlüsselstellen. Der Höhenunterschied macht dieses Ziel jedoch recht anspruchsvoll. Man kann aber auch bei der Schihütte des Schiclub Grabs (1.450 m) Halt machen und sich stärken. Dafür ist der Überblick über das Rheintal umwerfend.

Schihütte des Schiclub Grabs (1.450 m)
Telefon Hüttenwart:
+41/(0)81/771 35 01
Schlafplätze: 40 Lager – Reservierung erforderlich!

Aufstieg: Die Route führt immer südlich des Walchenbaches über die freien Hänge in angenehmer Steigung höher. Mehrere Male berührt man das Sträßchen auf den Studner Berg. Schließlich erreicht man eine kleine Hochfläche, auf der die Grabser Schihütte (1.450 m) steht. Nachdem etwa 3 Std. seit dem Start vergangen sind, ist dies ein optimaler Rastplatz und viele verbringen diese Pause in der warmen Stube oder auf der Terrasse. Weiter geht es rechts haltend den Hang hoch (nicht im Hochtal bleiben), vorbei an einer Alpe und dann immer den Rücken entlang, bis dieser flach wird. Nun hat man das Ziel, den Chapf, erreicht.

Abfahrt: Abfahrt wie Anstieg.

Schihütte, Hintergrund: Margelskopf

Ergänzung

Rosswis (2.334 m) [6a]

+3 1/2 Std. • +2x470 Hm • mittel

„Konditionstiger“ gehen oft noch zur Rosswis weiter und bringen es somit auf fast 2.500 Hm Anstieg. Dazu muss man vom Chapf nach Süden etwa 180 Hm hinab zur Isisizsess (1.863 m). Den oberen Teil muss man normalerweise zu Fuß bewältigen, denn er ist meist fast völlig abgeblasen. Nun geht es im Talboden nach Süden weiter, bis man auf die Route vom Malbuner Berghaus (siehe Tour 7) trifft.

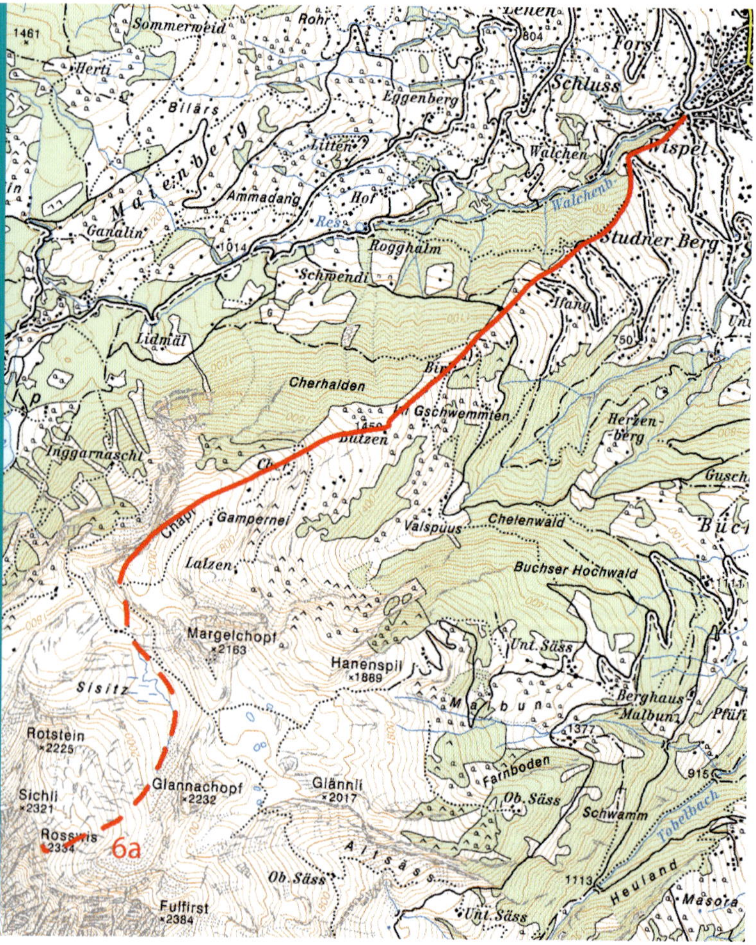

7 Rosswis 2.334 m

Fulfirst 2.384 m

Tiefblick von der Rosswis mit Margelskopf

Einfache Tour, die auf dem Rückweg – neben einem Gegenanstieg – herrliche Abfahrtshänge und eine verlockende Möglichkeit zum Tourenausklang bietet.

Gebirge: Alviergruppe
Talort: Buchs (455 m)
Ausgangspunkt:
Berghaus Malbun (1.369 m)
Ausgangskoordinaten:
N47 8 44.1 E9 26 6.3
Gehzeit: 4 Std.
Höhenunterschied: 1.200 Hm

Beste Jahreszeit: Dezember bis März
Karten: ÖK 140, ÖKU-Blatt 1229, LKS-Blatt 237S, LKS-Blatt 1135
Lawinensituation: Durch die häufige Begehung und das Fehlen steiler Hänge mittlere Gefahr. Der Fulfirst ist kritischer einzuschätzen.

Besonderheit: Die Rosswis (in der Schweizer Karte als Isisizer Rosswis bezeichnet) ist eines der beliebtesten Ziele des Gebietes. Die Abfahrtshänge gehören zu den schönsten, die man sich vorstellen kann. Obwohl nicht besonders schwierig macht bei der Abfahrt der Gegenanstieg zum Joch einigen Tourengehern konditionell ziemliche Schwierigkeiten. Die Besteigung des Fulfirst, welche vor dem Joch abzweigt, ist merklich kürzer. Bis knapp unterhalb des Gipfels bleibt sie einfach. Die letzten Meter sind allerdings schwierig und ausgesetzt. Der Rundblick ist dafür berauschend.

Berghaus Malbun

Das Berghaus ist ein Gasthaus, das vor allem nach einer Tour zu einem gemütlichen Tourenausklang verleitet.
Telefon: +41/(0)81/756/1585
Web: www.berghaus-malbun.ch
Mail: info@berghaus-malbun.ch

Im Anstieg zum Joch

Schlafplätze: 52 Lager – Reservierung erforderlich!

Aufstieg: Vom Parkplatz steigt man der Piste entlang bis zum Waldrand etwas oberhalb der Bergstation des Liftes auf. Nun geht es nach rechts über einen Weg im Wald höher. Bald darauf gelangt man auf freie Hänge. Auf etwa 1.800 m, unterm Hanenspil, einer kleinen Kuppe, quert man den Hang in leichter Steigung nach links und gelangt in eine flache Landschaft mit zugeschneiten Seen. Nun geht man, sich rechts haltend, auf den Margelskopf zu und auf das Joch (2.016 m) im Isisizgrat. Anschließend muss man auf der Westseite etwa 90 Hm hinab in den Bereich der Isisizsess (Isisiz Alpe). Da der Hang im oberen Bereich meist abgeblasen ist, empfiehlt es sich, die Schier kurz abzuschnallen. Aus dem Talgrund steigt man zuerst nach rechts beginnend in einem weiten Linksbogen über die Nordosthänge bis kurz unter den Gipfel hoch. Zuletzt geht es noch steil in kurzen Spitzkehren zum höchsten Punkt.

Abfahrt: Vom Gipfel fährt man direkter als im Aufstieg die Hänge hinunter. Meist ist innert kurzer Zeit nach einem Neuschneefall der gesamte Hang verspurt. Nach dem Gegenanstieg zum Joch

Rosswis, Hintergrund: Alvier

zuerst flach über die Hochfläche, dann direkt nach Osten teilweise durch kleine Rinnen hinab und kurz oberhalb des Schiliftes auf einem Weg nach links zur Piste und diese hinab zum Parkplatz.

Variante

Fulfirst (2.384 m) [7a]

3 1/2 Std. • 1.020 Hm • mittel • Gipfelanstieg schwierig

Zuerst wie zur Rosswis bis in den Bereich der Seen auf etwa 2.000 m. Nun nach links in südwestlicher Richtung unter dem Glannachopf vorbei und in einem Kar (Glanna) Richtung Gipfel. Auf einen Sattel rechts des Gipfels ist das Schidepot, denn der Gipfel selbst ist (je nach Schneelage) etwas schwierig zu ersteigen. Als etwas einfacherer Ersatz steigen manche Schitourengeher auf den Kopf rechts des Sattels, um zur Rosswis schauen zu können.
Die Abfahrt erfolgt entlang des Aufstieges hinab auf die

Seenplatte und weiter wie oben beschrieben zum Berghaus. Bei sicheren Verhältnissen, beziehungsweise bei Firn kann man bei der Seenplatte rechts (Südosten) hinab zur Oberen Säss fahren. Dann kurz flacher weiter. Auf etwa 1.650 m, vor Beginn des steilen Grabens, auf die Südhänge von Altsäss wechseln und über diese hinab in den Bereich der Unteren Säss (1.500 m). Hier trifft man auf einen Güterweg (Anstieg zum Alvier, siehe Tour 8), der flach zurück zum Malbuner Berghaus führt.

Am Fulfirst

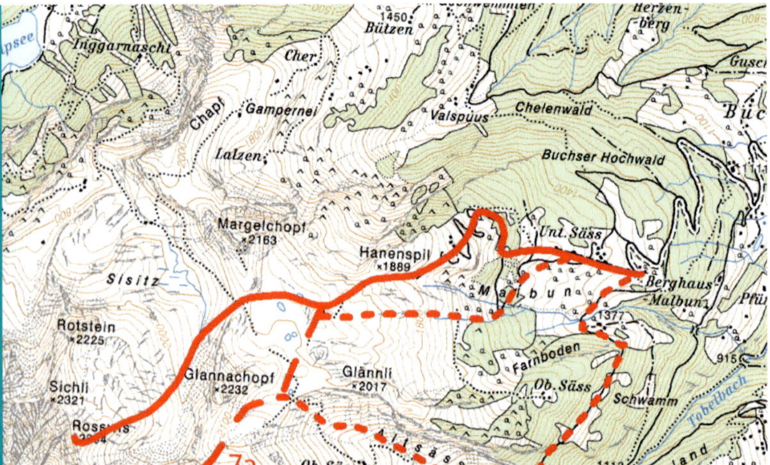

8 Alvier 2.343 m

Gauschla 2.310 m

Oberhalb der Schaner Alpe

Eine Tour für Geübte, an deren Ziel, dem Gipfel des Alvier, einen Traumaussicht und eine eingeschneite Hütte erwarten.

Gebirge: Alviergruppe
Talort: Buchs (455 m), Sevelen (470 m)
Ausgangspunkt: Berghaus Malbun (1.369 m)
Ausgangskoordinaten: N47 8 44.1 E9 26 6.3
Gehzeit: 3 1/2 Std.
Höhenunterschied: 1.000 Hm
Beste Jahreszeit: Februar bis Mitte April
Karten: ÖK 140, ÖKU-Blatt 1229, LKS-Blatt 237S, LKS-Blatt 1135

Lawinensituation: Sämtliche Anstiege benötigen sichere Verhältnisse. Dabei ist im Frühjahr besonders die tageszeitliche Erwärmung und die Gefahr von Nassschneelawinen zu beachten. Die steilen Hänge auf der Nordostseite erfordern sehr sichere Verhältnisse, die fast nur im Frühjahr herrschen.

Besonderheit: Der Alvier ist zwar der namensgebende Gipfel dieser Bergkette, nicht aber der höchste. Am Gipfel steht eine kleine Hütte, von der im Winter meist nur das Dach erkennbar ist. Die Anstiege erfordern alle viel Bergerfahrung und sehr gutes Beurteilungsvermögen der Lawinensituation. Die Aussicht ist dafür schier unbegrenzt.

Aufstieg: Vom Parkplatz geht es zuerst sehr flach in südwestlicher Richtung ins Kar östlich unterm markanten Fulfirst. Nach Überquerung des Baches vor der Untersäss (P1506 LKS) kann man meist schon rechts den Hang hochsteigen. Dann wendet man sich immer mehr dem Alviergipfel zu. Bei der Malschüel Obersäss geht es entlang des Rückens des Chrummensteines weiter, oberhalb von etwa 1.960 m gelangt man flach nach links in ein kleines Kar und hinauf zu P2032 (LKS). Nun etwas bergab und dann auf die Steilrinne zu, die in den Gipfelbereich führt (bis 40° steil!). Oberhalb davon (ca. 2.200 m) wird es wieder flacher und bald darauf ist man am Gipfel.

Letzter Anstieg zum Gipfel des Alvier

Abfahrt: Die Abfahrt folgt prinzipiell dem Anstieg, wobei die Steilrinne von oben gesehen rechts umfahren werden kann.

Variante

Abfahrtsvariante [8a]

+1/2 Std. • +200 Hm • mittel

Unterhalb von 2.100 m kann man über schöne Hänge nach Nordosten bis P1310 (LKS) abfahren. Anschließend muss man wieder zur Brücke auf 1.506 m aufsteigen, bevor man über den flachen Güterweg zum Berghaus zurückgleiten kann.

Anstieg von Oberschan [8b]

Ausgangspunkt: Abzweigung bei Reggella (812 m)

5 Std. • 1.530 Hm • schwierig

Die Anreise erfolgt von Sevelen nach Oberschan. Hier weiter Richtung Kurhäuser. Bei einer Brücke nach einer Linkskehre wenige Parkmöglichkeiten.

Bei P812 (LKS) auf dem rechten Güterweg (die erste Kehre kann man abkürzen) in nördlicher Richtung bis P881 (LKS) und hier

Ausblick zum Fulfirst

den linken Weg in nordwestlicher Richtung nach Refina weiter. Nach einer Geländekante nach Westen über eine Lichtung und teilweise durch Wald hinauf in den Bereich des Stofel der Schaner Alp (1.472 m). Die Alpe lässt man links liegen und steigt durch eine lang gezogene Rinne in westsüdwestlicher Richtung auf den Chopf zu auf. Unterhalb dessen nach links (Südwesten) ein Kar hinauf bis zur Scharte im Südgrat des Alvier (2.240 m – Schidepot). Nun geht es schwierig und sehr steil über den manchmal vereisten Sommerweg oder direkt in steilem Schnee daneben zum Gipfel.
Abfahrt genau entlang des Aufstieges. Bei ausgezeichneten Bedingungen können sehr sichere Schifahrer auch den Nordostrücken vom Gipfel abfahren. Auf etwa 2.000 m trifft man wieder auf den Anstiegsweg, dem man anschließend folgt.

Anstieg von Hüseren [8c]

Ausgangspunkt: Hüseren (1.000 m)
5 Std. • 1.400 Hm • schwierig
Die Anreise erfolgt von Sevelen: Zuerst Richtung St. Ulrich und weiter nach Hüseren. Parkplatz beim Gasthof Gemsli. Ist man mit öffentlichen Verkehrsmitteln unterwegs, benötigt man ab Sevelen ein Taxi.
Zuerst folgt man der Route auf den Hurst (siehe Tour 9). Auf etwa 1.600 m wendet man sich Richtung Süden und umgeht diesen Gipfel. So gelangt man in eine Senke und steigt nach Süden zum Übergang (1.845 m) im Ostkamm des Chopf auf. Auf der anderen Seite trifft man auf den Oberschaner Aufstieg (siehe oben).
Abfahrt wie Anstieg mit Gegenanstieg auf die Nordostseite des Hurst. Man kann vom Gipfel auch Richtung Berghaus Malbun und das Tal abfahren, bis man auf 1.113 m bei einer Brücke auf einen Forstweg gelangt, der zurück nach Hüseren führt.

Gauschla (2.310 m) [8d]
Ausgangspunkt: Abzweigung bei Reggella (812 m)
5 Std. • 1.500 Hm • schwierig
Zuerst wie beim Oberschaner Alvier-Anstieg Richtung Schaner Alpe. Ab 1.300 m jedoch links haltend zu den Alphütten hinauf. Nun nach Westen links des Kammes über die Flidaböden weiter hinauf. Dann rechts des Gipfels hinauf zum Kamm und über den Ostrücken zum höchsten Punkt. Auf Grund der hier herrschenden Steilheit ist knapp unterhalb von 2.200 m ein Schidepot und ein abschließender Fußmarsch nötig. Abfahrt wie Anstieg.

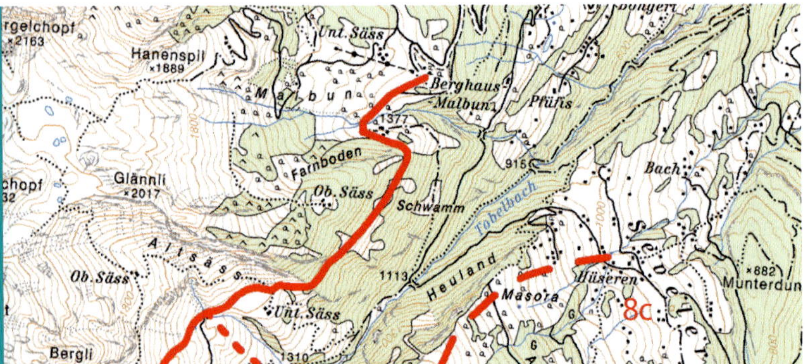

9 Hurst 1.971 m

Alvier 2.343 m

Gipfelhang des Hurst

Der weitum sichtbare Gipfel des Hurst – der Alvier- und Rheintalblick schlechthin – kann bei fast allen Verhältnissen problemlos begangen werden.

Gebirge: Alviergruppe
Talort: Buchs (455 m)
Ausgangspunkt:
Räfis-Burgenau bei Buchs (455 m) – GPS N47 8 59.8 E9 28 23.25
Hüseren (1.000 m) – GPS N47 08 09.1 E9 27 17.0
Anreise: Von Buchs Richtung Sevelen. In Räfis-Burgenau rechts in die Bühlstraße abbiegen und zum Waldrand am Bergfuß fahren. Liegt die Schneegrenze sehr hoch, muss man zuerst nach Sevelen fahren. Hier in Richtung St. Ulrich und weiter nach Hüseren. Parkplatz beim Gh. Gemsli. Postbus bis Räfis-Burgenau, nach Hüseren mit Taxi ab Sevelen.
Gehzeit: 5 Std.
Höhenunterschied: 1.520 m
Beste Jahreszeit: Dezember bis März
Karten: ÖK 140, ÖKU-Blatt 1229, LKS-Blatt 237S, LKS-Blatt 1135
Lawinensituation: Bei richtiger Spuranlage im Gipfelbereich geringe Gefahr.

Besonderheit: Der dreieckige Gipfelhang des Hurst ist sehr markant und von weitem zu sehen. Die Tour ist sehr einfach und bei überlegter Routenwahl bei fast allen Verhältnissen begehbar. Den oft kritischen Gipfelhang kann man in steiler Spur rechts entlang des Grates austricksen. Vom Gipfel hat man einen tollen Blick auf den Fulfirst, den Alvier und die Gauschla.

Aufstieg: Vom Ausgangspunkt bei Räfis-Burgenau steigt man einfach links des Sträßchens über die Wiesen höher. Drei Mal muss man das Sträßchen kreuzen. Beim zweiten Mal ist es kurz flach, beim dritten Mal (etwa 700 m) wendet man sich nach links in südlicher Richtung dem Graben zu und überquert ihn über eine kleine Brücke bei einem Bauernhof (Schafe, Esel, Hund). Nun einfach wieder über die Wiesen höhersteigen. Auf 1.000 m sieht man links die Häuser von Hüseren. Die Wiesen führen in südwestlicher Richtung in angenehmer Stei-

gung immer höher. Schließlich wird es kurz etwas flacher und man blickt auf den Fulfirst. Nun hält man sich rechts, steigt nahe dem Abbruch weiter hoch und umgeht somit den steileren Nordosthang, der durchaus das Risiko zu Lawinen in sich bergen kann. Zum Abschluss legt sich der Hang zurück und man steht unvermittelt am Gipfel.

Abfahrt: Die Abfahrt folgt prinzipiell dem Aufstieg. Man hält sich allerdings meist rechts der Aufstiegsspur. Beim Hof auf 700 Hm sollte man die Brücke über den Graben nicht verpassen. Weiters sollte man auf Zäune aufpassen, da sie nicht immer überall vollständig entfernt sind.

Ergänzung

Alvier (2.343 m) [9a]

+2 Std. • +500 Hm • mittel

Vom Gipfel kann man nach Osten etwa 150 Hm hinabfahren und dann noch über den Übergang östlich des Chopf auf 1.845 m den Alvier besteigen (siehe Tour 8).

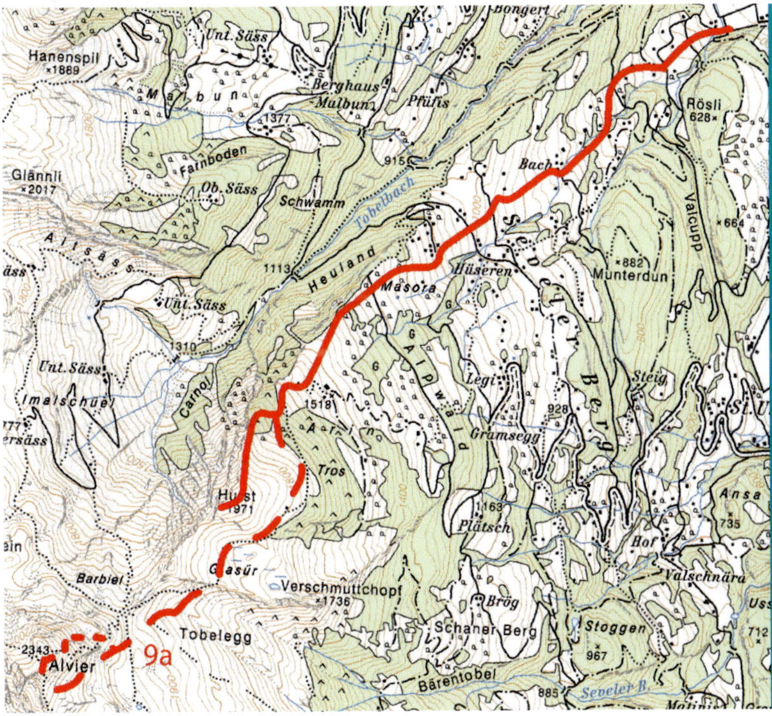

10 Gonzen 1.829 m

Tschuggen 1.881 m

Gonzen

Beliebter Eckpfeiler der Alvierkette, der bei relativ niedriger Seehöhe überraschend schneesicher ist und fabelhafte Aussichten bietet.

Gebirge: Alviergruppe
Talorte: Trübbach (512 m), Sevelen (470 m)
Ausgangspunkt: Trübbach (512 m), Obertrübbach (546 m)
Ausgangskoordinaten: N47 4 30.25 E9 28 7.0
Anreise: Von Trübbach fährt man nach Azmoos, dann beim Dorfbrunnen links nördlich der Kirche bergauf und nach Süden bis zur Brücke beim Beginn des Fahrverbotes in Obertrübbach-Zagg (P549).

Öffentliche Verkehrsmittel: Mit Bahn nach Trübbach und Taxi zum P549
Gehzeit: 4 Std.
Höhenunterschied: 1.280 Hm
Beste Jahreszeit: Dezember bis März
Karten: ÖK 140, ÖKU-Blatt 1229, LKS-Blatt 237S, LKS-Blatt 1155
Lawinensituation: Die niedrige Lage und die starke Befahrung sorgen meist für geringe Gefährdung.

Besonderheit: Der Gonzen ist der markante südliche Abschluss der Alvierkette. Trotz seiner eher geringen Höhe ist er (zumindest ab dem Schiheim auf etwa 1.000 m) erstaunlich schneesicher. Der Tiefblick auf Sargans und der Einblick in die westlichen Felsabbrüche von Gauschla, Alvier, Fulfirst und Co sind überwältigend. Besonders beliebt ist eine Besteigung mit Schneeschuhen, was bei geringer Schneelage oft die beste Variante ist.

Anstieg: Man kann direkt von Trübbach, etwas südwestlich des Bahnhofes, durch die Wolfgartenstraße zum P549 bei Zagg aufsteigen. Vom kleinen Parkplatz in Zagg, direkt neben der Brücke, geht es über eine Wiese, oder falls diese aper ist, über das Sträßchen hinauf zum Hof auf Matag (731 m). Knapp südlich des Hofes startet ein steiler Sommerweg im Wald hinauf nach Maienberg (955 m). Hier geht es über eine Brücke nach rechts (Norden) zu einer Schihütte und an ihr vorbei nach links (Westen) über die schönen Hänge hinauf zum Berghaus Gonzen (im Winter geschlossen). Oberhalb des Berghauses endet der Graben des Luterbaches und man kann in einem Bogen nach links zu den gut sichtbaren Rieterhütten (1.576 m) aufsteigen. Von der Einsattelung oberhalb

Bei Matag

von diesen geht es nach Süden und genau den Kamm entlang teilweise etwas mühsam hinauf zum Gipfel.

Abfahrt: Die Abfahrt folgt meist ungefähr dem Aufstieg. Teilweise bleibt man aber in Abfahrtsrichtung gesehen rechts davon, da diese Hänge besser zu fahren sind. Bei Maienberg (955 m) quert man oberhalb des steilen Anstiegsweges nach rechts (Süden), um über einen schönen Hang zum Hof bei Matag abzufahren. Dann weiter wie Aufstieg.
Die direkte Abfahrt vom Gipfelbereich nach Osten übers Älpli führt durch eine Wildruhezone und ist deshalb untersagt.

Variante

Anstieg ab Oberschan-Kurhaus [10a]

Ausgangspunkt:
Kurhaus Alvier (975 m)

3 Std. • 850 Hm • mittel

Die Anreise erfolgt von Sevelen nach Oberschan und weiter zum Kurhaus. Die Straße kann aber oft nicht benutzt werden, da sie als Schlittenbahn verwendet wird. Dann muss man die Seilbahn ab Oberschan benutzen (Automatikbetrieb).
Vom Kurhaus geht es in westlicher Richtung zuerst über Wiesen, dann durch Wald bis etwa 1.400 m hinauf. Hier trifft man auf ein Sträßchen, das in südlicher Richtung weiterführt. Schließlich trifft man etwas oberhalb des Berghauses Gonzen auf die oben beschriebene Route.

Tschuggen (1.881 m) [10b]

4 1/2 Std. • 1.320 Hm • mittel

Der Tschuggen ist ab dem Berghaus Gonzen gut erkennbar und höher als der Gonzen. Die an sich schönen Hänge sind meist fast völlig abgeblasen und somit selten interessant. Man erreicht den Gipfel am leichtesten von der Einsattelung oberhalb der Rieterhütten in nordwestlicher Richtung entlang des Kammes.

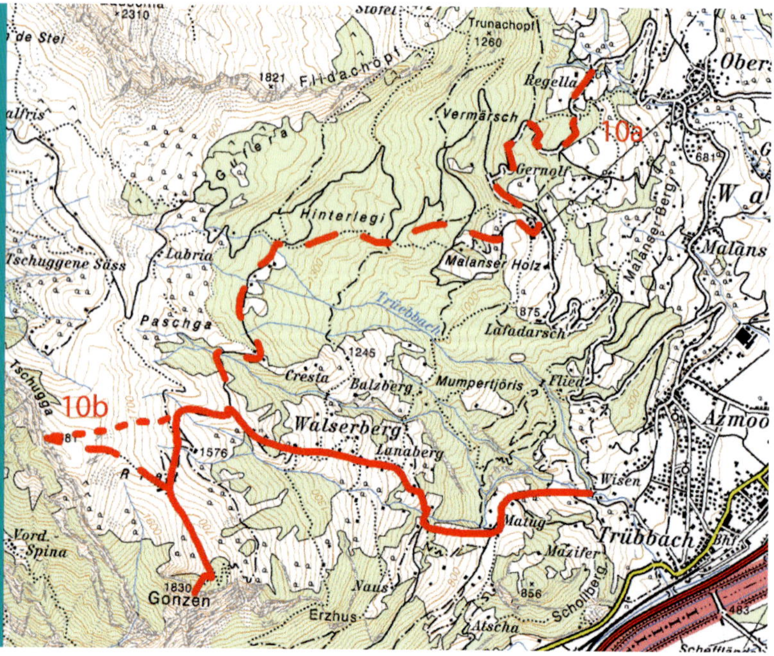

11 Garmil 2.003 m

Garmil

Eine Allwetter-Tour, die einem trotz angenehm leichter Steigungen über weitläufige Hänge einiges an Anstrengung kostet.

Gebirge: Alviergruppe
Talort: Sargans (483 m)
Ausgangspunkt: Straße ins Weißtannental – Straßengabelung bei Hienzi (860 m)
Ausgangskoordinaten: N47 2 13.9 E9 23 43.6
Anreise: Von Sargans fährt man über Mels Richtung Weißtannental bis zum Beginn des Fahrverbotes oberhalb von Hienzi. Taxi ab Bahnhof Sargans

Gehzeit: 4 Std.
Höhenunterschied: 1.150 Hm
Beste Jahreszeit: Dezember bis März
Karten: ÖK 140, ÖKU-Blatt 1229, LKS-Blatt 237S, LKS-Blatt 1155
Lawinensituation: Durch sanft geneigte Hänge geringe Gefahr, lediglich der letzte Hang zum Gipfel kann bei viel Neuschnee kritisch sein.

Besonderheit: Durch seinen sanften Anstieg ist der Garmil auch bei schlechtem Wetter ein lohnendes Ziel. Natürlich ist er bei gutem Wetter viel reizvoller, hat man doch dann einen tollen Blick übers Rheintal bis zum Bodensee.

Anstieg: Von der Straßengabelung geht es zuerst entlang des linken Sträßchens (Güterweg) in östlicher Richtung bergauf. Nach etwa einem Kilometer kann man rechts entlang des Sommerwanderweges in südwestlicher Richtung den Güterweg abkürzen und steigt anschließend entlang eines Wäldchens weiter auf. Auf etwa 1.300 m geht es auf dem Güterweg nach rechts um eine Geländekante herum. Dann steigt man über die Alpwiesen der Ebenwaldalpe nach Süden Richtung des Gipfels auf. Man überschreitet beim Fürgeli einen Kopf (P1757) und nach einem Flachstück gelangt man zum Gipfelgrat und über diesen zum höchsten Punkt.

Abfahrt: Abfahrt wie Anstieg. Der Versuch, im Bereich der Alpe auf 1.420 m auf dem Güterweg nach Osten um den Rücken herumzufahren, beschert entweder eine sehr flache Güterwegabfahrt oder endet beim Versuch, direkt die Nordosthänge abzufahren, in kaum fahrbarem Gestrüpp.

Variante

Anstieg ab Wangs [11a]

Ausgangspunkt: Wangs (531 m)
5 Std. • 1.480 Hm • mittel
Dieser Anstieg ist nur im Hochwinter bei ausreichender Schneelage zu empfehlen und erfordert

Ebenwaldalpe

im Bereich des Fürgeli wegen der dort herrschenden Steilheit sichere Verhältnisse. Vom Parkplatz der Pizolbahn zur Brücke über den Grossbach (P 531 m). Nun in südlicher Richtung entlang des Rückens über den Hinteren Maienberg hinauf bis zur Alpe Gampidells (1.225 m). Nun in westlicher Richtung durchs Geissloch hinauf und oberhalb von 1.620 m nach rechts zum Fürgeli hoch. Abschließend den Grat entlang zum Gipfel. Abfahrt wie Anstieg.

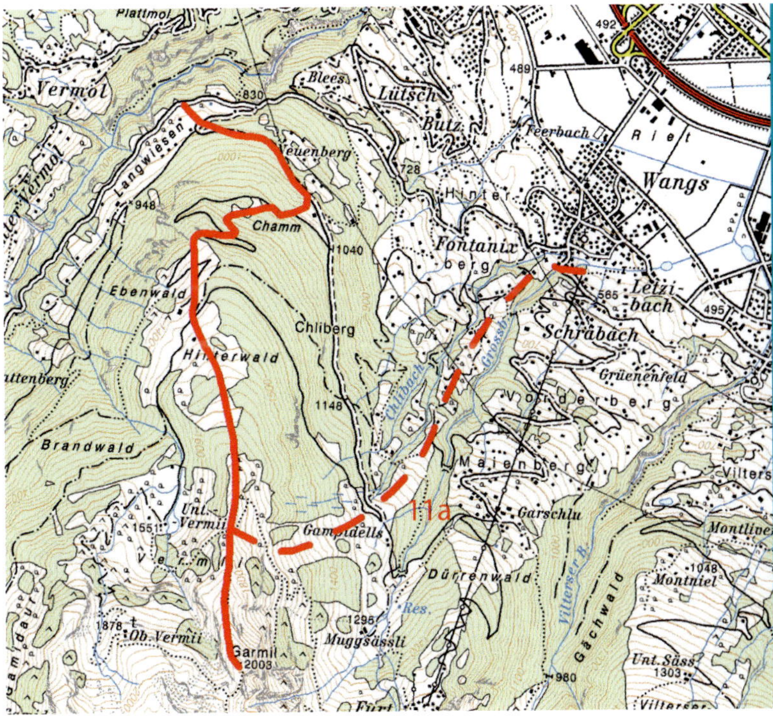

Laternsertal – Bad Laterns

Das Laternsertal ist Sommer wie Winter ein sehr beliebtes Ziel. Diese Beliebtheit basiert vor allem auf der raschen Erreichbarkeit aus dem Rheintal. Es bietet ein kleines Schigebiet – Gapfohl – und wunderbare Touren am Talende – im „Bädle“. Hier endet im Winter die Straße übers Furkajoch. An sonnigen Tagen treffen sich hier nicht nur Tourengeher (meist in zwei Schichten: Frühschicht – Nachmittagschicht), sondern auch Spaziergänger und Rodler.
Alle Touren, außer der auf die Nob, starten am gleichen Punkt beim Parkplatz in Bad Laterns.

Gebirge: Bregenzerwaldgebirge
Talort: Rankweil (502 m), Bad Laterns (1.147 m)
Ausgangspunkte: Innerlaterns (1.037 m), Bad Laterns (1.147 m)
Anreise: Von Rankweil fährt man ins Laternsertal Richtung Furkajoch. In Bad Laterns existieren genügend Parkplätze.
Öffentliche Verkehrsmittel: Im Winter wird Bad Laterns nicht angefahren.
Karten: ÖK-Blatt 111, ÖKU-Blatt 1224, LKS-Blatt 228, LKS-Blatt 1135 + 1156, F&B-Blatt 364

Start am Kühboden in Laterns

12 Nob 1.785 m

Falben 1.793 m

Gipfelhang des Nob

Wunderbare Tour mit tollem Gipfelhang, die sich für Einsteiger wie Fortgeschrittene, für Tag- wie Nachtaufstiege eignet.

Gebirge: Bregenzerwaldgebirge
Ausgangspunkt: Innerlaterns Ortseingang (1.037 m) oder Parkplatz Sesselbahn (1.152 m)
Ausgangskoordinaten: N47 15 37.3 E9 44 9.7
Gehzeit: 2 1/4–2 1/2 Std.
Höhenunterschied: 635–750 Hm

Beste Jahreszeit: Dezember bis März
Karten: ÖK-Blatt 111, ÖKU-Blatt 1224, LKS-Blatt 228, LKS-Blatt 1135 + 1156, F&B-Blatt 364
Lawinensituation: Nur der letzte Anstieg zum Gipfel kann bei viel Neuschnee etwas kritisch sein.

Besonderheit: Wenn im November der erste Schnee gefallen ist, stürmen alle auf diesen Berg. Die Schilifte sind dann meist noch nicht in Betrieb und der Berg „gehört" somit den Tourengehern. Aber auch abends nach Betriebsschluss der Liftanlagen und in Vollmondnächten wird man hier nicht alleine unterwegs sein. Der Ausblick übers Rheintal und zum Hohen Freschen belohnt für den (einfachen) Anstieg, der sich ideal für Einsteiger eignet.

Aufstieg: Vom Ortseingang geht es entlang des Schleppliftes hinauf zum großen Parkplatz bei der Sesselbahn. Nun nach links entlang der Piste hinauf zu dessen Bergstation. Man kann auch der Piste ausweichen und rechts am nordöstlichen Ende des Parkplatzes entlang eines Sommerweges durch den Wald dorthin aufsteigen. Von der Waldgrenze geht es über den Südhang weiter zum Gipfel hinauf.

Blick vom Nob zum Hohen Freschen

Blick vom Nob Richtung Bodensee

Abfahrt: Abfahrt über die Schipiste.

Variante

Falben (1.793 m) [12a]

2 1/2 Std. • 760 Hm • mittel

Zuerst wie oben beschrieben zur Bergstation der Sesselbahn. Nun rechts haltend nach Osten steil hinauf zum Falben. Abfahrt wie Anstieg. Eine Abfahrt zur Garnitzaalpe ist nicht ratsam.

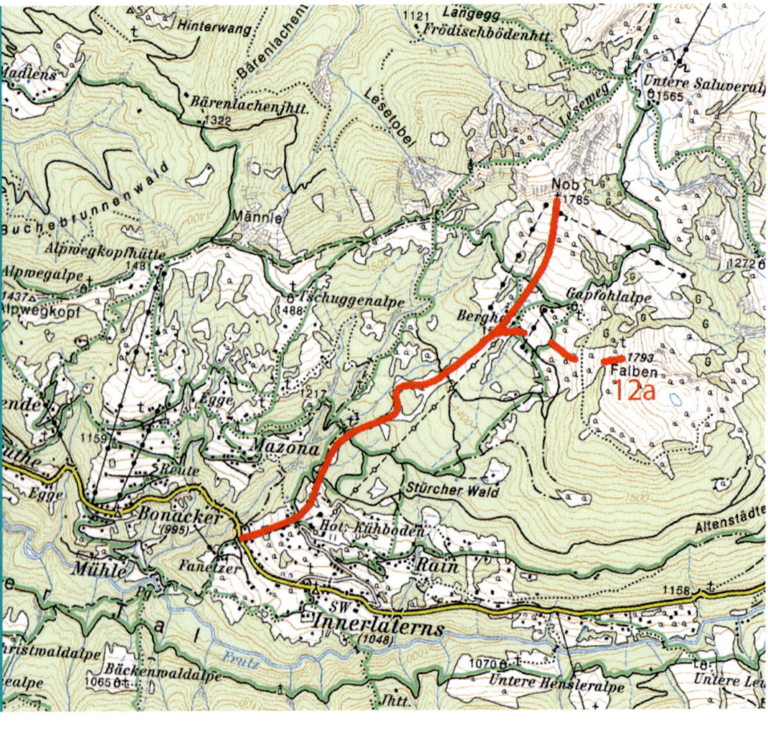

13 Hohe Matona 1.997 m
Hoher Freschen 2.004 m

Garnitzaalpe

Eine überaus lohnende Tour, besonders der Aufstieg auf die Hohe Matona, die einen tollen Gipfelhang und -rundblick zu bieten hat.

Gebirge: Bregenzerwaldgebirge
Ausgangspunkt: Bad Laterns (1.147 m)
Ausgangskoordinaten:
N47 15 52.3 E9 47 32.4
Gehzeit: 2 3/4 Std.
Höhenunterschied: 860 Hm
Beste Jahreszeit: Dezember bis März
Karten: ÖK-Blatt 111, ÖKU-Blatt 1224, LKS-Blatt 228, LKS-Blatt 1135 + 1156, F&B-Blatt 364

Lawinensituation: Zur Hohen Matona bei richtiger Spuranlage geringes Risiko, der Hang hinter der Garnitzaalpe ist aber steil und kann im Frühjahr bei starker Tageserwärmung als Gesamtes abrutschen.
Zum Hohen Freschen sind im Südhang unterhalb der Unteren Saluveralpe sehr sichere Verhältnisse erforderlich.

Besonderheit: Die Matona ist ein wunderbarer Schiberg. Bis auf die letzten Meter zum Gipfel, welche ohne Schi zu bewältigen sind, ist der Aufstieg einfach und klar. Durch die Südlage ist der Schnee allerdings nicht immer gut fahrbar.

Der Rundblick ist fast so gut wie auf dem Hohen Freschen. Dieser ist im Winter aufgrund des kritischen Anstiegs unterhalb der Unteren Saluveralpe und langer flacher Bereiche weniger interessant. Allerdings kann man vom Gipfel den Blick über Säntis weiter zum Bodensee und auf der anderen Seite über die markante Sünser Spitze und den Gerenfalben schwenken lassen.

Anstieg: Vom Parkplatz folgt man kurz der Furkajochstraße. Nach wenigen Minuten macht die Straße eine scharfe Rechtskurve. Hier zweigt links der Güterweg zur Garnitzaalpe (1.254 m) ab, die nach etwa einer halben Stunde erreicht wird. Sie liegt in einem wunderschönen Talkessel und bei gutem Wetter wird man hier von der Sonne begrüßt. Hinter den Alphütten zieht ein Rücken fast genau nach Norden hoch. Ihm gilt es in einigen Spitzkehren zu folgen. Auf 1.550 m taucht man in den Wald ein und nach nur 50 Hm ist man schon wieder durch. Nun erreicht man eine größere Alpfläche und kann den Gipfel erblicken. Nach einer Schleife

nach links und dann nach rechts (Nordosten) folgt man wieder einem Rücken, der einen guten Abstand zum Gipfelhang hält. Hat man den Abbruch nach Osten erreicht, geht man in der Nähe der Kante bis knapp unter den Gipfel. Dort bleiben die Schier stehen, in wenigen Schritten hat man die Steilstufe überwunden und es bleiben nur mehr ein paar Meter zum Gipfelkreuz.

Abfahrt: Abfahrt wie Anstieg.

Varianten

Hoher Freschen (2.004 m) [13a]

3 Std. • 860 Hm • mittel

Zuerst geht es wie zur Hohen Matona zur Garnitzaalpe. Am Talende folgt man dem Sommerweg, der über den nicht immer sicheren Südhang nach links querend zur Unteren Saluveralpe (1.565 m) führt. Vor der Alpe steigt man den Hang nach Nordnordost auf und gelangt oberhalb des geschlossenen Freschenhauses (1.846 m) (offener Winterraum mit 18 Lagerplätzen) auf flache Böden. Am deren rechten oberen Rand gelangt man entlang eines Rückens zum Gipfel.

Hoher Freschen (2.004 m) aus dem Schigebiet Gapfohl [13b]

Ausgangspunkt: Nob (1.785 m)

1 1/2 Std. • 400 Hm • leicht

Vom Nob fährt man die ostsei-

Hohe Matona

tige Piste entlang des Doppelschleppliftes bis zum Güterweg ab. Nun links auf diesem weiter zur Unteren Saluveralpe (1.565 m) und über die oben beschriebene Route zum Gipfel. Abfahrt wie Anstieg.

Hoher Freschen und Hohe Matona

4 Std. • 1.060 Hm • mittel

Diese Variante ist abfahrtstechnisch sehr interessant, denn man kann durchwegs schöne Tiefschneehänge genießen. Zuerst wie oben beschrieben zum Hohen Freschen. Bei der Abfahrt beginnt man unterhalb des Freschenhauses auf etwa 1.800 m mit dem ostseitigen Anstieg auf die Hohe Matona. Dazu geht es immer steiler werdend zum Matonajöchle hinauf und dann, wie oben beschrieben, die letzten Meter zum Gipfel. Abfahrt erfolgt entlang des normalen Anstiegs auf die Hohe Matona.

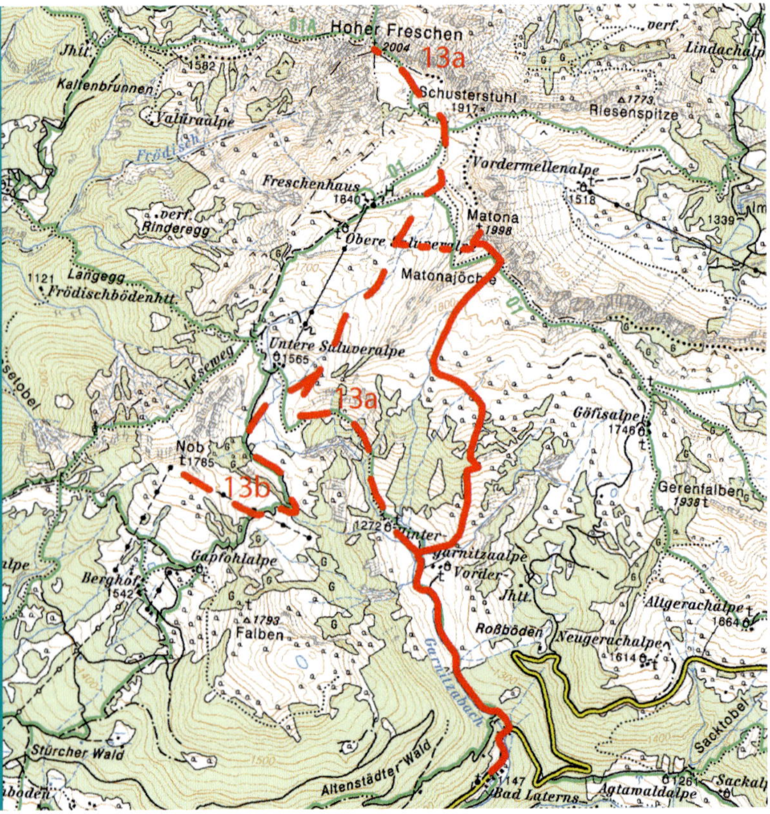

14 Sünser Spitze 2.061 m

Sünser Spitze

Weitläufige Tour, die einen mit vielseitigen Eindrücken vom Gebirge des Bregenzerwalds heimkehren lässt.

Gebirge: Bregenzerwaldgebirge
Ausgangspunkt: Bad Laterns (1.147 m)
Ausgangskoordinaten:
N47 15 52.3 E9 47 32.4
Gehzeit: 4 1/2 Std.
Höhenunterschied: 1.100 + 200 Hm
Beste Jahreszeit: Dezember bis März

Karten: ÖK-Blatt 111, ÖKU-Blatt 1224, LKS-Blatt 228, LKS-Blatt 1135 + 1156, F&B-Blatt 364
Lawinensituation: Größtenteils südseitiger Anstieg, bei richtiger Spuranlage geringes Risiko.

Besonderheit: Tourengehern, die ein mehrmaliges Anlegen der Felle nicht scheuen, eröffnet sich eine grandiose Tour, die einen weitläufigen Einblick in den Bregenzerwald erlaubt.

Anstieg: Vom Parkplatz folgt man einfach der Furkajochstraße. Eine mögliche steile Abkürzung durch den Wald sollte man zwecks Schonung des hier lebenden Wildes nicht nutzen („RespekTiere deine Grenzen“). Bei den Rossböden (1.410 m) – nach einer Rechtskehre – zweigt links der Güterweg Richtung Gävis (Göfisalpe) ab. Auf diesem gelangt man zu dieser Alpe und nach links geht es hinauf zur Gäviser Höhe (1.788 m). Anschließend muss man ostseitig etwa 200 Hm hinab, um dann in einem Bogen, mehrere Gräben überquerend, zur Sünsalpe (1.764 m) zu gelangen. Nun über den Südhang hinauf zum Sünser See und weiter zum Gipfel.

Abfahrt: Abfahrt wie Anstieg. Achtung: 200 Hm Gegenanstieg!

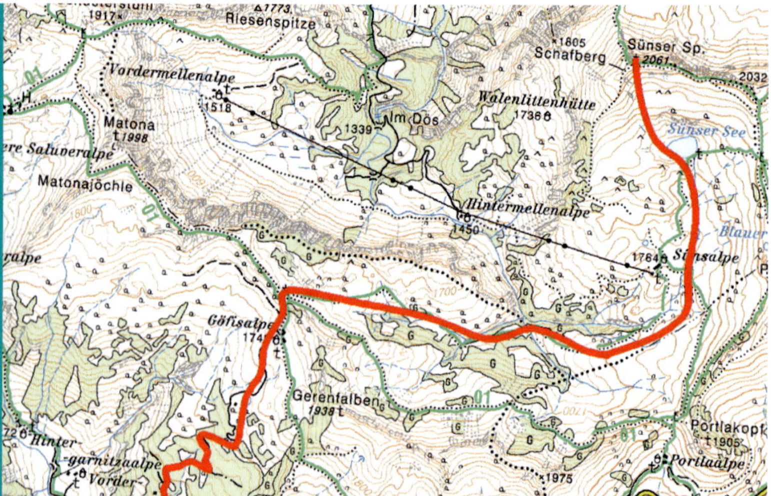

15 Gerenfalben 1.938 m

Hochrohkopf 1.975 m

Blick vom Gerenfalben zur Gerenspitze

Einfacher Berg für eine Halbtagestour, der sich auch bestens für Schitouren-Anfänger und Schneeschuhwanderer eignet.

Gebirge: Bregenzerwaldgebirge
Ausgangspunkt: Bad Laterns (1.147 m)
Ausgangskoordinaten: N47 15 52.3 E9 47 32.4
Gehzeit: 2 3/4 Std.
Höhenunterschied: 790 Hm
Beste Jahreszeit: Dezember bis März
Karten: ÖK-Blatt 111, ÖKU-Blatt 1224, LKS-Blatt 228, LKS-Blatt 1135 + 1156, F&B-Blatt 364
Lawinensituation: Südseitiger Anstieg, bei richtiger Spuranlage geringes Risiko. Bei Anstieg über Gävis im oberen Bereich kritischer.

Oberhalb der Neugerachalpe

Besonderheit: Der Gerenfalben ist ein einfacher Berg mit geringem Risiko. Man kann über weite Strecken der Straße zum Furkajoch folgen. Viele Tourengeher haben hier ihre ersten Gehversuche gestartet. Auch für Schneeschuhwanderer ist der Berg ein reizvolles Ziel. Der in der Karte nicht angeführte Hochrohkopf ist etwas weiter und deshalb weniger besucht.

Anstieg: Vom Parkplatz folgt man einfach der Furkajochstraße. Eine mögliche steile Abkürzung durch den Wald sollte man zwecks Schonung des hier lebenden Wildes nicht nutzen („RespekTiere deine Grenzen"). Bei den Rossböden (1.410 m) – nach einer Rechtskehre – zweigt links der Güterweg Richtung Gävis (Göfisalpe) ab. Über diese Alpe könnte man auch aufsteigen. Normalerweise bleibt man aber auf der Straße und nach einem weiteren Kilometer wird die Waldgrenze erreicht. Ein Verkehrsschild warnt vor Kühen auf der Fahrbahn!
Nun kann man von der Straße links zur Neugerachalpe hochsteigen. Direkt bei den Alphäusern wird plötzlich die Sicht auf den Gipfelhang frei. Es besteht alternativ auch die Möglichkeit, noch etwa 500 m auf der Straße weiterzugehen und dann in Richtung Gipfel einzubiegen. Den Gipfelhang bewältigt man an seiner linken Seite. Die Spuranlage ist durch Gebüsch etwas mühsam. Bei sicheren Verhältnissen kann man unterhalb der Büsche nach rechts in den Gipfelhang und über ihn direkt zum Gipfel hochsteigen.

Abfahrt: Die Abfahrt erfolgt zuerst den Südhang hinab bis zur Straße und dann auf dieser wieder zum Ausgangspunkt.

Varianten

Abfahrt über Gävis (Göfisalpe) [15a]

Im Gipfelhang des Gerenfalben quert man oberhalb der Neugerachalpe nach rechts zur Kante und fährt westseitig durch den Wald zur Garnitzaalpe ab. Zum Schluss hat man dann noch den oft eisigen Güterweg zurück zum Ausgangspunkt zu bewältigen.

Ergänzung

Hochrohkopf (1.975 m) [15b]

Abzweigpunkt: Straße bei der Neugerachalpe (1.540 m)

+1 Std. • +330 Hm • leicht

Nach der Abfahrt zur Straße steigt man auf dieser etwas Richtung Furkajoch auf. Unterhalb der Neugerachalpe zweigt man links ab und steigt über den Südhang und dann rechts des Südgrates zum Gipfel auf. Siehe Tour 16.

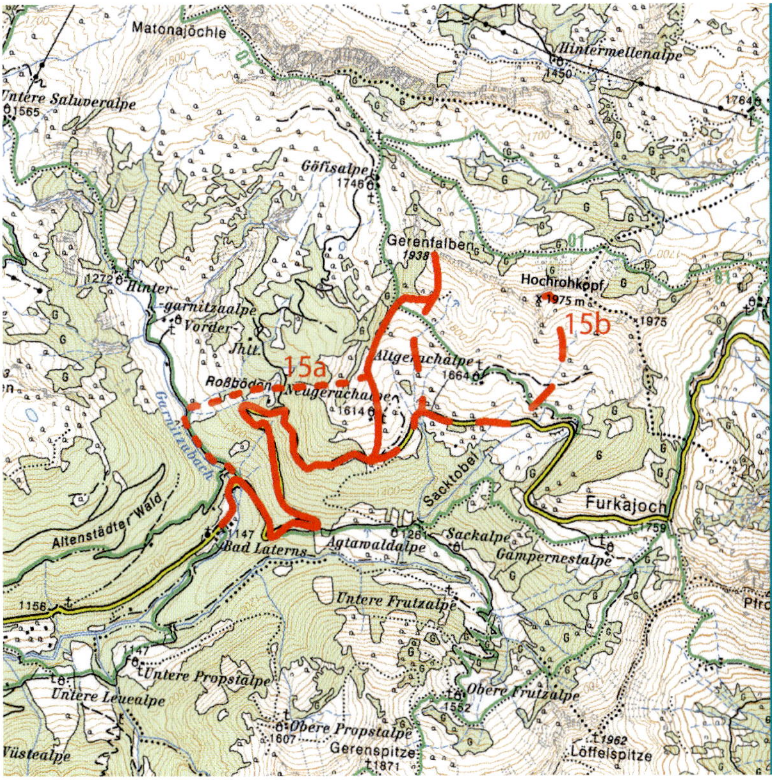

16 Hochrohkopf 1.975 m

Furkakopf 1.904 m

Gipfelanstieg zum Furkakopf, Hintergrund: Pfrondhorn

Eine angenehmer Berg für eine Halbtagestour, in Verbindung mit dem Furkakopf ergibt sich eine ansprechende Runde.

Gebirge: Bregenzerwaldgebirge
Ausgangspunkt: Bad Laterns (1.147 m)
Ausgangskoordinaten:
N47 15 52.3 E9 47 32.4
Gehzeit: 3 Std.
Höhenunterschied: 830 Hm
Beste Jahreszeit: Dezember bis März

Karten: ÖK-Blatt 111, ÖKU-Blatt 1224, LKS-Blatt 228, LKS-Blatt 1135 + 1156, F&B-Blatt 364
Lawinensituation: Südseitiger Anstieg, bei richtiger Spuranlage geringes Risiko.

Besonderheit: Der Hochrohkopf ist weniger besucht als der Gerenfalben. Wenn man ihn mit einer Besteigung des Furkakopfes verbindet, ergibt sich eine interessante Tour.

Anstieg: Vom Parkplatz folgt man einfach der Furkajochstraße. Nach etwa 20 Minuten zweigt rechts ein Weg zur Frutzalpe und Gerenspitze ab (meist liegt schon eine Spur). Über diesen gelangt man flach zur Agtenwaldalpe. Kurz darauf, nach der Brücke übers Sacktobel, zweigt links ein steiler Sommerweg ab, dem man teils etwas mühsam folgt. Oberhalb der Waldgrenze hält man sich links und gelangt zur Furkajochstraße. Nun steigt man rechts des Südgrates des Hochrohkopfes über den steilen Südosthang zum Gipfel auf.

Abfahrt: Abfahrt wie Anstieg.

Variante/Ergänzung

Furkakopf (1.904 m) [16a]

2 1/2 Std. • 760 Hm • mittel
(+1 Std. • +330 Hm)

Zuerst gleich wie zum Hochrohkopf. An der Waldgrenze zieht man in einem Bogen nach rechts hinauf zur Furkajochstraße. Dann auf dieser etwa einen Kilometer weiter bis zur großen Linkskurve.

Unterwegs zur Agtenwaldalpe

Hier zweigt man links ab und steigt den Kamm entlang zum Gipfel auf.
Natürlich kann man entlang des Aufstieges abfahren. Meist fährt man aber zuerst nach Süden zur Gampernestalpe ab und dann durch eine schmale Schneise entlang eines Baches hinab in den Bereich der Unteren Frutzalpe. Zuletzt geht es entlang des Güterweges, vorbei an der Sackalpe, zur Straße und zum Ausgangspunkt. Höhenmeterhungrige Tourengeher hängen dann oft noch die Gerenspitze (Tour 17) an.

17 Gerenspitze 1.871 m
Löffelspitze 1.962 m

Gipfelanstieg zur Gerenspitze, Hintergrund: Muttabellaspitze und Löffelspitze

Die unscheinbare Gerenspitze eignet sich hervorragend für Anfänger, Fortgeschrittenen kann – bei sicheren Verhältnissen – die steile Löffelspitze ans Herz gelegt werden.

Gebirge: Bregenzerwaldgebirge
Ausgangspunkt: Bad Laterns (1.147 m)
Ausgangskoordinaten:
N47 15 52.3 E9 47 32.4
Gehzeit: 2 1/2 Std.
Höhenunterschied: 730 Hm
Beste Jahreszeit: Dezember bis März
Karten: ÖK-Blatt 111, ÖKU-Blatt 1224, LKS-Blatt 228, LKS-Blatt 1135 + 1156, F&B-Blatt 364
Lawinensituation: Die Gerenspitze verlangt oberhalb der Oberen Frutzalpe sicheren Schnee und eine gute Spur. Die Löffelspitze darf nur bei ganz sicheren Verhältnissen gewagt werden.

Blick vom Anstieg zur Löffelspitze Richtung Gerenspitze

Besonderheit: Die Gerenspitze ist eine gute Anfängertour. Die Löffelspitze kann hingegen nur erfahrenen Spitzkehrenspezialisten empfohlen werden – diese schwärmen dann allerdings davon.

Anstieg: Vom Parkplatz folgt man einfach der Furkajochstraße. Nach etwa 20 Minuten zweigt rechts ein Weg zur Frutzalpe und Gerenspitze ab (meist liegt schon eine Spur). Über ihn gelangt man flach zur Sackalpe und geht weiter das Tal hinein. Am Ende des flachen Teiles überquert man den Bach und steigt den Hang zur Oberen Frutzalpe (1.541 m) auf. Teilweise folgt man dabei dem erkennbaren Güterweg, teilweise kürzt man ihn ab. Oberhalb der Alpe geht es zuerst rechts der Mulde weiter (Achtung: bei starker Erwärmung können hier schon früh im Jahr Nassschneerutsche abgehen!), dann quert man nach links und steigt zum Grat östlich des Gipfels auf. Ihm entlang erreicht man kurz darauf das Ziel, ein kleines Kreuz und einige Tannen.

Abfahrt: Abfahrt wie Anstieg. Bei entsprechenden Verhältnissen wird oft unter die Mutabellaspitze gequert, um über die schönen Hänge zur Sackalpe abzufahren.

Variante

Löffelspitze (1.962 m) [17a]

3 Std. • 820 Hm • mittel

Zuerst folgt man der Route zur Gerenspitze. Nach der Sackalpe bleibt man in Aufstiegsrichtung links des Baches und steigt mit ziemlich vielen Spitzkehren direkt Richtung Gipfel hoch. Zuerst gilt es einen Gebüschgürtel zu überwinden, dann folgt eine breiter Hang, der dann in eine immer steiler werdende Rinne übergeht. Man bleibt, solange es geht, in dieser Rinne. Zum Schluss weicht man nach rechts aus und über einen steilen Hang gelangt man zum Gipfel. Abfahrt wie Anstieg.

Achtung: Bitte nicht zu schnell gehen!

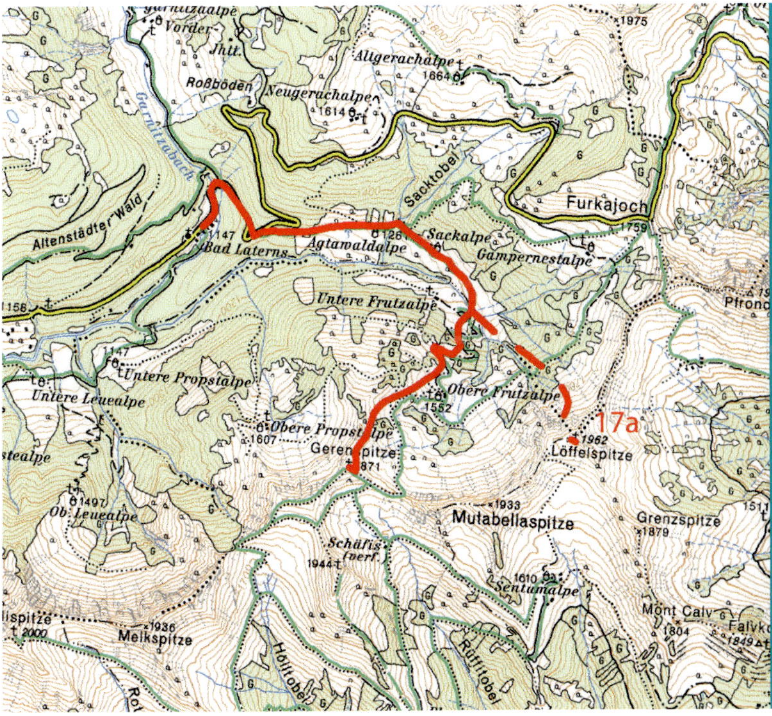

Liechtenstein

Das Schitourengehen von Liechtenstein konzentriert sich auf das Seitental von Malbun.

Gebirge: Rätikon
Talorte: Vaduz (455 m), Triesen (512 m)
Ausgangspunkte: Steg (1.303 m), Malbun (1.599 m)
Anreise: Aus dem Rheintal am besten über die Schweizer Rheintalautobahn bis zur Abfahrt Sevelen – Vaduz. In Vaduz beim großen Kreisverkehr nach rechts, gleich darauf links nach Triesenberg und weiter nach *Steg* und *Malbun*. Hier gibt es ausreichend Parkplätze.
Öffentliche Verkehrsmittel: Von Feldkirch mit dem Liechtensteinbus Linie 70/71 zuerst nach Schaan und mit Linie 1 nach Vaduz. Weiter geht es mit Linie 10 nach *Steg* und *Malbun*. Fahrpläne sind unter www.lba.li abrufbar.
Karten: ÖK-Blatt 140 + 141, ÖKU-Blatt 1229, LKS-Blatt 238S, LKS-Blatt 1136 + 1156, F&B-Blatt 371

18 Goldlochspitz 2.110 m

Im Anstieg zur Goldlochspitze

Einen tollen Rheintalblick bietet dieser Gipfel, der einfach zu bewältigende Weg dorthin ist besonders für Anfänger reizvoll.

Gebirge: Rätikon
Ausgangspunkt: Steg – Parkplatz beim See (1.303 m)
Ausgangskoordinaten: N47 6 26.4 E9 34 37.7
Gehzeit: 3 Std
Höhenunterschied: 810 Hm

Beste Jahreszeit: Dezember bis März
Karten: ÖK-Blatt 140 + 141, ÖKU-Blatt 1229, LKS-Blatt 238S, LKS-Blatt 1136 + 1156
Lawinensituation: Geringes Risiko, lediglich im Gipfelbereich muss man etwas aufpassen.

Besonderheit: Diese einfache Tour eignet sich besonders für Anfänger und auch für Schneeschuhwanderer. Der Anstieg wird nur zum Schluss steil. Die Aussicht ist überwältigend. Das ganze Rheintal breitet sich unterhalb des Gipfels aus und in die andere Richtung blickt man zum Grauspitz, dem höchsten Liechtensteiner, und zum fast so hohen Naafkopf, einer Dreiländerspitze (Tour 19).

Anstieg: Vom Parkplatz folgt man dem Güterweg, der nach Süden in das oberste Saminatal hineinführt. Er dient teilweise als Langlaufloipe und deshalb quert man diese auch einige Male (Achtung auf rasante Langläufer). So gelangt man ohne viel Anstrengung zur Valünasäss (1.416 m). Die Loipe endet kurz danach und das Tal beginnt merklich zu steigen. Hier geht es entlang des meist erkennbaren Güterweges nach rechts (Westen) hinauf zur Oberen Gapfalalpe (1.865 m). Nun wendet man sich nach Norden, umgeht den Ostrücken des Berges und gelangt von Norden auf den Gipfel.

Abfahrt: Abfahrt wie Anstieg. Bei firnigen Verhältnissen kann man auch südseitig zur Gapfalalpe abfahren.

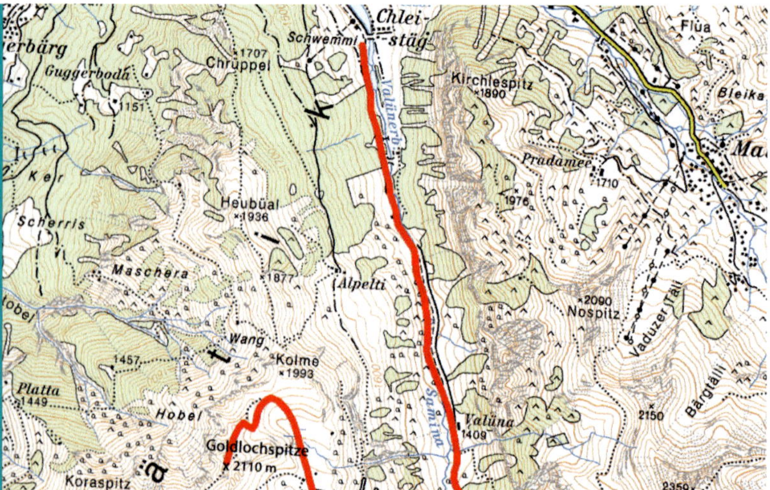

19 Naafkopf 2.570 m

Hinter Grauspitz 2.574 m

Naafkopf, gesehen von der Pfälzer Hütte

Beliebte Tour auf den Dreiländerblick, der zu jeder Jahreszeit gerne besucht wird, im Winter jedoch ein anspruchsvolles Ziel ist.

Gebirge: Rätikon
Ausgangspunkt: Steg – Parkplatz beim See (1.303 m)
Ausgangskoordinaten: N47 6 26.4 E9 34 37.7
Gehzeit: 4 1/2 Std.
Höhenunterschied: 1.270 Hm
Beste Jahreszeit: Jänner bis April

Karten: ÖK-Blatt 140 + 141, ÖKU-Blatt 1229, LKS-Blatt 238S, LKS-Blatt 1136 + 1156
Lawinensituation: Die beiden Gipfel erfordern wegen der sehr steilen Hänge sehr sichere Verhältnisse. Am besten eignen sich Firntage, wobei dann Harscheisen unbedingt erforderlich sind.

Besonderheit: Der Naafkopf ist als Dreiländerspitze ganzjährig ein beliebtes Ziel mit toller Aussicht. Seine Ersteigung im Winter erfordert aber große Erfahrung und die Berücksichtigung der Lawinensituation.

Pfälzer Hütte (2.111 m)

Die Hütte liegt direkt am Bettlerjoch und ist von Steg leicht zu erreichen. Sie ist im Winter geschlossen, hat aber in einem separaten Hüttchen einen offenen Winterraum mit 20 Lagerplätzen. Der Anstieg ist Teil der beschriebenen Tour.

Aufstieg: Vom Parkplatz folgt man dem Güterweg, der nach Süden in das oberste Saminatal hineinführt. Er dient teilweise als Langlaufloipe und deshalb quert man diese auch einige Male (Achtung auf rasante Langläufer). So gelangt man ohne viel Anstrengung zur Valünasäss (1.416 m). Die Loipe endet kurz danach und das Tal beginnt merklich zu steigen. Man steigt entlang des Baches weiter nach Süden auf, bis man bei P1738 (LKS) zu einem Wegweiser kommt. Diese Abzweigung ist manchmal nicht gut zu erkennen. Einige Meter danach muss man nach links zwischen Gebüsch hoch, um anschließend in das flache Naaftal zu gelangen, das direkt nach Osten zur Pfälzer Hütte führt.
Hier wendet man sich nach Süden und steuert als nächstes einen Kopf an. Unter Felsen wendet man sich nach links und gelangt entlang des Sommerweges in einen etwas flacheren Bereich. Nun nochmals nach links um eine Gratkante herum zu einer sehr steilen Rinne. Diese muss man

Pfälzer Hütte

sich in einigen Spitzkehren mühsam hochkämpfen, um ein kurzes Gratstück mit eindrücklichem Tiefblick zu erreichen. Nun linkshaltend weiter, bis eine Felswand den Weg versperrt. Hier nach rechts nochmals sehr steil hoch zum Grat und nach links ums Eck in den Hang unterhalb des Gipfels, über den es nicht mehr weit zum Ziel ist.

Abfahrt: Abfahrt wie Anstieg.

Variante

Abfahrt zur Güfelalpe mit Wiederaufstieg [19a]

+2–3 Std. • +550–800 Hm • mittel

Bei sicheren Verhältnissen kann man durch eine steile Rinne ostseitig bis zur Güfelalpe (1.569 m) abfahren. Anschließend muss man wieder zur Pfälzer Hütte, zum Augstenberg oder zum Sareiser Joch aufsteigen, damit man wieder zu den Ausgangspunkten zurückkommt.

Anstieg von Malbun [19b]

Ausgangspunkt: Malbun – Ortseingang (1.599 m)

4 1/2 Std. • 1.300 Hm • mittel

Dieser Anstieg führt über den Augstenberg (siehe Tour 20) zur Pfälzer Hütte, wobei es nach dem Augstenberg sinnvoll ist, etwa 250 Hm abzufahren und dann zur Hütte aufzusteigen.

Bei der Abfahrt bedeutet diese Variante einen Wiederaufstieg auf den Augstenberg (+300 Hm, da man wahrscheinlich etwas tiefer hinunterfährt als beim Hinweg). Dieser Wiederanstieg kann bei starker Sonneneinstrahlung im Frühjahr durchaus kritisch werden. Natürlich kann man auch bis in den Nenzinger Himmel abfahren und anschließend entlang des Sommerweges übers Sareiser Joch (2.000 m) wieder zum Ausgangspunkt zurückkommen (+660 Hm).

Hinter Grauspitz (2.574 m) [19c]

Ausgangspunkt: Steg – Parkplatz beim See (1.303 m)

4 1/2 Std. • 1.270 Hm • mittel bis schwierig

Er ist der zweithöchste Berg des Liechtensteins, übertroffen nur vom Vorder Grauspitz (2.599 m), welcher als Schitour nicht in Frage

Anstieg zum Ijesfürggli

kommt. Zuerst steigt man wie zum Naafkopf bis zum Wegweiser bei P1738 (LKS) auf. Hier geht es noch ein Stück nach Süden das Kar bergauf, bevor man nach links über eine steile Rinne in ein steiles Kar gelangt, das zum Ijesfürggli (2.348 m) hinaufführt. Ab hier geht es entlang des Kammes zum Gipfel. Abfahrt wie Anstieg.

20 Schönberg 2.104 m

Galinakopf 2.198 m

Anstieg im Bereich des Sassförkele

Leichter Anstieg über hübsche Hänge und bezaubernde Ausblicke vom Gipfel – einfach schön, dieser Berg!

Gebirge: Rätikon
Ausgangspunkt: Schlepplift unterhalb von Malbun (1.468 m)
Ausgangskoordinaten: N47 6 33.3 E9 35 56.2
Gehzeit: 2 1/2 Std.
Höhenunterschied: 660 Hm

Beste Jahreszeit: Dezember bis März
Karten: ÖK-Blatt 141, ÖKU-Blatt 1229, LKS-Blatt 238S, LKS-Blatt 1136
Lawinensituation: Entlang des Anstieges geringes Risiko, die Varianten verlangen sehr sichere Verhältnisse.

Besonderheit: Der Schönberg ist eine kurze Tour, die sehr gut für Anfänger geeignet ist. Der Galinakopf besticht durch seinen wunderbaren Ausblick auf das Rheintal und den Walgau sowie tief in die Schweiz. Der Anstieg ist allerdings über längere Strecken flach und im Gipfelbereich wirkt die Sonne schon sehr früh am Vormittag.

Anstieg: Zuerst geht man entlang der Schipiste, bis kurz vor der Bergstation links ein Güterweg beginnt. Über diesen gelangt man zum Sassförkele (1.786 m). Nun wendet man sich links, steigt zum Kamm auf und muss danach auf der anderen Seite etwas hinab. Unterhalb des Stachlerkopfes geht es dann über den schönen Hang hinauf zum Gipfel.

Abfahrt: Die Abfahrt folgt entweder exakt dem Aufstieg oder man fährt weiter bis zur Guschgalpe (1.713 m) ab und steigt dann wieder zum Sassförkele (1.786 m) auf.

Varianten

Ostabfahrt

+1 Std. • +290 Hm

Bei sicheren Verhältnissen kann man auch über die Osthänge und zuletzt nach Nordosten links des Sautobels bis 1.500 m abfahren. Dabei muss man aber darauf achten, dass man nicht in die Felsen links der Route kommt. Vom tiefsten Punkt (1.501 m) muss man meist etwas mühsam den Bach queren und kann dann nach Süden zum Sassförkele (1.786 m) aufsteigen.

Wiederanstieg nach Ostabfahrt, Hintergrund: Galinakopf

Galinakopf (2.198 m)

3 1/2 Std. • 800 Hm • mittel

Zuerst wie oben beschrieben zum Sassförkele (1.786 m). Nun kurz leicht bergab, dann wieder langsam steigend in nordöstlicher Richtung auf das Mattajoch zu. Kurz unterhalb davon geht es nach links (Nordwesten) übers Mattaförkele (1.840 m) zur Guschgfielalpe (1.764 m). Noch etwas weiter nach Norden gelangt man zu einem Graben. Darüber breitet sich der teils steile Südhang zum Gipfel aus. Abfahrt wie Anstieg.

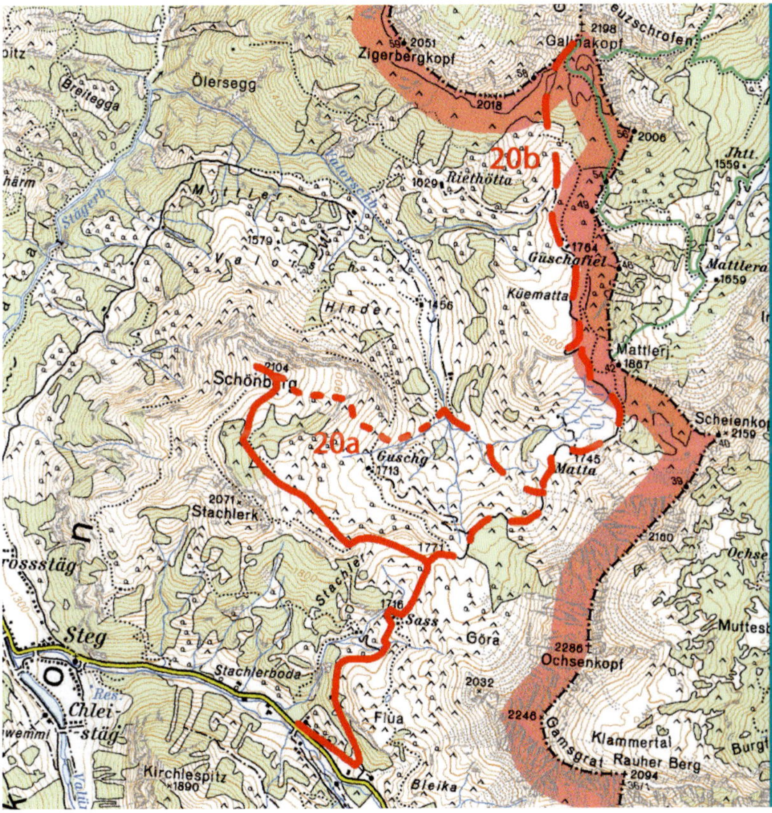

21 Augstenberg 2.359 m

Beim Spitz

Ein vielseitiger Aussichtsberg an der Landesgrenze, der – bis auf die Umgehung des Spitz – in einer risikoarmen Tour zu erreichen ist.

Gebirge: Rätikon
Ausgangspunkt: Malbun – Ortseingang (1.599 m)
Ausgangskoordinaten: N47 6 11.8 E9 36 30.7
Gehzeit: 3 Std.
Höhenunterschied: 760 Hm
Beste Jahreszeit: Dezember bis März
Karten: ÖK-Blatt 140 + 141, ÖKU-Blatt 1229, LKS-Blatt 238S, LKS-Blatt 1156
Lawinensituation: Die Umgehung des Spitz kann unter Umständen sehr kritisch sein. Ansonsten geringes Risiko.

Besonderheit: Dieser Grenzberg zwischen Liechtenstein und Österreich wird sowohl als Tour von Malbun als auch aus dem Nenzinger Himmel besucht. Er bietet guten Ausblick auf den Naafkopf sowie Tiefblick in den Nenzinger Himmel und das Malbuner Tal.

Anstieg: Zuerst steigt man entlang der Schipiste Richtung Sareiser Joch auf oder nutzt den Sessellift. Bei sicheren Verhältnissen kann man sich auch rechts der Lawinenverbauungen über einen steilen Hang hocharbeiten. Anschließend umgeht man in einem sehr steilen Hang den Spitz (2186 m), dann folgt man immer dem Grat. Zwei Mal müssen die Schier ganz kurz ausgezogen werden, um fellschonend kleine felsige Stellen zu überwinden. So gelangt man an das Ende eines vom Nenzinger Himmels heraufziehenden Kares, und über einen kurzen Hang erreicht man den Gipfel.

Abfahrt: Abfahrt wie Aufstieg. Bei sicheren Verhältnissen fahren gute Schifahrer auch direkt vom Spitz ins Tal.

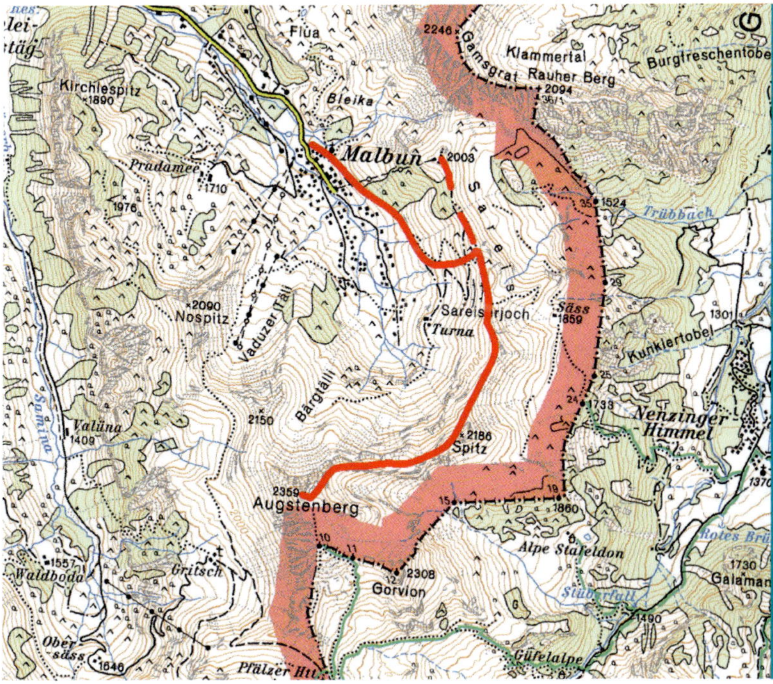

Tour 21 Augstenberg

Walgau

Der Walgau ist zwar schmaler als das Rheintal, trotzdem reiht sich ein Dorf an das nächste. Die Höhe des Talbodens liegt in Feldkirch bei 458 m und in Bludenz bei 550 m. Durch die allgemeine Erwärmung reicht der Schnee nur selten bis ins Tal und nur wenige angrenzende Berge übersteigen die 2.000-Meter-Grenze. Trotzdem gibt es überraschend viele Tourenziele. Liegt auch im Tal Schnee, sind viele der Touren sogar sehr lange und anstrengend.
Am oberen Ende des Walgaues bei Bludenz münden die vier Täler Montafon, Brandnertal, Walsertal und Klostertal. In ihnen spielt sich das alpinistische Leben der Region ab. Dort finden sich Schigebiete und genügend unerschlossene Berge nebeneinander. Diesen Gebieten sind eigene Kapitel gewidmet.

Tiefblick vom Fraßen in den Walgau

Feldkirch bis Bludenz

Gebirge: Rätikon, Bregenzerwaldgebirge

Talorte: Frastanz (509 m), Nenzing (530 m), Thüringen (551 m), Ludesch (555 m)

Ausgangspunkte: Nenzing-Laz (678 m), Gurtis (904 m), Nenzing (560 m), Ludesch-Bovel (780 m), Raggal (1.015 m)

Anreise: Die Talorte sind alle über die Walgau-Autobahn erreichbar. Die konkrete Anreise zu den Ausgangspunkten wird bei den einzelnen Touren beschrieben.

Öffentliche Verkehrsmittel: Frastanz und Nenzing sind mit der Bahn erreichbar. Zwischen Feldkirch und Bludenz fährt der Landbus Linie 73 (über Satteins – Schlins) und zwischen Feldkirch und Nenzing der Landbus Linie 72. Nach *Gurtis* gelangt man ab Frastanz mit der Linie 74, nach *Raggal* ab Ludesch mit der Linie 78. Zu den konkreten Ausgangspunkten muss man meist kurz zu Fuß gehen.

Karten: ÖK-Blatt 140 + 141 + 142, ÖKU-Blatt 1224 + 1229 + 1230, LKS-Blatt 238S, LKS-Blatt 1136 + 1156, F&B-Blatt 371

Tiefblick vom Gampberg ins Große Walsertal

22 Galinakopf 2.198 m

Innerer Älpelekopf 2.122 m

Gampberg 1.708 m

Äußere Gampalpe mit Gampberg

Markanter Berg, der nur über einen sehr langen Anstieg zu erreichen ist. Doch spätestens beim Gipfelblick merkt man, dass sich die Anstrengung gelohnt hat.

Gebirge: Rätikon
Talort: Frastanz (509 m), Nenzing (530 m)
Ausgangspunkt: Nenzing – Latz (678 m)
Ausgangskoordinaten: N47 11 15.0 E9 40 19.6
Anreise: In Frastanz Richtung Gampelün-Gurtis. Nach etwa 4 1/2 km zweigt links eine Straße nach Nenzing und zum Ortsteil Latz ab. Kurz nach Latz ist rechts neben der Straße ein Stadel mit der Aufschrift „n. Gamp". Fährt man von Nenzing Richtung Gurtis, kommt man auch zum besagten Stadel. Von Frastanz fährt der Landbus Linie 74 zur Abzweigung bei Latz oder bis nach Gurtis.
Gehzeit: 5 1/2 Std.
Höhenunterschied: 1.600 Hm
Beste Jahreszeit: Dezember bis März
Karten: ÖK-Blatt 141, ÖKU-Blatt 1229 (+1230), LKS-Blatt 238S, LKS-Blatt 1136
Lawinensituation: Auf den Galinakopf mäßiges Risiko. Der Älpelekopf ist aber nur bei sicherer Schneelage zu empfehlen. Der Gampberg ist auf Grund seiner niedrigen Lage und Ausrichtung nach Süden meist unkritisch.

Besonderheit: Obwohl die Anstiege sehr lang sind, sind diese Touren reizvoll. Der wunderbare Ausblick vom Galinakopf auf Walgau, Rheintal und tief in die Schweiz entschädigt für alle Mühen. Bei entsprechenden Verhältnissen eignet sich der Berg gut als Neujahrsschitour nach einer hoffentlich nicht zu feuchten Silvesterfeier auf Gamp. Auf dem Weg zur Inneren Gampalpe passiert man eine geologische Besonderheit, die Felspyramiden Gamp. Sie sind eine sogenannte Reliefumkehr: Ursprünglich wurden die einst dort befindlichen Karstlöcher gefüllt, im Laufe der Zeit hat die Erosion das umgebende Gestein aber abgetragen. Die Lochfüllungen waren jedoch aus widerstandsfähigerem Material und blieben als Säulen stehen.

Anstieg: Man kann direkt aus dem Ortsteil Latz entlang des Sommerwanderweges aufsteigen und gelangt so auf 974 m zum Güterweg. Meist beginnt man beim besagten Stadel und folgt zuerst einfach dem Güterweg nach Gamp. Die Serpentinen auf etwa 800 m lassen sich abkürzen, dann sollte man aber auf dem Weg bleiben, denn Abkürzungen sind auf Grund des steilen und dichten Waldes fast unmöglich (lediglich auf 1.200 m kann rechts kurz der Sommerweg benutzt werden).
Nach mehr als 2 1/2 Std. erreicht man die Äußere Gampalpe (1.562 m) – meist kurz „Gamp“ genannt.
Nun geht es auf dem Güterweg in südwestlicher Richtung leicht bergab das Alptal hinein zur Inneren Gampalpe (1.503 m). Einen Kilometer danach beginnt das Gelände merklich zu steigen und man schwenkt nach rechts (Westen), um über einen schönen Hang zum Guschgfieljoch (1.849 m) zu gelangen. Jetzt befindet man sich auf Liechtensteiner Gebiet, quert in den steilen Südhang des Gipfels und gelangt durch diesen hinauf zum höchsten Punkt.

Abfahrt: Abfahrt wie Anstieg. Bei sehr sicheren Verhältnissen kann kurz unterhalb des Gipfels in den Osthang gewechselt und direkt zur Inneren Gampalpe abgefahren werden.
Nun ist es am besten, die Felle

wieder aufzuziehen, um über den flachen Weg zur Äußeren Gampalpe zu gelangen.
Anschließend weiter auf dem Güterweg.

Varianten

Anstieg von Gurtis [22a]

Ausgangspunkt: Gurtis (904 m)
5 Std. • 1.450 Hm • mittel
In Gurtis parkt man auf einem der angeschriebenen Parkplätze. Bei der Kirche startet links der Sommerweg durchs Galinatal zur Galinaalpe (1.566 m). Ab der Alpe geht es links haltend hoch zur Einsattelung östlich unterhalb des Gipfels (1.825 m). Auf der anderen Seite muss man etwa 150 Hm hinab, bevor man zum Guschgfieljoch und zum Gipfel aufsteigen kann. Abfahrt wie Anstieg, was einen Gegenanstieg zum Sattel bedeutet.

Galinakopf

Gampberg (1.708 m) [22b]

Abzweigpunkt: Äußere Gampalpe (1.562 m)
3 1/2 Std. • 1.050 Hm • leicht
Er ist in etwa einer 1/2 Stunde von der Äußeren Gampalpe erreichbar und dient als Ausweichziel, wenn die Verhältnisse oder die Kondition nicht passen. Der Gampberg bietet einen tollen Tiefblick in den Walgau und das Rheintal. Sogar der Bodensee ist sichtbar. Allerdings sollten beim Tiefblicken die Wechten auf der Nordseite beachtet werden. Vom Gipfel des Gampberges kann man direkt über die Westhänge zum Güterweg kurz unterhalb der Äußeren Gampalpe abfahren.

Innerer Älpelekopf (2.122 m) [22c]

Abzweigpunkt: oberhalb der Inneren Gampalpe (ca. 1.530 m)
5 Std. • 1.500 Hm • mittel
Zu diesem Gipfel wendet man sich etwa eine 1/4 Stunde nach der Inneren Gampalpe (1.503 m) links, überquert den Graben und steigt nach Süden in das Kar zwischen dem Inneren und Äußeren Älpelekopf hoch. Oberhalb von 1.800 m steuert man über offene steile Hänge nach rechts dem höchsten Punkt zu. Abfahrt wie Anstieg.

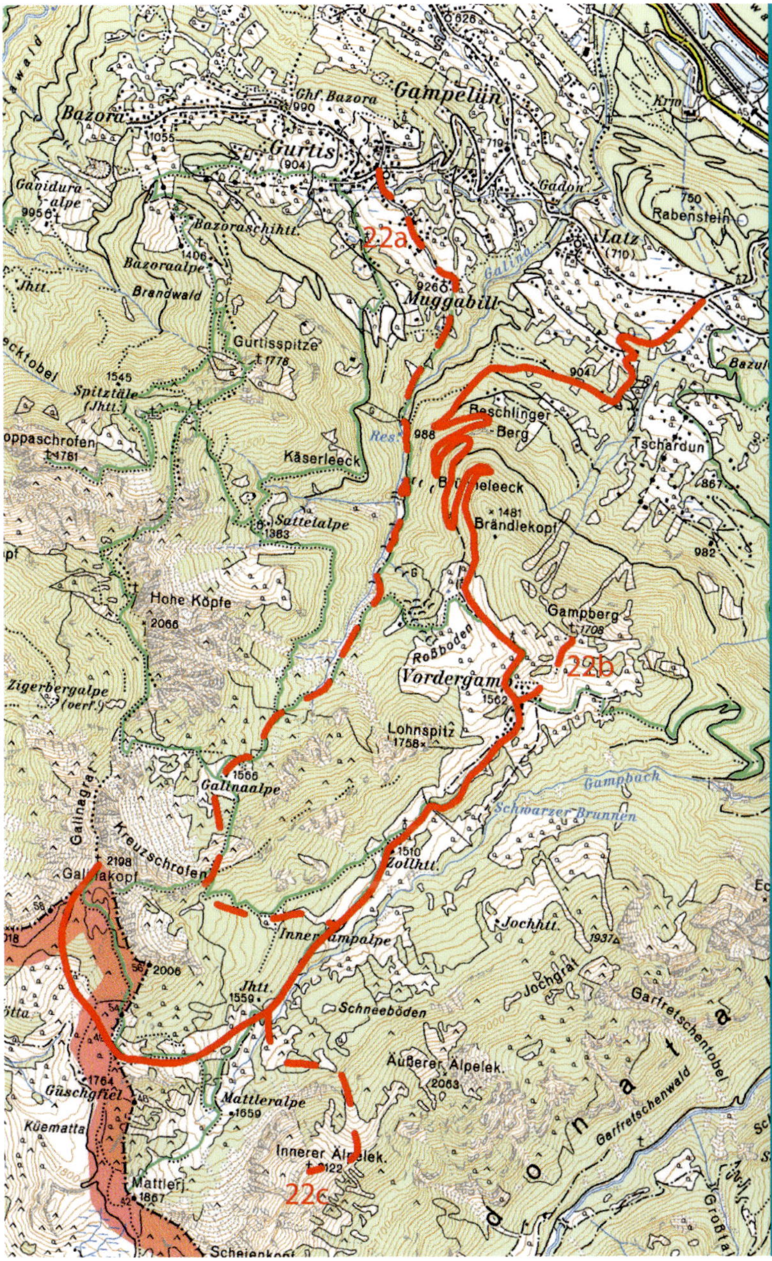

Bazora
Ghf. Bazora
990
Gampelün
Gurtis
(904)
1055
Ganidura alpe
995
Bazoraschihtt.
1406
Bazoraalpe
Brandwald
22a
926
Muggabill
Galina
Gadon
750
Rabenstein
Latz
(710)
719
Gurtisspitze
1778
1545
Spitztäle (Jhtt.)
Koppaschrofen
1761
Käserleeck
Res.
988
Beschlinger Berg
904
Tschardun
867
Bazul
Sattelalpe
1383
1481
Brandlekopf
982
Hohe Köpfe
2066
Gampberg
1708
22b
Roßboden
Vordergam
1562
Zigerbergalpe (verf.)
Lohnspitz
1758
1556
Galinaalpe
Gampbach
Schwarzer Brunnen
Galinagrat
Kreuzschrofen
2198
Galinakopf
1510
Zollhtt.
Jochhtt.
1937
Innergampalpe
2006
Jhtt.
1559
Schneeböden
Jochgrat
Garfretschentobel
Äußerer Alpelek.
2063
Güschgfiel
1764
Mattleralpe
1659
Küematta
Garfretschenwald
Innerer Alpelek.
2122
22c
Mattlerj.
1867
Schejenkopf
Großtal

23 Mondspitze 1.967 m
Klamperschrofen 1.755 m

Mondspitze: Tiefblick nach Norden

Ein Berg, der einem die Wahl lässt: kurzer oder langer Anstieg, beides ist hier möglich. Reizvoll ist er auch in dieser langen Variante – sieht man von seinem Gipfel doch fast über das gesamte Bundesland.

Gebirge: Rätikon
Talort: Nenzing (530 m)
Ausgangspunkt: Ortsrand Richtung Nenzinger Himmel (560 m), Stellveder (750 m)
Ausgangskoordinaten: N47 10 53.4 E9 42 8.42
Anreise: In Nenzing zuerst Richtung Nenzinger Himmel (orographisch rechts der Meng entlang). Oberhalb der Gebäude der Agrargemeinschaft sucht man sich eine Parkgelegenheit (spätestens bei der ersten Kehre). Bei wenig Schnee muss man bis Stellveder (750 m) weiterfahren. Hier gibt es ausreichend Parkmöglichkeit. Mit öffentlichen Verkehrsmitteln muss man zu Fuß durchs Dorf zum Ausgangspunkt.
Gehzeit: 4 1/2–5 Std.
Höhenunterschied: 1.250–1.450 Hm
Beste Jahreszeit: Dezember bis März
Karten: ÖK-Blatt 141, ÖKU-Blatt 1230, LKS-Blatt 238S, LKS-Blatt 1136
Lawinensituation: Im unteren Bereich geringes Risiko. Der Gipfelanstieg und dabei vor allem die Nordostflanke ist steil und oft eingeblasen. Bei Lawinengefahr sollte die Tour auf dem Klamperschrofen beendet werden.

Besonderheit: Neben einer Abfahrt über die steile Nordostflanke ist vor allem die Aussicht das besondere Merkmal dieses Zieles. Fast ganz Vorarlberg kann von hier überblickt werden. Im Norden erkennt man sogar den Bodensee und rechts den Walserkamm. Dahinter im Nordosten stehen Zitterklapfen und Co. Im Westen sieht man in den Nenzinger Himmel sowie Galinakopf und Gamp. Im Süden stehen, fast furchterregend, die Schesaplana und der Panüeler.
Der Berg kann von zwei völlig unterschiedlichen Ausgangspunkten erstiegen werden. Von Nenzing ist es eine anstrengende Tour, von Bürserberg/Tschengla ist es ein kurzes Unternehmen (siehe Tour 36).

Anstieg : Nach einer ersten kurzen Steigung des Sträßchens zweigt links ein Güterweg ab. Dann steigt man zwischen Heuhütten rechtshaltend höher. Dabei folgt man dem markierten Sommerweg (Markierungen an den Bäumen, Stangen und Wegweisern), der bald in den Wald führt. Dieser Weg kreuzt oft den Güterweg zum „Innersten Hof" und bleibt bis zum Nenzingerbergkirchle (1.102 m), einer kleinen Kapelle am Waldesrand unterhalb der Nenzinger Bergalpe, im Wald. Anschließend steigt man über die Alpflächen höher, bis man auf etwa 1.450 m auf den Güterweg Richtung Klamperschrofen trifft, dem man anschließend folgt. Nun folgt eine längere flache Strecke. Man passiert die Valscherina-

Nenzingerbergkirchle

Aufstieg am Ostrücken der Mondspitze

hütte, eine kleine Selbstversorgerhütte des Nenzinger Alpenvereins, und kurz danach kann man über eine Waldschneise eine sehr flache Kehre abkürzen. Dann folgt man wieder dem Güterweg, der nach einer weiteren Kehre unterhalb des markanten Klamperschrofen unter Felsen vorbeiführt. Nach einem kurzen Steilhang gelangt man auf das Klampera Sätteli (1.715 m).
Jetzt sollte man unbedingt auf dem Weg zum Garsellijoch (1.650 m) und hier nach rechts nochmals etwa 50 Hm in die Senke unterhalb des Berges abfahren. Dann quert man in ausreichendem Abstand zum Nordosthang zum Ostrücken der Mondspitze. Über diesen muss man sich teilweise steil zum Gipfel hochkämpfen.

Abfahrt: Bei sicheren Verhältnissen und für gute Schifahrer ist der Nordosthang eine Verlockung. In diesen kann man kurz unterhalb des Gipfels hineinqueren und anschließend bis 1.650 m abfahren. Ansonsten muss man südseitig hinunter bis zur Furklaalpe. Nach einem kurzen Anstieg zum Klampera Sätteli fährt man ungefähr dem Aufstieg entlang zur Nenzinger Bergalpe ab. Nun gibt es zwei Möglichkeiten:
Bei ausreichender Schneelage fährt man entlang des Aufstieges bis kurz unterhalb der Nenzinger Bergkapelle. Ab hier ist die

Abfahrt mittels roter Pfeile markiert und führt nach einem minimalen Gegenanstieg in ein Schneisensystem, das, teilweise den Weg zum „Innersten Hof“ querend, bis in die Hänge oberhalb Nenzing und über diese ins Dorf führt. Bei geringer Schneelage sollte man einfach dem Güterweg entlang bis zum Ausgangspunkt abfahren.

Variante

Anstieg ab Stellveder (750 m) [24a]

4 Std. • 1.250 Hm • mittel

Gleich rechts hinter dem Kontrollhäuschen der Straße in den Nenzinger Himmel beginnt der markierte Sommerweg (Markierungen an den Bäumen), der sich bald mit dem Anstieg aus Nenzing trifft.

Klamperschrofen (1.755 m)

Abzweigpunkt: Klampera Sätteli (1.715 m)

4 1/2 Std. • 1.410 Hm • leicht

Der Gipfel ist vom Klampera Sätteli in wenigen Minuten erreichbar und bietet auch einen guten Tiefblick in den Walgau.

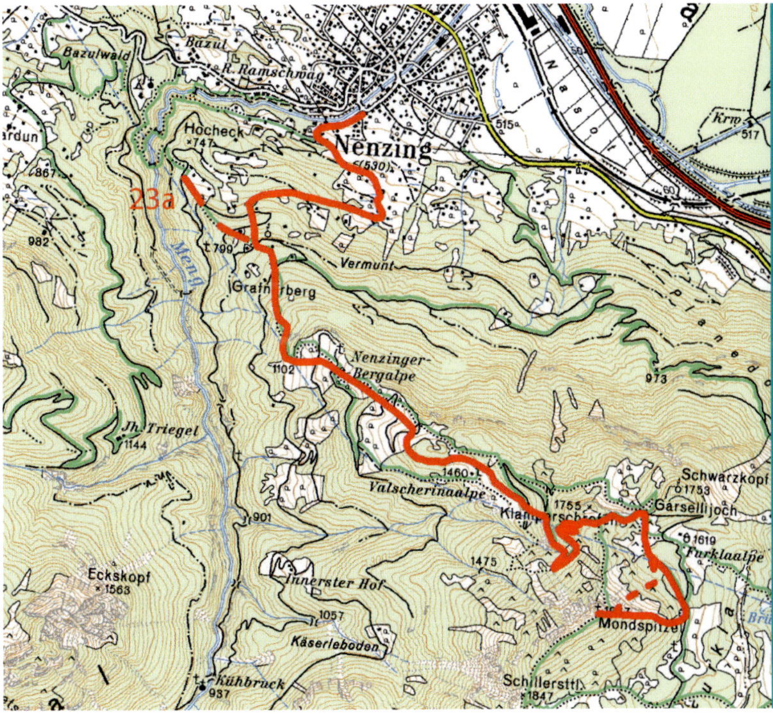

24 Hoher Fraßen 1.979 m

Hoher Fraßen

Für den Walgaublick ist dieser Gipfel bekannt und gern bestiegen, am liebsten natürlich bei Neuschnee, wenn seine Hänge noch unberührt sind.

Gebirge: Lechquellengebirge
Talort: Ludesch (555 m)
Ausgangspunkt: Ludesch – Bovel (780 m)
Ausgangskoordinaten: N47 12 8.3 E9 47 20.9
Anreise: Aus dem Walgau in Ludesch Richtung Raggal fahrend parkt man beim ehemaligen Schilift Bovel. Bei wenig Schnee muss man nach Raggal und von dort weiter zum Ludescher Berg. Mit dem Landbus Linie 78 kommt man auch zum Ausgangspunkt.
Gehzeit: 4 Std.
Höhenunterschied: 1.200 Hm
Beste Jahreszeit: Dezember bis März
Karten: ÖK-Blatt 141, ÖKU-Blatt 1224 + 1230
Lawinensituation: Dank Lawinenverbauten im kritischen Nordhang ist kein besonderes Risiko zu erwarten.

Besonderheit: Kommt man bei Frastanz in den Walgau, schaut man gerade auf den „Pfannaknächt“, wie der Hohe Fraßen im Volksmund heißt. Er stellt die westliche Begrenzung des Lechquellengebirges dar. Der Rundblick ist ein wichtiges Argument für eine Besteigung und der Grund dafür, dass der Berg auch dementsprechend oft besucht wird. Nach Neuschneefällen entbrennt immer ein richtiger Wettkampf, wer die erste Spur hinauf legen kann. Vom per Bergbahn erreichbaren Muttersberg kann der Fraßen auch im Winter oft ohne Schi bestiegen werden.

Anstieg: Vom Parkplatz Bovel steigt man immer dem Rücken entlang zum Ludescher Berg (1 Std.) hoch. Auch hier folgt man weiterhin dem Rücken nach Osten. Dabei wird die Spur teilweise etwas steil und mühsam. Oberhalb von etwa 1.600 m, nach einer Alphütte, muss man flach nach links und kann dann über einen Nordhang mit Lawinenverbauungen aufsteigen. Diesen verlässt man aber schon bald nach rechts und gelangt beim Nitzkopf (1.709 m) auf die Südseite. Nun kann man rechts die Fraßenhütte erkennen. Der Weg zum Gipfel führt von links nach rechts über die Südwestflanke.

Abfahrt: Abfahrt wie Anstieg.

Varianten

Anstieg von Raggal [24a]

Ausgangspunkt: Raggal – Schilifte (1.015 m)

3 1/4 Std. • 960 Hm • mittel

Entweder mit den Liften oder einfach über die Wiesen oberhalb des Dorfes geht es zuerst zur Bergstation des Gafiduraliftes. Dann folgt man dem Forstweg nach links und wieder zurück nach rechts oder steigt kürzer den Sommerweg entlang zum Nitzkopf auf. Ab hier folgt man der oben beschriebenen Route.

Tiefschneegenuss im Gipfelhang

Anstieg vom Muttersberg [24b]

Ausgangspunkt: Muttersberg-Bergstation der Bergbahn (1.402 m)

2 Std. • 600 Hm • mittel

Natürlich kann man auch vom Muttersberg (ca. 1.400 m) von Süden entlang des Sommerweges zur Fraßenhütte und weiter zum Gipfel aufsteigen. Da dieser Anstieg schifahrerisch wenig bietet, ist er eher für Wanderer, die zu Fuß oder mit Schneeschuhen aufsteigen wollen, geeignet. Der Weg ist klar erkennbar und meist auch schon gespurt. Ab der Fraßenhütte kann der Schnee allerdings sehr tief sein.

Am Ludescher Berg

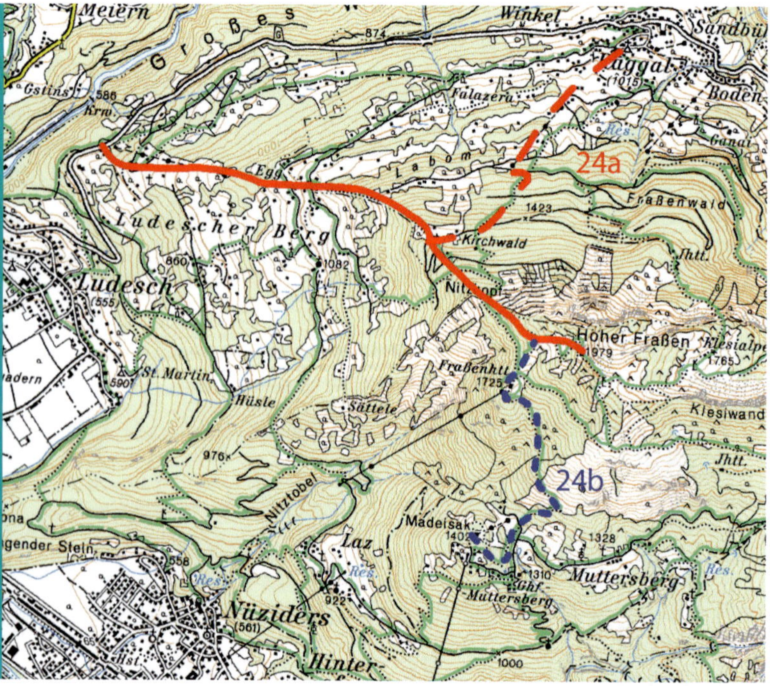

Nenzinger Himmel (Gamperdona)

Die Gamperdona ist ein beliebtes Feriendorf inmitten des Rätikons. Im Winter hält sie einen Winterschlaf. Die Hütten sind alle in Privatbesitz, und wer niemanden aus Nenzing kennt, kann die Touren nur von Malbun in Liechtenstein aus erreichen. Unterhalb des Naafkopfes liegt die reizvolle Pfälzer Hütte (2.108 m) mit einem kleinen, nicht versperrten Winterraum, die eventuell als Stützpunkt dienen kann.
Alle Touren starten am gleichen Punkt.

Gebirge: Rätikon
Talorte: Nenzing (530 m)
Ausgangspunkt: Nenzinger Himmel (1.370 m)
Ausgangskoordinaten: N47 5 15.5 E9 39 2.0
Anreise: Der Nenzinger Himmel ist im Winter nur zu Fuß von Nenzing (ca. 12 km) oder von Malbun (Liechtenstein) übers Sareiser Joch erreichbar. Die Straße von Nenzing in den „Himmel" ist durch Lawinen bedroht. Ab Anfang Mai ist sie meistens offen und man kann mit Sondergenehmigung oder mit dem Taxi hineinfahren.
Öffentliche Verkehrsmittel: Mit Bahn oder Bus nach Nenzing und mit Taxi in den Nenzinger Himmel (Tel.: +43/(0)5523/62 594)
Karten: ÖK-Blatt 141, ÖKU-Blatt 1229, LKS-Blatt 238S, LKS-Blatt 1156, F&B-Blatt 371

Blick vom Blankuskopf zu den Zielen des Nenzinger Himmels

25 Augstenberg 2.359 m

Augstenberg

Einfach und schön – einfach schön! – ist dieser Gipfel im Rätikon: Aufstieg wie Abfahrt sind sehr lohnend, vor allem vom Nenzinger Himmel aus.

Gebirge: Rätikon
Ausgangspunkt:
Nenzinger Himmel (1.370 m)
Gehzeit: 3 1/2 Std.
Höhenunterschied: 990 Hm
Beste Jahreszeit: Dezember bis April

Karten: ÖK-Blatt 141, ÖKU-Blatt 1229, LKS-Blatt 238S, LKS-Blatt 1156, F&B-Blatt 371
Lawinensituation: Bei überlegter Routenwahl wenig Risiko

Besonderheit: Dieser Grenzberg zwischen Liechtenstein und Österreich wird sowohl als Tour von Malbun als auch aus dem Nenzinger Himmel besucht. Auf Grund der Abfahrt ist der Aufstieg aus der Gamperdona schöner.

Anstieg: Vom Feriendorf geht man zuerst nach Südwesten taleinwärts Richtung Bettlerjoch/Pfälzer Hütte. Auf 1.400 m, oberhalb des Stüber Wasserfalls, erreicht man nach rechts über eine Brücke die Alpflächen der Alpe Staffeldon. Hier geht es in westlicher Richtung bergauf. Oberhalb von 1.900 m erreicht man das Kar, das nordseitig des Gipfels auf die Gratverbindung zwischen dem Spitz (2.186 m) und dem Gipfel führt. Durch dieses geht es zwischen Felsen hinauf zum Ziel.

Abfahrt: Abfahrt wie Anstieg.

Variante

Südanstieg [25a]

3 3/4 Std. • 990 Hm • mittel

Es besteht auch die Möglichkeit, beim Stüber Wasserfall weiter

Kamm vom Sareiserjoch zum Augstenberg

Augstenberg und Gorfion

Richtung Pfälzer Hütte aufzusteigen. Bei der Güfelalpe wendet man sich nach rechts (Westen) und steigt die Hänge unterhalb des Gorfion auf. Dabei geht man nicht ganz bis zur Pfälzer Hütte, sondern steigt 100 m unterhalb davon rechts haltend (nach Norden) zum Kamm hoch. Abschließend geht es noch kurz flach zum Gipfel. Abfahrt wie Anstieg oder wie oben beschrieben.

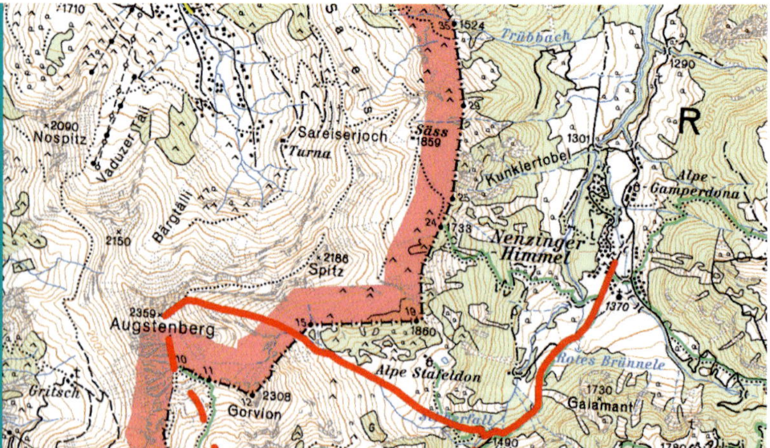

26 Naafkopf 2.570 m

Pfälzer Hütte und Gorfion

Drei Länder – ein Berg: Dieser Gipfel ist zu jeder Jahreszeit ein beliebtes Ziel, im Winter ist seine Begehung jedoch nur bei stabilen Verhältnissen ratsam.

Gebirge: Rätikon
Ausgangspunkt: Nenzinger Himmel (1.370 m)
Gehzeit: 4 Std.
Höhenunterschied: 1.200 Hm
Beste Jahreszeit: Jänner bis Mai

Karten: ÖK-Blatt 141, ÖKU-Blatt 1229, LKS-Blatt 238S, LKS-Blatt 1156, F&B-Blatt 371
Lawinensituation: Die Querung nach der Pfälzer Hütte führt über einen sehr steilen Hang und deshalb sind sehr sichere Verhältnisse erforderlich.

Besonderheit: Der Naafkopf ist als Dreiländerspitze ganzjährig ein beliebtes Ziel mit toller Aussicht. Seine Ersteigung im Winter erfordert aber große Erfahrung und Berücksichtigung der Lawinensituation. Anfang Mai findet immer das letzte Schirennen der Saison – der Naafkopflauf – statt. Dies ist noch ein traditionelles Rennen ohne die Unterstützung von Schiliften.

Naafkopf: Querung auf 2350 m

Pfälzer Hütte (2.111 m)

Die Hütte liegt direkt am Bettlerjoch und ist von Steg leicht zu erreichen. Sie ist im Winter geschlossen, hat aber in einem separaten Hüttchen einen offenen Winterraum mit 20 Lagerplätzen. Der Anstieg ist Teil der beschriebenen Tour.

Anstieg: Vom Feriendorf geht man zuerst nach Südwesten taleinwärts Richtung Bettlerjoch/Pfälzer Hütte. Bei der Güfelalpe wendet man sich nach rechts (Westen) und steigt die Hänge unterhalb des Gorfion zur Hütte auf. Hier wendet man sich nach Süden und steuert als nächstes einen Kopf an. Unter Felsen wendet man sich nach links und gelangt entlang des Sommerweges in einen etwas flacheren Bereich. Nun nochmals nach links um eine Gratkante herum zu einer sehr steilen Rinne. Diese muss man sich in einigen Spitzkehren mühsam hochkämpfen, um ein kurzes Gratstück mit beeindruckendem Tiefblick zu erreichen. Nun linkshaltend weiter, bis eine Felswand den Weg versperrt. Hier nach rechts nochmals sehr steil hoch zum Grat und nach links ums Eck in den Hang unterhalb des Gipfels, über den es nicht mehr weit zum Ziel ist.

Abfahrt: Abfahrt wie Anstieg.

Variante

Direktabfahrt [26a]

Bei sicherem Firn bietet sich eine direkte Abfahrt zur Güfelalpe (1.569 m) an. Dazu fährt man vor der Querung zur Pfälzer Hütte durch die steile Rinne hinab.

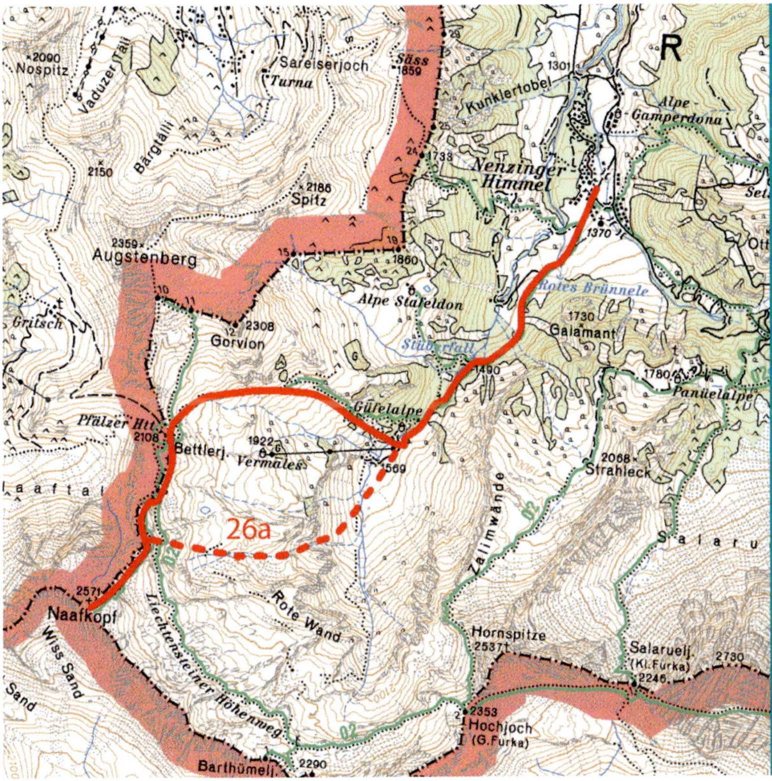

27 Augstenberg (Tschingel) 2.541 m

Hornspitze 2.537 m

Hornspitze und Tschingel

Im Schatten des Naafkopfes befindet sich dieser auffallende Berg, sein Gipfelgrat muss auch im Winter oft ohne Schi begangen werden.

Gebirge: Rätikon
Ausgangspunkt: Nenzinger Himmel (1.370 m)
Gehzeit: 4 1/2 Std.
Höhenunterschied: 1.250 Hm
Beste Jahreszeit: Jänner bis Mai

Karten: ÖK-Blatt 141, ÖKU-Blatt 1229, LKS-Blatt 238S, LKS-Blatt 1156, F&B-Blatt 371
Lawinensituation: Die Lawinengefahr hält sich entlang der Aufstiegsroute in Grenzen. Die Direktabfahrt ist nur bei stabilen Firnverhältnissen ratsam

Besonderheit: Dieser Augstenberg wird auch Tschingel genannt und ist eine markante Pyramide östlich des Naafkopfes. Die viel schwierigere Hornspitze steht schroff daneben und erhält nur selten Besuch.

Anstieg: Im Feriendorf steigt man zuerst nach Osten ein kleines Tal hinauf zum Hirschsee (1.660 m), der unterhalb der steilen Felsen des Oberzalimkopfes liegt. Im Winter ist er leider unter Schnee verborgen, im Sommer ist er aber einer der schönsten Plätze, die man sich vorstellen kann. Dann geht es unterhalb des Panüelers nach Süden durchs Salarueltal zum Salarueljoch (2.246 m) hinauf. Hier muss man südseitig etwas hinab (etwa 100 Hm), um dann nach Westen querend zur Großen Furka (= Hochjoch; 2.359 m) zu gelangen. Dann muss man zuerst nordseitig unterhalb von Felsen auf den Grat hinauf und dann diesem entlang zum Gipfel (zuletzt oft ohne Schi).

Abfahrt: Abfahrt wie Anstieg (d.h. mit kleinem Gegenanstieg).

Varianten

Direktabfahrt [27a]

Bei sicherem Firn bietet sich eine direkte Abfahrt über die Güfelalpe an. Dazu fährt man vom Hochjoch zuerst schräg den Hang entlang nach Westen und unterhalb von 2.100 m durch eine steile Nordrinne hinab.

Hornspitze (2.537 m) [27b]

Abzweigpunkt: Hochjoch (2.359 m)
4 1/2 Std. • 1.250 Hm • schwierig
Vom Joch geht es schwierig in leichter Kletterei über den Westgrat hinauf. Die Felsen kann man je nach Schneebeschaffenheit teilweise umgehen.

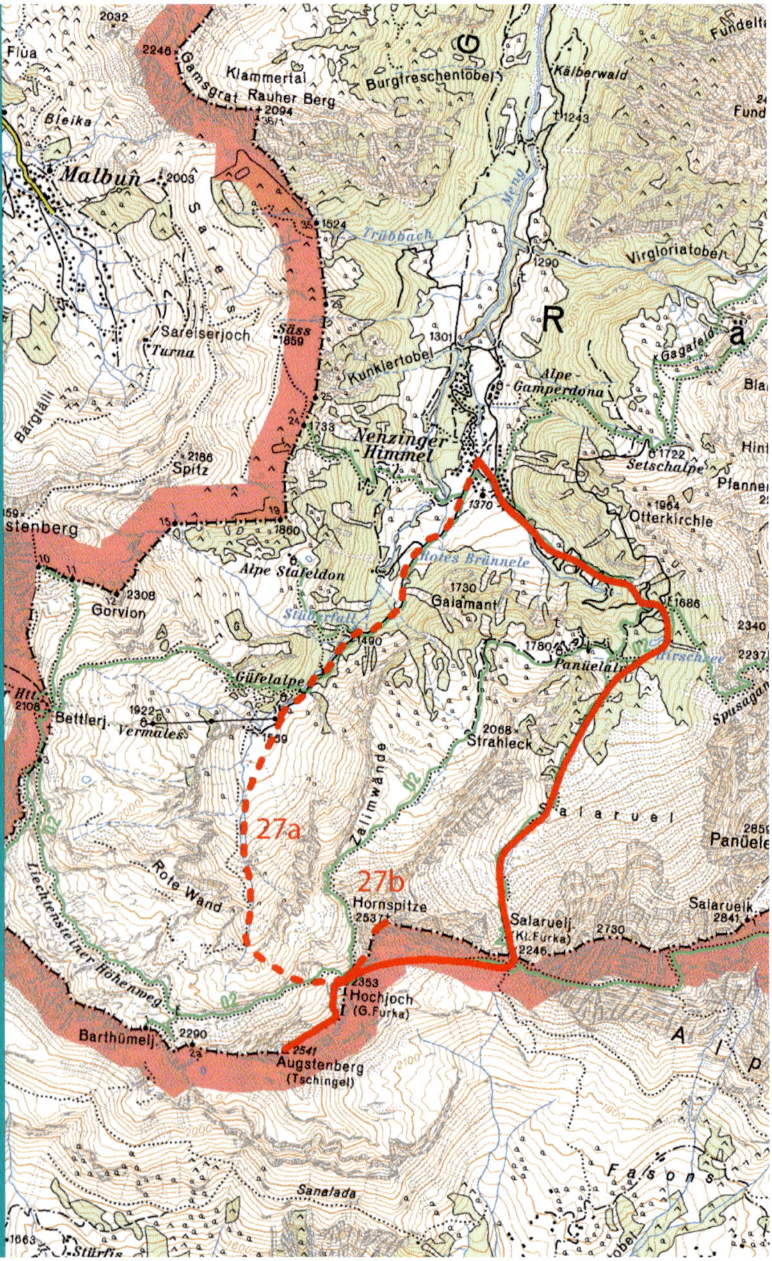

Flüa
2032
2246
Gamsgrat
Klammertal
Rauher Berg
2094
Burgfreschentobel
G
Kälberwald
Fundelt
1243
Fund
Bleika
Malbun
2003
Sareis
Meng
1524
Trübbach
1290
Virgloriatobel
R
Sareiserjoch
Turna
Süss
1859
1301
Kunklertobel
Gagafeld
Alpe
Gamperdona
Bärgtälli
1733
Nenzinger
Himmel
2186
Spitz
1722
Setschalpe
Pfanner
1370
1964
Otterkirchle
stenberg
1860
Rotes Brünnele
Alpe Stafeldon
2308
Gorvion
1730
Galamant
1686
2340
Stübfall
1490
1780
Panüelalp
Güfelalpe
Htt
2106
1922
Bettlerj.
Vermales
2068
Strahleck
Zalimwände
Salaruel
27a
2859
Panüele
Rote Wand
27b
Hornspitze
2537
Salaruelj.
(Kl. Furka)
2246
2730
Salaruelk.
2841
Liechtensteiner Höhenweg
2353
Hochjoch
(G. Furka)
Barthümelj.
2290
2541
Augstenberg
(Tschingel)
Fasons
Sanalada
1663
Stürfis

Biosphärenpark Großes Walsertal

Früher wurde das Walsertal oft dadurch charakterisiert, dass es ein „von Tobeln durchtobeltes Tobel“ sei. Dies deutet schon auf steile Hänge, wilde Kare und unwirtliche Umgebung hin. Der Tourismus ist deshalb auch nicht so ausgeprägt wie in den anderen Talschaften. Inzwischen wurde der Wert dieser urtümlichen Landschaft erkannt, der nun unter dem Begriff „Biosphärenpark“ vermarktet wird.

Im Winter ist es dort durch das Fehlen großer Schigebiete noch ruhiger als im Sommer. Aber trotzdem gibt es wunderbare, wenn auch nicht immer leichte Schitouren. Einerseits bietet sich der Walserkamm an. Dieser ist aber nur an wenigen Tagen im Jahr ausreichend mit Schnee bedeckt und außerdem als Wildruhezone größtenteils gesperrt. Andererseits ist Buchboden, welches das „Ende“ des Großen Walsertales darstellt, Ausgangspunkt von grandiosen Touren zu Johanneskopf, Misthaufen und Co sowie auch zum wenig bekannten Walsertaler Anstieg auf die Hochkünzelspitze. Auch im Bereich von Faschina, dem Übergang in den Bregenzerwald, werden Tourengeher fündig.

Bratschenwand

Südabfahrt vom Glatthorn

St. Gerold bis Faschina

Gebirge: Bregenzerwaldgebirge, Lechquellengebirge
Talorte: Thüringen (551 m), Ludesch (555 m)
Ausgangspunkte: St. Gerold (900 m), Fontanella-Säge (1.166 m), Faschina (1.486 m), Buchboden (910 m)
Anreise: Vom Walgau fährt man über Thüringen oder Satteins ins Große Walsertal. *Fontanella-Säge* liegt etwas oberhalb von Fontanella an der Straße zum Faschinajoch. Nach *Buchboden* zweigt man kurz nach Sonntag rechts ab. Parken muss man bei der Kirche, da das Sträßchen ins Metzgertobel nicht geräumt wird. Nach Raggal und Marul startet man besser in Ludesch.
Öffentliche Verkehrsmittel: Ausgangspunkt der Busse ist Thüringen. Hierher von Bludenz mit Linie 73. Nach *Raggal* und *Marul* fährt die Linie 78, zu den anderen Großwalsertaler Orten fährt die Linie 77 bis *Faschina*. Nach *Buchboden* fährt die Linie 77a, dies jedoch sehr selten, sodass der Tourengeher von der Abzweigung 3 km zu Fuß gehen muss.
Karten: ÖK-Blatt 112 + 142, ÖKU-Blatt 1224 + 1230 + 2219, LKS-Blatt 228 + 238S, F&B-Blatt 364 + 371

Am Zafernhorn, Hintergrund: Zitterklapfen

28 Glatthorn 2.133 m

Türtschhorn 2.096 m

Türtschhorn

Anfangs einfach neben der Piste, zuletzt steil zu Fuß – ein viel bestiegener Berg, der bei hart gefrorenem Schnee im Gipfelbereich etwas Erfahrung erfordert.

Gebirge: Bregenzerwaldgebirge
Ausgangspunkt: Faschina (1.486 m), Fontanella-Säge (1.166 m)
Ausgangskoordinaten: N47 16 3.3 E9 54 22.6
Gehzeit: 2 1/4 Std.
Höhenunterschied: 650 Hm
Beste Jahreszeit: Dezember bis März

Karten: ÖK-Blatt 112, ÖKU-Blatt 1224, LKS-Blatt 228
Lawinensituation: Da der Anstieg zum Glatthorn im Pistenbereich liegt und häufig begangen wird, meist problemlos. Den sehr steilen Anstieg zum Türtschhorn darf man nur bei ganz sicheren Verhältnissen wagen!

Besonderheit: Das Glatthorn bietet einen fantastischen Rundblick über fast alle Vorarlberger Berge. Durch den kurzen Anstieg, der durch Liftbenutzung nochmals verkürzt werden kann, wird dieser Gipfel häufig besucht. Der letzte Anstieg zum Gipfelkreuz ist allerdings sehr steil und bei hartem Schnee kritisch.

Anstieg: Von Faschina steigt man links neben der Piste nach Westen hinauf zur Talstation der oberen Sesselbahn (Glatthornbahn). Hier geht es nach links in einen kleinen Graben und an dessen anderer Seite hinauf in ein höher gelegenes Kar. Durch dieses steigt man in westlicher Richtung zu einem Sattel im Ostgrat des Glatthornes hinauf. Nun kann man noch kurz mit Schi den Grat entlang weiter, dann zu Fuß den teils sehr steilen Grasgrat hinauf zum höchsten Punkt (Achtung bei hartem Schnee gefährlich).

Abfahrt: Abfahrt wie Anstieg.

Variante

Anstieg ab Fontanella-Säge [28a]

Ausgangspunkt: Fontanella-Säge (1.166 m)

3 1/2 Std. • 970 Hm • mittel

Vom Parkplatz bei der Säge geht es auf einem Güterweg entlang des Faschinabaches hinauf zu den untersten Häusern von Faschina. Weiter wie oben beschrieben.

Abfahrt über Fatnellaalpe [28b]

Besonders bei firnigen Verhältnissen ist diese Abfahrtsvariante interessant. Vom Schidepot am Ostgrat des Glatthornes kann man in den steilen Südosthang zur Fatnellaalpe einfahren.
Bei einer Geländekante knapp unterhalb von 1.600 m geht es auf dem meist erkennbaren Weg zur Alphütte. Bei ausreichendem Schnee kann man anschließend direkt Richtung Fontanella hinab. Bei wenig Schnee – Normalzustand – muss man auf dem leicht ansteigenden Güterweg nach Osten und dann in Kehren, die sich vereinzelt je nach Schneelage abkürzen lassen, hinab zu den Häusern von Port (1.270 m). Über die Wiesen geht es zur Faschinastraße und zu Fuß nach Fontanella bzw. Fontanella-Säge. Mit

Am Türtschhorn

dem Bus kommt man wieder zum Ausgangspunkt.

Türtschhorn (2.096 m) [28c]

Ausgangspunkt: Fontanella-Säge (1.166 m)

3 1/2 Std. • 930 Hm • schwierig

Von Fontanella-Säge (Parkplatz) 100 m entlang der Straße Richtung Fontanella. Dann geht es rechts auf einem schmalen Güterweg und kurz darauf nach Westen über steile Wiesen hinauf zu den Häusern von Port (1.270 m). Ab hier folgt man dem Güterweg, der in mehreren Kehren und zuletzt fast 1 km flach zur Fatnellaalpe führt. Von der Alpe auf dem meist sichtbaren Weg weiter in das große Kar zwischen Türtschhorn und Glatthorn. Hierher gelangt man auch durch Abfahrt vom Sattel unterhalb des Glatthornes (siehe oben). Nun sehr steil und meist mit vielen Spitzkehren etwas links der Gipfelfalllinie hoch bis knapp unterhalb des Ostgrates und weiter zu einer Schulter knapp unterhalb des Gipfels. Zuletzt ohne Schi zum wunderschönen Gipfelkreuz. Abfahrt wie Anstieg.

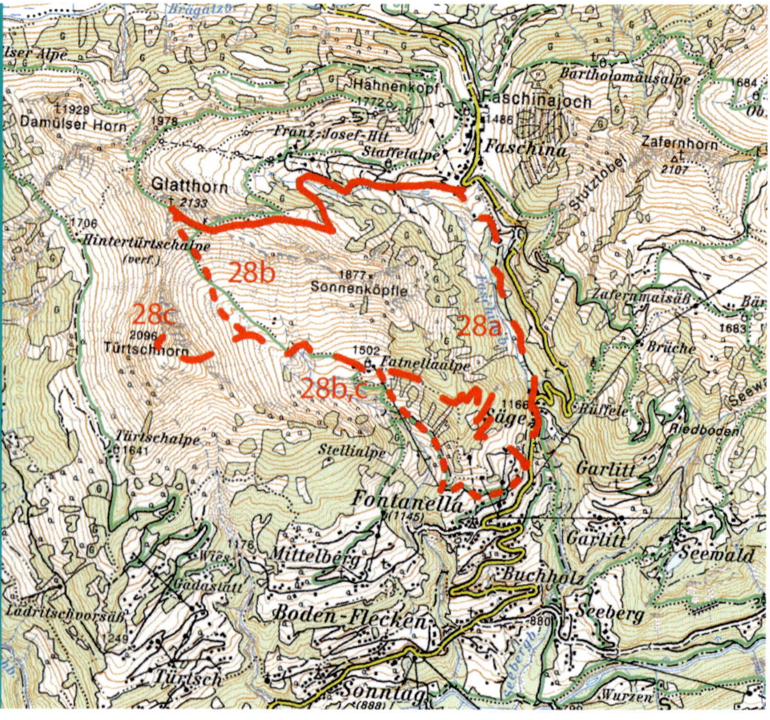

29 Zafernhorn 2.107 m

Blick zum Zitterklapfen

Eine kurze Tour auf einen markanten Berg, der sich vor allem für die erste Tageshälfte eignet, auf Grund der Südlage ist seine Schneedecke nämlich schon früh durchnässt.

Gebirge: Bregenzerwaldgebirge
Talort: Faschina – Tunnel unterhalb des Ortes (1.375 m)
Ausgangskoordinaten: N47 15 53.4 E9 54 10.7
Gehzeit: 2 1/2 Std.
Höhenunterschied: 740 Hm
Beste Jahreszeit: Februar bis April
Karten: ÖK-Blatt 112, ÖKU-Blatt 1224, LKS-Blatt 228
Lawinensituation: Im Gipfelbereich sind auf Grund der Steilheit sichere Verhältnisse erforderlich. Auf Grund der Südlage wird der Schnee rasch durchnässt.

Besonderheit: Schon von weitem lockt der breite Gipfelhang. Die Tour eignet sich vor allem für Vormittage, aber auch der Sonnenuntergang kann ein besonderes Erlebnis werden, denn bevor es richtig dunkel wird, ist man schon wieder unten. Leider hält der Schnee der Sonne nicht lange stand.

Anstieg: Direkt über den Tunnel fließt ein Bach. Hier startet ein Sträßchen, das nach Südost relativ flach zum „Bruch“ (in der Karte „Brüche“ genannt; 1.570 m) führt. Nun folgt man am sichersten dem Weg und gelangt so zu den Zafera Maisäßhütten. Weiter geht es an einem verschneiten Feldkreuz vorbei zu einer Einsattelung (1.871 m) rechts des Gipfels. Hier befindet sich eine wunderschöne Kapelle und man blickt zum Annalper Joch und Zitterklapfen. Nun teilweise steil (eventuell Schi abschnallen) den Grat entlang zum Gipfel. Der Rücken ist oft abgeblasen und es gibt teils große Wechten.
Ab Bruch kann man auch auf der Westseite bleiben und über diesen Rücken den Gipfel erreichen (oft höheres Risiko).

Abfahrt: Im oberen Bereich den Gipfelhang hinab, dann wie Anstieg.

Blick vom „Bruch“ zum Zafernhorn

Variante

Anstieg von Garlitt [29a]

Ausgangspunkt: Fontanella-Säge (1.166 m)

3 1/4 Std. • 950 Hm • mittel

Bei ausreichendem Schnee kann man auch bei Fontanella-Säge (Parkplatz) starten. Zu Fuß folgt man dem Weg zum Ortsteil Garlitt und steigt entlang dem markierten Weg zum „Bruch“ auf. Ab hier wie oben beschrieben. Die Tour ist ab Garlitt zwar länger (+200 Hm, +1/2 Std.), aber nicht unbedingt schöner.

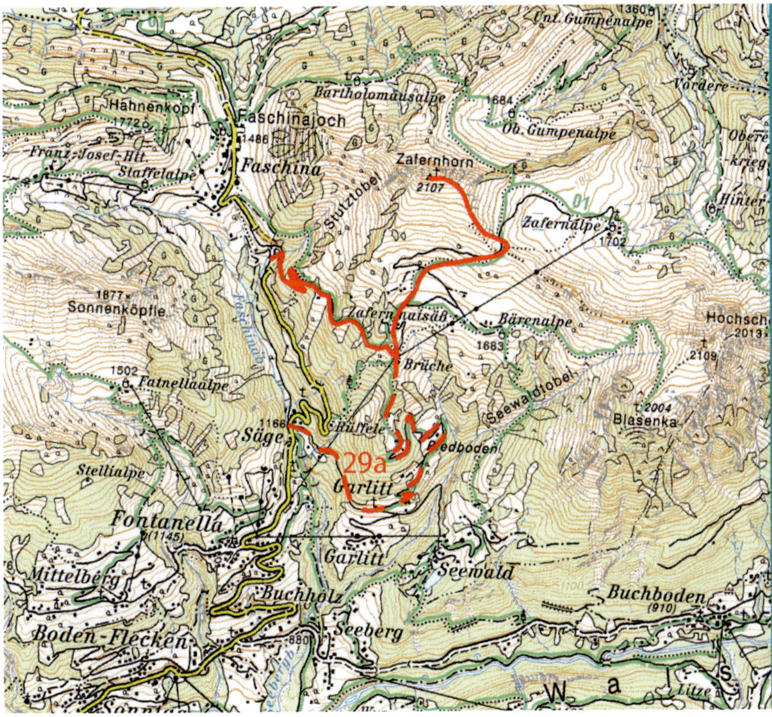

30 Gamsfreiheit 2.211 m

Lusgrind 2.286 m

Gamsfreiheit

Einen tollen Rund- und Tiefblick bietet dieser Berg: weit über die Gipfel des Rätikon und ins Tal hinab. Auf Grund des Südhangs wird zu frühem Aufbruch geraten.

Gebirge: Lechquellengebirge
Ausgangspunkt: Marul – Ortseingang (976 m)
Ausgangskoordinaten: N47 12 5.8 E9 51 35.2
Gehzeit: 4 1/2 Std.
Höhenunterschied: 1.300 Hm
Beste Jahreszeit: März bis Mai
Karten: ÖK-Blatt 142, ÖKU-Blatt 1230, LKS-Blatt 238S
Lawinensituation: Meist hohes Risiko im Faludrigatal, deshalb nur bei sicheren Verhältnissen zu wagen. Der südseitige Gipfelhang ist früh durchnässt. Deshalb sollte man unbedingt etwa 5 Std. nach Tagesanbruch dort sein.

Besonderheit: Vom Gipfel der Gamsfreiheit hat man einen tollen Ausblick auf den Rätikon und Tiefblick auf Bludenz. Der Anstieg ist im Anfangsbereich leider sehr flach. Dafür entschädigt aber der zweite Teil der Tour die Liebhaber urtümlicher Landschaft. Vom Lusgrind blickt man auf die Rote Wand und zum Formarinsee. Achtung: Diese Touren führen durch ein Naturschutzgebiet. Außer den beschriebenen Routen ist das Gebiet gesperrt!

Anstieg: Zuerst folgt man der flachen Straße zur Alpe Laguz. Nach etwa einer Stunde geht es auf die andere Talseite und in das Tal des Faludrigabaches hinein. Man folgt einfach dem teilweise erkennbaren Sommerweg. Im engen Tal sind dabei einige Lawinenhänge zu queren. Im Gebiet unterhalb der Faludrigaalm (1.715 m) weitet sich das Tal und oft liegen hier die Reste gewaltiger Lawinen. Nun sollte man nach links (Südosten) zur wunderschön gelegenen Alpe aufsteigen. Der direkte Anstieg über einen Rücken ist sehr anstrengend und deshalb nicht schneller als der vermeintliche Umweg über die Alpe! Hier teilen sich die Wege je nach Ziel. Zur Gamsfreiheit steigt man von der Alpe unterhalb des Weißen Rössle immer Richtung Gipfel nach Westen auf. Links des Gipfels ist scheinbar eine andere Erhebung, auf die man zusteuert. Bald steht man auf einem breiten Sattel zwischen dem Weißen Rössle und der Gamsfreiheit und fühlt sich wie auf einem Aussichtsbalkon. Der gesamte Rätikon breitet sich vor den Augen aus. Der folgende Gipfelhang ist sehr steil und deshalb verlässt man ihn vor dem Ende nach rechts und quert auf den Rücken hinaus. Über diesen erreicht man kurz darauf das Ziel.

Abfahrt: Abfahrt wie Anstieg. Zwecks Respektierung des Naturschutzes sollte man sich unbedingt daran halten.

Auf der Gamsfreiheit

Blick von der Gamsfreiheit nach Westen

Variante

Lusgrind (2.286 m) [30a]

Abzweigpunkt:
Faludrigaalpe (1.715 m)
4 1/2 Std. • 1.370 Hm • mittel

Von der Alpe steigt man weiter Richtung Osten zur Schwarzen Furka (2.199 m) auf. Von dort geht es steil über den Südgrat zum Gipfel. Abfahrt wie Anstieg.

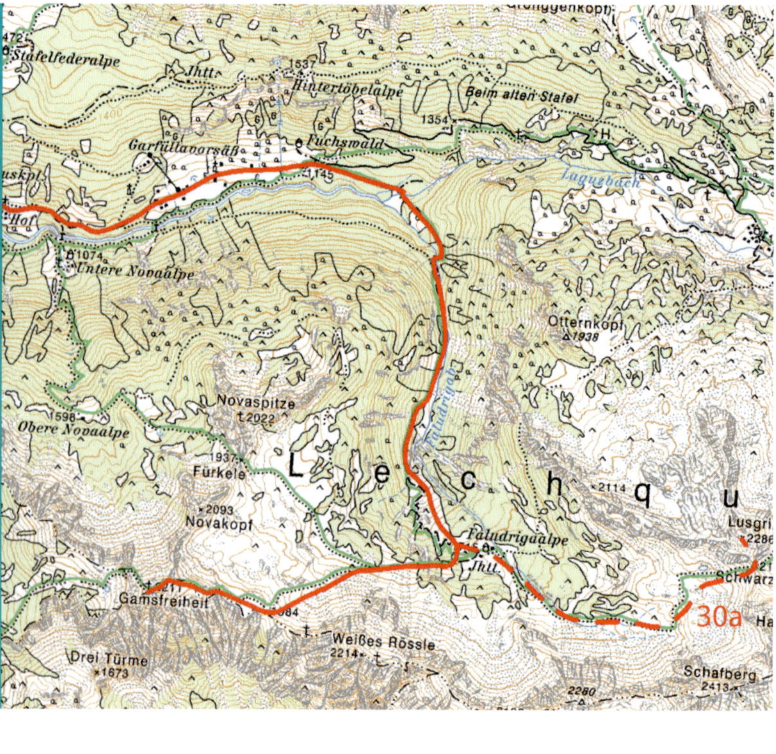

Buchboden

Unterwegs zum Misthaufen

31 Misthaufen 2.436 m

Wangspitze 1.873 m

Klesenzahörner 2.276 m

Gadnerköpfe 2.271 m

Unterhalb des Misthaufens

Der Name täuscht – der Misthaufen ist ein schöner, anspruchsvoller Berg mit ausgedehnten Hängen, dessen Ersteigung eine echte Herausforderung für jeden Tourengeher darstellt.

Gebirge: Lechquellengebirge
Ausgangspunkt: Buchboden – Bärenmaisäß (884 m)
Ausgangskoordinaten: N47 14 41.1 E9 57 8.5
Gehzeit: 5 1/2 Std.
Höhenunterschied: 1.550 Hm

Beste Jahreszeit: Jänner bis Mai
Karten: ÖK-Blatt 142, ÖKU-Blatt 1224, LKS-Blatt 228
Lawinensituation: Die Tour ist nur bei sehr sicheren Verhältnissen ratsam. Am Weg zur Gadenalpe gibt es riesige Lawinenstriche.

Besonderheit: Diese auf anstrengendem Weg zu erreichenden und deshalb eher einsamen Berge stellen sicherlich die Krönung in einem Tourenjahr dar. Der wilde Zustieg und die riesigen Hänge sind ein Traum für jeden Tourengeher. Die Aussicht nach allen Richtungen und vor allem nach Südwesten auf die Rote Wand ist grandios. Alle beschriebenen Ziele, außer der Wangspitze, sind an der oberen Grenze dessen, was noch mit dem Schwierigkeitsgrad „mittel“ bezeichnet werden kann.

Anstieg: Zuerst folgt man der Straße entlang der Lutz Richtung Metzgertobelalpe. Dies bedeutet zuerst einen kleinen Abstieg von etwa 25 Hm. Nach der Brücke über die Lutz beim Bärenmaisäß (884 m) zweigt rechts ein Fahrweg ab. Über ihn gelangt man bald zum Bad Rottenbrunnen (1.010 m). Man folgt weiter dem Weg nach Süden ins Tal hinein. Zuerst bergan und dann flach gelangt man zu einem Wasserfall. Diese Steilstufe überwindet man linksseitig in steilen Serpentinen und gelangt bald darauf zur malerisch gelegenen Gadenalpe (1.317 m).
Nun wendet man sich nach rechts (Westen), überquert den Bach und steigt über den Güterweg in Serpentinen hoch. Auf etwa 1.600 m, unterhalb des Matonakopfes, wendet man sich nach links und steigt querend den steilen Hang hoch. So gelangt man in das bucklige Gelände des Gadnergschröf, und die Route führt unterhalb der Bettlerspitze, den Klesenzahörnern und den Gadnerköpfen nach Südosten immer leicht ansteigend weiter. Schließlich steht man nördlich unterhalb des Misthaufens und erkennt ein steiles Kar, das Richtung Gipfel hochzieht. Der direkte Anstieg ist meist zu steil und deshalb steigt man den Hang rechts davon auf (schaut zwar unlogisch aus, passt aber). Wenn man glaubt, es geht nicht mehr weiter, kann man auf einem kleinen Band nach links um die Ecke und erreicht oberhalb des steilsten Teiles der Rinne ein kleines Becken. Nun hinauf zum Grat und meist die Schi tragend zuerst steil und zuletzt flach zum Gipfel.

Bei der Gadenalpe

Bettlerspitze

Abfahrt: Abfahrt wie Anstieg.

Varianten

Wangspitze (1.873 m) [31a]

3 1/2 Std. • 1.000 Hm • mittel

Zuerst steigt man wie oben beschrieben Richtung Misthaufen auf. Unterhalb des Matonakopfes (etwa 1.600 m) bleibt man am Fahrweg und gelangt in nördlicher Richtung zur Matonaalpe. Über einen kurzen steilen Hang erreicht man den Rücken, der flach nach Norden zum Gipfel führt. Abfahrt wie Anstieg.

Klesenzahörner (2.276 m) [31b]

5 Std. • 1.400 Hm • mittel

Von den beiden markanten Klesenzahörnern wird im Winter nur das westliche (rechte) bestiegen. Zuerst steigt man wie oben beschrieben Richtung Misthaufen auf. Auf dem Gadnergschröf zweigt man auf etwa 2.000 m rechts ab und steigt über die steile Flanke hinauf zum rechten Gipfel. Abfahrt wie Anstieg.

Gadnerköpfe (2.271 m) [31c]

5 Std. • 1.400 Hm • mittel

Von den beiden Gadnerköpfen wird im Winter meist nur der östliche (linke) bestiegen. Zuerst steigt man wie oben beschrieben Richtung Misthaufen auf. Auf dem Gadnergschröf zweigt man auf etwa 2.100 m rechts ab und steigt über die Flanke hinauf zum unscheinbaren Gipfel. Abfahrt wie Anstieg.

Ergänzung

Man kann vom Misthaufen auch zu Johanneskopf und Co weitergehen und von dort abfahren. Bei starker Sonneneinstrahlung kann dies durchaus vernünftiger sein, denn die Hänge von Johanneskopf und Co sind ostseitig gelegen (siehe Tour 32). Dabei steigt man zuerst auf die Hirschenspitze (2.501 m), die sich zwischen der Schwarzen Wand und dem Misthaufen befindet. Manche übersteigen auch noch das Mutterwangjoch und fahren die Hänge zur Metzgertobelalpe ab (siehe Tour 33).

Tour 31 Misthaufen

32 Westlicher Johanneskopf 2.573 m

Schwarze Wand 2.524 m

Bratschenkopf 2.520 m

Am Diessnergschröf, Hintergrund: Feuerstein

Eine anstrengende Tour auf einen einsamen Gipfel, der den Tourengeher mit exzellenter Aussicht belohnt, jedoch nur für überaus Geübte geeignet ist.

Gebirge: Lechquellengebirge
Ausgangspunkt: Buchboden – Kirche (910 m)
Ausgangskoordinaten: N47 14 41.1 E9 57 8.5
Gehzeit: 6 Std.
Höhenunterschied: 1.700 Hm
Beste Jahreszeit: Jänner bis Mai

Karten: ÖK-Blatt 142, ÖKU-Blatt 1224 + 2219
Lawinensituation: Die Tour ist nur bei sehr sicheren Verhältnissen ratsam. Am Weg zur Gadenalpe und im Anstieg zum Mutterwangjoch gibt es riesige Lawinenstriche.

Besonderheit: Diese auf anstrengendem Weg zu erreichenden und deshalb eher einsamen Berge stellen sicherlich die Krönung in einem Tourenjahr dar. Der wilde Zustieg und die riesigen Hänge sind ein Traum für jeden Tourengeher.
Die Aussicht in alle Richtungen ist grandios. Die beschriebenen Ziele, außer der Schwarzen Wand, sind an der oberen Grenze dessen, was noch mit dem Schwierigkeitsgrad „mittel" bezeichnet werden kann.

Anstieg: Zuerst folgt man der Straße entlang der Lutz Richtung Metzgertobelalpe.
Dies bedeutet zuerst einen kleinen Abstieg von etwa 25 Hm. Nach der Brücke über die Lutz beim Bärenmaisäß (884 m) zweigt rechts ein Fahrweg ab. Über ihn gelangt man bald zum Bad Rottenbrunnen (1.010 m). Man folgt weiter dem Weg nach Süden ins Tal hinein. Zuerst bergan und dann flach gelangt man zu einem Wasserfall. Diese Steilstufe überwindet man linksseitig in steilen Serpentinen und gelangt bald darauf zur malerisch gelegenen Gadenalpe (1.317 m).
Hier wendet man sich nach links (Osten) und steigt zum klar erkennbaren Mutterwangjoch (2.025 m) auf.
Dieser Anstieg erfolgt entweder direkt im Grund des Kares oder, bei wenig Schnee, an dessen linken Seite hinauf zur Diesnerbergalpe und dann erst wieder zurück ins Kar. Im oberen Bereich sind oft harte Lawinenbahnen zu bewältigen.
Knapp unterhalb des Mutterwangjoches quert man den Hang nach rechts (Süden) und gelangt in das bucklige Gelände des Diessnergschröf. Man hält sich nun eher links und erreicht ein kleines Becken unterhalb des Bratschenkopfes.
Zum Johanneskopf steigt man die Flanke in Richtung Gipfel auf. Je nach Verhältnissen geht man links zum Grat, etwas oberhalb der Einsattelung zwischen Bratschenkopf und Johanneskopf und dann zu Fuß durch felsiges Gelände zum Gipfel. Oder man kämpft sich eine steile Rinne direkt zum Gipfel hinauf (Achtung: sehr steil und deshalb lawinengefährlich).

Abfahrt: Abfahrt wie Anstieg.

Varianten

Bratschenkopf (2.520 m) [32a]

6 Std. • 1.650 Hm • mittel

Vom kleinen Becken unterhalb des Bratschenkopfes geht es über eine steile Rinne zum Gipfel. Abfahrt wie Anstieg.

Schwarze Wand (2.524 m) [32b]

6 Std. • 1.650 Hm • mittel

Vom kleinen Becken unterhalb des Bratschenkopfes steigt man den Hang rechts des Johanneskopfes auf, der zum Schluss sehr flach wird. Der Gipfel hebt sich kaum von der Umgebung ab. Wenn man die falsche Erhöhung erwischt, ist es auch kein echtes Problem, denn die Aussicht und Abfahrt bleiben gleich.

Abfahrt zur Göppinger Hütte

Von der Scharte zwischen Bratschenkopf und Johanneskopf kann auch zur Göppinger Hütte abgefahren werden. Die weitere Abfahrt zur Metzgertobelalpe ist nicht zu empfehlen, da der Überstieg in den Nordhang der Bratschenwand schwierig zu finden ist (auf 1.900 m muss man den Weg nach Osten um die Kante herum suchen). Fährt man zu tief ab (die Hänge verführen dazu), gelangt man in eine unbegehbare Steilstufe!

33 Bratschenwand 2.493 m

Am Mutterwangjoch: Blick nach Westen

Ein schöner Aussichtsberg, der einen Blick über das gesamte Tourengebiet erlaubt, im Anstieg jedoch einige Herausforderungen bereithält.

Gebirge: Lechquellengebirge
Ausgangspunkt: Buchboden – Kirche (910 m)
Ausgangskoordinaten: N47 14 41.1 E9 57 8.5
Gehzeit: 6 Std.
Höhenunterschied: 1.620 Hm
Beste Jahreszeit: März bis Mai
Karten: ÖK-Blatt 142, ÖKU-Blatt 1224 + 2219

Lawinensituation: Die Tour ist nur bei sehr sicheren Verhältnissen ratsam. Am Weg zur Gadenalpe und im Anstieg zum Mutterwangjoch gibt es riesige Lawinenstriche. Auch die Querung auf der Ostseite des Mutterwangjoches und der letzte Gipfelanstieg sind kritisch.

Weiterweg beim Mutterwangjoch

Besonderheit: Die Bratschenwand ist in den letzten Jahren deutlich beliebter geworden. Sie bietet tolle Ausblicke auf Hochkünzelspitze, Braunarlspitze, zur Göppinger Hütte und über die anderen Berge des Buchbodner Tourengebietes. Die Tour sollte aber nicht unterschätzt werden.

Anstieg: Zuerst folgt man der Straße entlang der Lutz Richtung Metzgertobelalpe. Dies bedeutet zuerst einen kleinen Abstieg von etwa 25 Hm. Nach der Brücke über die Lutz beim Bärenmaisäß (884 m) zweigt rechts ein Fahrweg ab. Über ihn gelangt man bald zum Bad Rottenbrunnen (1.010 m). Man folgt weiter dem Weg nach Süden ins Tal hinein. Zuerst bergan und dann flach gelangt man zu einem Wasserfall. Diese Steilstufe überwindet man linksseitig in steilen Serpentinen und gelangt bald darauf zur malerisch gelegenen Gadenalpe (1.317 m). Hier wendet man sich nach Osten (links) und steigt zum klar erkennbaren Mutterwangjoch (2.025 m) auf. Dieser Anstieg erfolgt entweder direkt im Grund des Kares oder, bei wenig Schnee, an dessen linken Seite hinauf zur Diesnerbergalpe und dann erst wieder zurück ins Kar. Im oberen Bereich sind oft harte Lawinenbahnen zu bewältigen.
Zur Bratschenwand muss man das Mutterwangjoch überschreiten und ostseitig kurz hinab. Dann steigt man rechts den Hang entlang in südöstlicher Richtung zu einem Kopf und in dieser Richtung unterhalb von Felsen weiter auf. Erst relativ spät kann man den felsigen Gipfel

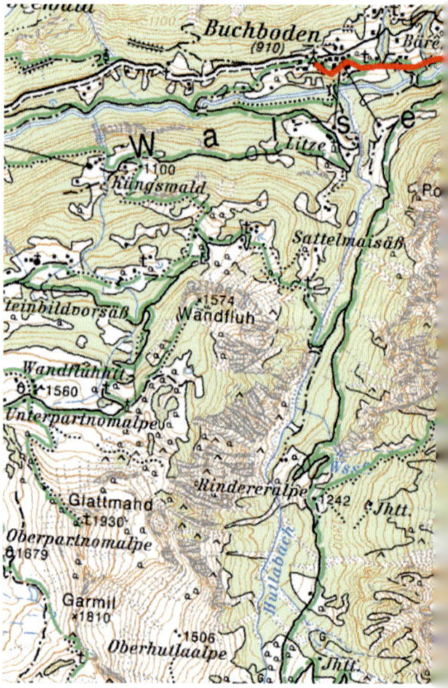

erkennen. Über den immer steiler werdenden Hang geht es bis zu den Gipfelfelsen (hier Schidepot). Nun zu Fuß nach rechts auf den Grat und noch 35 Hm hinauf zum Gipfel.

Abfahrt: Natürlich kann man entlang des Anstieges abfahren (kleiner Gegenanstieg). Meist wählt man aber die Route ostseitig des Mutterwangjoches über die Obere und Untere Alpschellenalpe (1.682 m und 1.455 m) zur Metzgertobelalpe (1.205 m). Die Abfahrt bietet bis kurz vor der Unteren Alpschellenalpe tolle Tiefschneehänge. In der Nähe des Mutterwangjoches kann man links und rechts des kleinen Kopfes abfahren. Danach muss man links haltend unter dem Feuerstein-Westgrat abfahren. Auf etwa 1.500 m trifft man meist auf Lawinenreste und sollte links haltend den Hang queren. Dann erreicht man den Güterweg, der hinab zur Metzgertobelalpe und teils ziemlich flach zurück zum Ausgangspunkt führt.

Variante

Anstieg übers Metzgertobel

6 1/2 Std. • 1.600 Hm • mittel

Dieser Anstieg ist deutlich weiter und wird deshalb fast nie gewählt. Er entspricht der beschriebenen Abfahrtsroute und benötigt keine weitere Beschreibung.

34 Hochkünzelspitze 2.397 m

Schöneberg 2.282 m

Glattjöchlspitze 2.106 m

Biberacher Hütte, Hintergrund: Rothorn

Ein auffallender, massiver und ansehnlicher Gipfel, dessen Ersteigung vom Walsertal aus sehr anspruchsvoll ist, doch gibt es auch Ausweichmöglichkeiten.

Gebirge: Bregenzerwaldgebirge
Ausgangspunkt: Buchboden – Kirche (910 m)
Ausgangskoordinaten: N47 14 41.1 E9 57 8.5
Gehzeit: 5 1/2 Std.
Höhenunterschied: 1.550 Hm
Beste Jahreszeit: Februar bis April
Karten: ÖK-Blatt 112 + 142, ÖKU-Blatt 1224 + 2219

Lawinensituation: Der Zugang zur Biberacher Hütte ist am Taleingang durch Lawinen bedroht. Der Gipfelhang der Hochkünzelspitze ist steil und dementsprechend mit Vorsicht zu betrachten. Der Anstieg aus dem Walsertal ist nur im Frühjahr sicher genug.

Besonderheit: Die Hochkünzelspitze ist ein weithin sichtbarer und mächtiger Berg mit gewaltiger Aussicht. Den Anstieg aus dem Walsertal kennen nicht viele Tourengeher und trotzdem ist er sehr lohnend.

Aufstieg: Zuerst folgt man der Straße entlang der Lutz Richtung Metzgertobelalpe. Dies bedeutet zuerst einen kleinen Abstieg von etwa 25 Hm und danach gewinnt man nur sehr langsam Höhe. Nach etwa 3 1/2 km zweigt links ein Güterweg zur Unteren Ischkarnei Alpe (1.486 m) ab. Zu dieser Alpe gelangt man auch, indem man dem Sommerwanderweg folgt, der schon kurz nach dem Start links die Hänge hochgeht. Diese Frühjahrsvariante erfordert jedoch, dass die Hänge schneefrei sind (sonst extreme Lawinengefahr und aufreibendes Spuren) und bedeutet 1 Std. Fußmarsch ohne Schier.
Von Ischkarnei hat man einen tollen Blick zur Braunarlspitze und zur Bratschenwand (Tour 33). Weiter geht es schräg nach rechts Richtung der klar erkennbaren Glattjöchlspitze. Bei der Oberen Ischkarnei Alpe (1.821 m) hält man sich kurz links und steuert die Einsattelung nördlich dieses Gipfels an (2.075 m). Hier quert man in östlicher Richtung zum Südrücken der Hochkünzelspitze. Zuletzt muss man die Schi stehen lassen und zu Fuß zum Gipfel hinauf. Zum Hauptgipfel gilt es noch eine Scharte zu überqueren. Wegen Überwechtung muss dies öfters unterbleiben.

Schöneberg, Hochkünzelspitze

Abfahrt: Bei der Abfahrt sollte man unbedingt der Anstiegsroute folgen und dabei der Verlockung widerstehen, vor der Unteren Ischkarnei Alpe die Hänge tiefer zu fahren, denn sie enden in sehr steilem Gelände.

Varianten

Glattjöchlspitze (2.106 m) [34a]

Abzweigpunkt: Glattjöchl (2.075 m)
4 1/2 Std. • 1.250 Hm • mittel
Diese Spitze, nur wenige Meter neben der Route zur Hochkünzelspitze, bietet sich als eigenständiges Ziel an. Von der oben beschriebenen Einsattelung geht es meist zu Fuß zum höchsten Punkt.

Schöneberg (2.282 m) [34b]

Abzweigpunkt: Glattjöchl (2.075 m)
5 Std. • 1.400 Hm • mittel
Zuerst wie vorher beschrieben zur Einsattelung bei der Glattjöchlspitze. Anschließend auf der Ostseite des Kammes um einen Kopf herum und durch den steilen Osthang zum Gipfel.

Blick von der Glattjöchlspitze zum Schöneberg

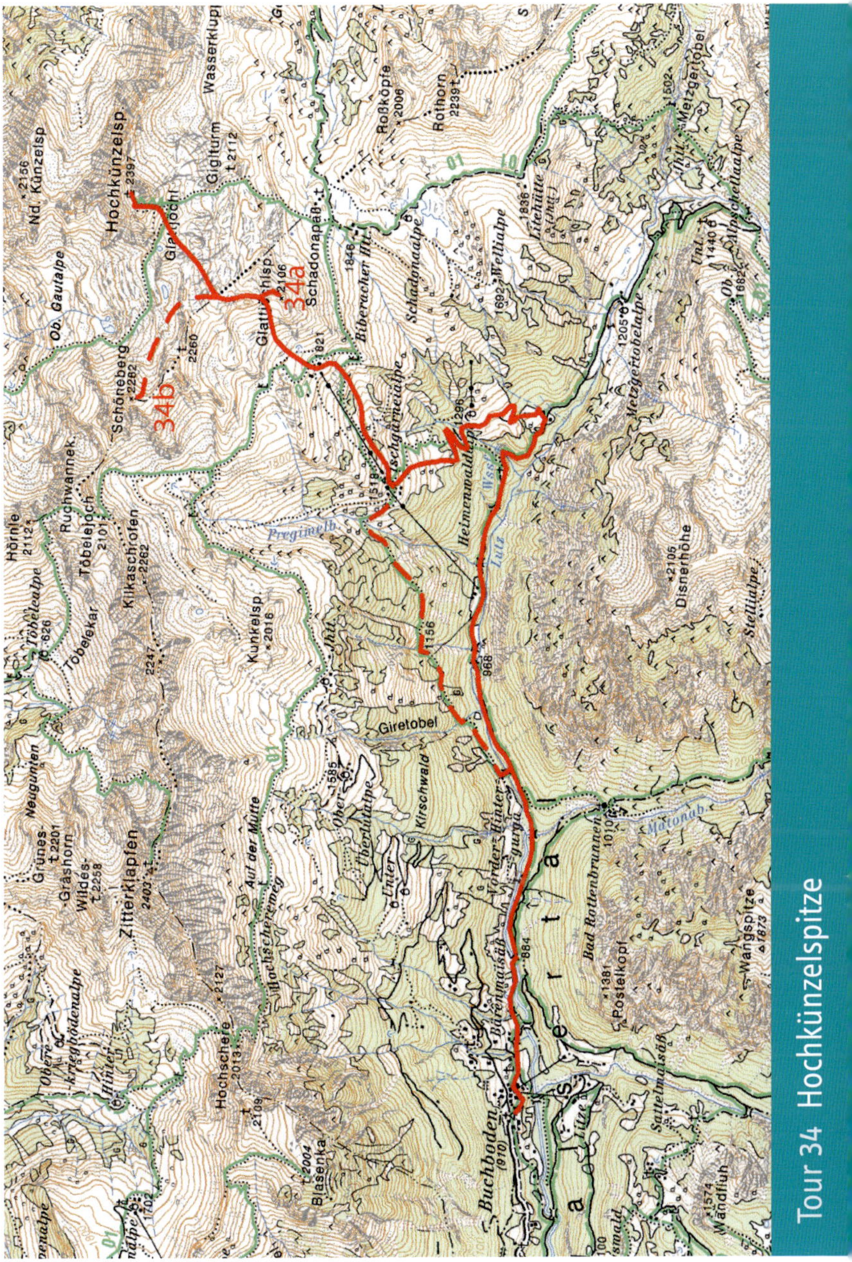
Tour 34 Hochkünzelspitze
34a
34b
Hochkünzelsp 2397
Nd. Künzelsp 2156
Gigiturm 2112
Schadonapaß
Roßköpfe 2006
Rothorn 2239
Schöneberg 2282
Glatthorn
Kilkaschrofen 2262
Kunkelsp. 2016
Zitterklapfen 2403
Hochschere 2013
Blasenka 2004
Giretobel
Kirschwald
Lutz
Buchboden (910)
Disnerhöhe 2106
Bad Rottenbrunnen
Postelkopf 1381
Wangspitze 1873
Wandfluh 1574

35 Kunkelkopf 2.100 m

Firnabfahrt

Unscheinbarer Kopf mit schöner Firnabfahrt, der vor allem in schneereichen Wintern ein lohnendes Ziel darstellt, auch für weniger Erfahrene.

Gebirge: Bregenzerwaldgebirge
Ausgangspunkt: Buchboden – Kirche (910 m)
Ausgangskoordinaten: N47 14 41.1 E9 57 8.5
Gehzeit: 4 Std.

Höhenunterschied: 1.200 Hm
Beste Jahreszeit: Jänner bis März
Karten: ÖK-Blatt 112 + 142, ÖKU-Blatt 1224
Lawinensituation: Abgesehen von Frühjahrsrutschen wenig Risiko.

Besonderheit: Der Kunkelkopf ist in keiner Karte ausgewiesen und befindet sich nördlich der etwas niedrigeren Kunkelspitze. Die Tour hat in den vergangenen schneearmen Wintern an Bedeutung verloren. Die oft geringe Schneedecke ist bis zur Oberüberlutalpe (1.585 m) schneller geschmolzen, als sich firniger Schnee bilden kann. Der etwas ungewöhnlich klingende Name dieser Alpe kommt von „über der Lutz", also „überlut", und somit heißt die obere der beiden Alpen „Oberüberlut".

Anstieg: Vom Ort startet man auf dem Güterweg zu den Überlutalpen. Ab etwa 1.130 m kann man bis oberhalb der Unterüberlutalpe (ca. 1.380 m) über einen Wiesenhang den Güterweg abkürzen, wobei man östlich (rechts der Hütten) vorbeizielt. Dann muss man wieder dem Güterweg folgen, überquert einen markanten Graben und gelangt hinauf zur Oberüberlutalpe. Nun geht es in nordöstlicher Richtung weiter bergauf in ein Kar westlich (links) der Kunkelspitze und des Kunkelkopfes. Durch dieses hinauf zu einer Einsattelung zwischen Zitterklapfen und Kunkelkopf und nach Süden zum Gipfel.

Abfahrt: Abfahrt wie Anstieg. Dabei ist zu beachten, dass die Sonne sehr schnell ihre Kraft entfaltet und man rechtzeitig mit der Abfahrt beginnen sollte.

Brandnertal

Die Walsergemeinde Brand war schon sehr früh Ziel von Alpinisten. Die Schesaplana wurde schon 1610 zum ersten Mal bestiegen. Die Douglasshütte entstand bereits 1871. Neben dem Schigebiet bietet Brand wunderbare Schitouren in grandioser Umgebung. Derzeit sind Erweiterungen der Lifte im Gespräch. Diese könnten sich auf die Tour 37 (Windeggerspitze) auswirken. Alle Touren mit Ausnahme der Mondspitze starten in Brand Innertal.

Gebirge: Rätikon

Talorte: Bludenz (555 m), Bürs (570 m), Brand (1.037 m)

Ausgangspunkte: Bürserberg – Tschengla (1.220 m), Brand – Palüdbahn (1.050 m)

Anreise: Von Bludenz geht es über die Brandnertalstraße zu den jeweiligen Ausgangspunkten. Um auf die Tschengla zu gelangen, zweigt man in Bürserberg rechts ab und fährt bis zum Beginn des Fahrverbotes – hier Parkplatz. In Brand parkt man bei der Palüdbahn.

Öffentliche Verkehrsmittel: Mit dem Bus Linie 81 von Bludenz nach Bürserberg (weiter mit der Einhornbahn) und Brand.

Karten: ÖK-Blatt 141, ÖKU-Blatt 1230, LKS-Blatt 238S, LKS-Blatt 1136 + 1156

Hütten des Gebietes

Alle Hütten des Gebietes sind im Winter geschlossen.

Douglasshütte (1.976 m)

Sie liegt am Rande des Lünersees und ist in 1 Std. von Schattalagant und in etwa 3 1/2 Std. von Brand aus erreichbar. Zugang siehe Tour 39.
Telefon Hütte: +43/(0)5559/206
Winterraum: 20 Lager (offen)

Totalphütte (2.385 m)

Die Hütte liegt näher zum Gipfel der Schesaplana. Der Anstieg vom Lünersee dauert etwa 1 1/2 Std., aus Brand etwa 5 Std. Zugang siehe Tour 39.
Telefon Hütte: +43/(0)664/24 00 260
Winterraum: 10 Lager (offen)

Mannheimer Hütte (2.679 m)

Sie ist die höchstgelegene Hütte des Landes und liegt nicht im Bereich von Schitouren.
Telefon Hütte: +43/(0)664/35 14 768
Winterraum: 14 Lager (offen)

Oberzalimhütte (1.889 m)

Diese malerische Hütte im Schatten des Panüelers ist nur vereinzelt im Winter geöffnet und besitzt keinen Winterraum. Zugang siehe Tour 38.
Telefon Hütte: +43/(0)664/12 29 305

36 Mondspitze 1.967 m

Mondspitze: Blick nach Norden

Ein Berg, der einem die Wahl lässt: kurzer oder langer Anstieg, beides ist hier möglich – in diesem Fall eine Blitztour auf einen vorzüglichen Aussichtsgipfel.

Gebirge: Rätikon
Ausgangspunkt: Bürserberg/Tschengla (1.220 m)
Ausgangskoordinaten: N47 8 57.1 E9 45 22.8
Gehzeit: 2 1/2 Std.
Höhenunterschied: 750 Hm
Beste Jahreszeit: Dezember bis März

Karten: ÖK-Blatt 141, ÖKU-Blatt 1230, LKS-Blatt 238S, LKS-Blatt 1136 + 1156
Lawinensituation: Im unteren Bereich geringes Risiko. Der Gipfelanstieg und dabei vor allem die Nordostflanke ist steil und oft eingeblasen. Bei Lawinengefahr sollte die Tour auf dem Klamperschrofen beendet werden.

Besonderheit: Neben einer Abfahrt über die steile Nordostflanke ist vor allem die Aussicht das besondere Merkmal dieses Zieles. Fast ganz Vorarlberg kann von hier überblickt werden. Im Norden erkennt man sogar den Bodensee und rechts den Walserkamm. Dahinter im Nordosten stehen Zitterklapfen und Co. Im Westen sieht man in den Nenzinger Himmel, Galinakopf und Gamp. Im Süden stehen, fast furchterregend, die Schesaplana und der Panüeler.
Der Berg kann von zwei völlig unterschiedlichen Ausgangspunkten erstiegen werden. Von Nenzing ist es eine anstrengende Tour (siehe Tour 23), von Bürserberg/Tschengla ist es ein kurzes Unternehmen.

Aufstieg: Da man die Mondspitze immer vor Augen hat, ist die Orientierung leicht. Vom Parkplatz geht man zuerst auf den Berg zu und steigt deshalb bei einer Weggabelung 200 m nach dem Start gerade nach Westen über die Wiesen auf. Zwei Mal kreuzt man einen Güterweg und auf etwa 1.600 m wird es ziemlich flach. Hier quert man meist unbemerkt den Güterweg von Nenzing zur Parpfienzalpe und bei einem Kreuz wendet man sich nach rechts. Nun strebt man dem Ostrücken des Berges zu. Über diesen muss man sich teilweise steil zum Gipfel hochkämpfen. Ein Ausweichen über die Flanke ist wegen fast undurchdringlicher Latschen nicht sinnvoll.

Blick zum Walserkamm

Abfahrt: Abfahrt wie Anstieg. Bei sicheren Verhältnissen und für gute Schifahrer ist der Nordosthang eine Verlockung. In diesen kann man kurz unterhalb des Gipfels hineinqueren. Wenn es flach wird, kann man nach rechts unter den Nordrücken und hier über Wiesen hinabfahren oder man wendet sich der Furklaalpe zu und fährt entlang des Sommerwanderweges zur Tschengla ab. Manche Tourengeher fahren nach Nenzing ab und mit öffentlichen Verkehrsmitteln wieder zum Ausgangspunkt zurück (siehe Tour 23).

Im Aufstieg zur Mondspitze: Blick nach Nordosten

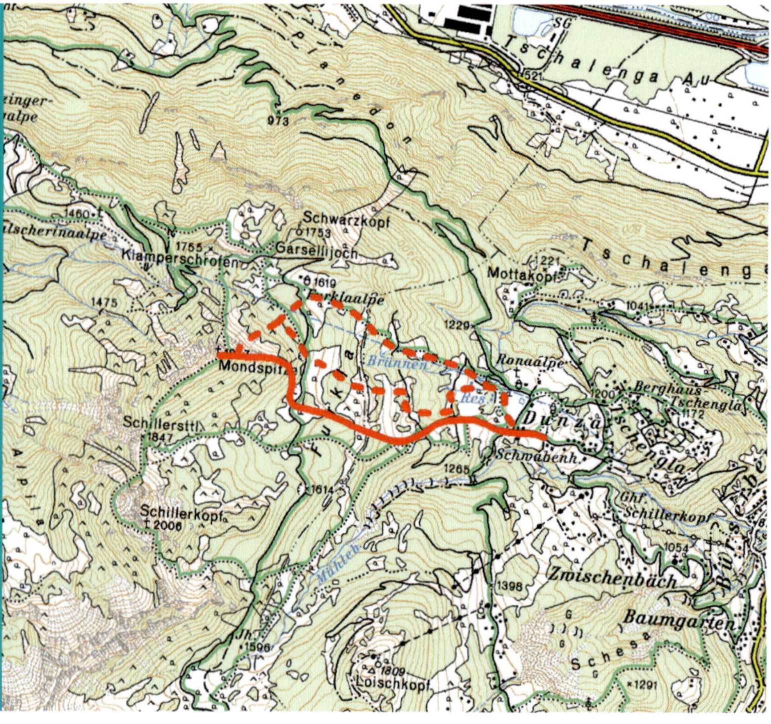

37 Blankuskopf 2.334 m

Windeggerspitze 2.331 m

Pfannenknechtle 2.234 m

Blick vom Blankuskopf zur Windeggerspitze

Eine schattige Tour auf den Blankuskopf oder eine sonnige auf die Windeggerspitze – den Blick auf wilde Felslandschaften hat man von beiden Gipfeln aus.

Gebirge: Rätikon
Ausgangspunkt: Brand – Palüdbahn (1.050 m)
Ausgangskoordinaten: N47 5 48.5 E9 44 7.5
Gehzeit: 4 1/2 Std.
Höhenunterschied: 1.300 Hm

Beste Jahreszeit: Februar bis April
Karten: ÖK-Blatt 141, ÖKU-Blatt 1230, LKS-Blatt 238S, LKS-Blatt 1136 + 1156
Lawinensituation: Vor allem im Gipfelhang sind sichere Verhältnisse erforderlich.

Besonderheit: Die beiden Berge haben zwar fast den gleichen Anstieg, aber doch unterschiedliche Charaktere. Bei der Windeggerspitze hat man fast immer firnigen Schnee. Beim Blankuskopf liegt der Gipfelhang lange im Schatten und bleibt deshalb lange pulvrig. Der Ausblick von beiden Bergen in das Gebiet des Nenzinger Himmels und zum Panüeler ist wunderbar. Der nahe gelegene Oberzalimkopf (Tour 38) wirkt wie eine kleine Aussichtskanzel unter dem Panüeler.

Anstieg: Vom Parkplatz steigt man entlang der Piste bis zur Unteren Zalimalpe (1.360 m) auf. Hier geht es das flache Tal nach Südwesten weiter. Man bleibt auf der linken Talseite und folgt vorerst dem Güterweg. Nach etwa 1 km öffnet sich das Tal und man kommt in den Bereich der Brüggelealpe (1.469 m). Sie liegt malerisch auf der anderen Talseite am Ausgang einer kleinen Schlucht und stellt den nächsten Zielpunkt dar. Die folgende Schluchtstufe kann man rechts überwinden oder man folgt in einer Linksschleife dem Güterweg und gelangt somit in den Bereich der Oberen Brüggelealpe (1.704 m). Man lässt die Alphütte links liegen und steigt nach rechts den schönen Südosthang hoch, um in das Hochkar unter der Windeggerspitze zu gelangen. Dann geht es den immer steiler werdenden Hang hoch bis knapp unter einen Kopf mit einem Sattel an seiner rechten Seite. Bei guten Schneeverhältnissen nun den steilen Hang nach links zu einer Schulter und wieder flacher zum Gipfel. Ist dies nicht möglich bzw. zu gefährlich, geht man bis zum Sattel rechts des Kopfes. Hier muss man manchmal die Schi zurücklassen, um zu Fuß über den teils abgeblasenen Grat zum Gipfel zu gelangen.

Abfahrt: Abfahrt wie Anstieg.

Varianten

Windeggerspitze (2.331 m) [37a]

4 1/2 Std. • 1.300 Hm • mittel

Die Windeggerspitze ist eine Firntour. Der steile Südhang kann aber auch als gesamtes abrutschen und deshalb ist besondere Vorsicht und gute Situationseinschätzung erforderlich. Der Anstieg ist bis ins Hochkar unterhalb des Gipfels identisch mit dem zum Blankuskopf. Hier wendet sich nach rechts zum Südostgrat der Windeggerspitze, den man beim Foppakopf (2.032 m) erreicht. Nun entlang des Grates zum Gipfel. Die Abfahrt erfolgt meist über die steilen Firnhänge direkt unterhalb des Gipfels. Die Einfahrt liegt etwas westlich des Gipfels.

Pfannenknechtle (2.234 m) [37b]
4 Std. • 1.200 Hm • schwierig
Das Pfannenknechtle ist zwar niedriger, aber gleichzeitig deutlich schwieriger als der Blankuskopf bzw. die Windeggerspitze. Nach Aufstieg zur Oberen Brüggelealpe geht es flach nach Südwesten in das Kar unterhalb des Kämmerlischrofen hinein und hinauf zum Hinterjöchle, nördlich (rechts) des Gipfels. Nun muss man entlang des Nordgrates zum Gipfel klettern.

Oberhalb der Unteren Brüggelealpe

Tour 37 Blankuskopf

38 Oberzalimkopf 2.340 m

Pfannenknechtle 2.234 m

Unterwegs am Grat zum Pfannenknechtle

Im Schatten des Panüelers befindet sich diese Aussichtskanzel, auf der man den Blick weit über das Land schweifen lassen kann.

Gebirge: Rätikon
Ausgangspunkt: Brand – Palüdbahn (1.050 m)
Ausgangskoordinaten: N47 5 48.5 E9 44 7.5
Gehzeit: 4 1/2 Std.
Höhenunterschied: 1.300 Hm

Beste Jahreszeit: Dezember bis April
Karten: ÖK-Blatt 141, ÖKU-Blatt 1230, LKS-Blatt 238S, LKS-Blatt 1136 + 1156
Lawinensituation: Vor allem im Gipfelhang sind sichere Verhältnisse erforderlich.

Besonderheit: Die Tour ist bis Mitte Februar fast durchwegs im Schatten und deshalb pulvrig. Am Gipfel kommt man sich wie auf einer Aussichtskanzel vor. Hier hat man einen guten Blick auf Vorarlbergs höchstgelegene Hütte, die Mannheimer Hütte (2.679 m), die unerreichbar an der Kante zwischen dem Wildberg und dem Panüeler steht.

Anstieg: Vom Parkplatz steigt man entlang der Piste bis zur Unteren Zalimalpe (1.360 m) auf. Hier geht es das flache Tal nach Südwesten weiter. Man bleibt auf der linken Talseite und folgt dem Güterweg. So gelangt man in den Bereich der Mittleren Zalimalpe (1.603 m). Hier beginnt das Gelände zum Panüeler hin anzusteigen. In einer Rechtsschleife und nach mehreren Kehren gelangt man zur Oberzalimhütte (1.889 m).
Die kleine Hütte liegt malerisch über dem Tal. Sie hat aber keinen Winterraum und ist im Winter nur vereinzelt an Wochenenden geöffnet (Pächter: Familie Studer, Telefon 0664/12 29 305, www.w-studer.at).
Hinter der Hütte wird das Gelände kurz buckelig und geht in Richtung Westen in den steilen Gipfelhang über. Kurz unter dem Gipfel, bei einem Gendarmen, lässt man die Schier stehen und steigt die letzten 70 Hm zu Fuß hoch. Im Frühjahr ist dieser Gipfelanstieg oft vereist.

Abfahrt: Abfahrt wie Anstieg. Bei der Oberzalimhütte kann man

Oberzalimhütte: Blick zum Kämmerlischrofen

Panüeler und Oberzalimkopf

bei sicheren Verhältnissen weiter nach Osten in die Hänge unter der Mannheimer Hütte queren und in optimalem Schigelände hoffentlich schöne Schwünge in den Schnee zeichnen.

Variante

Pfannenknechtle (2.234 m) [38a]

4 Std. • 1.200 Hm • schwierig

Das Pfannenknechtle ist zwar niedriger, aber gleichzeitig deutlich schwieriger als der Oberzalimkopf. Nach Aufstieg zur Oberzalimhütte geht es flach nach Nordwesten in das Kar unterhalb des Kämmerlischrofen hinein und dann sehr steil hinauf zu einer Einschartung südlich (links) des Gipfels. Nun muss man zu Fuß durch felsiges Gelände zum Gipfel klettern.

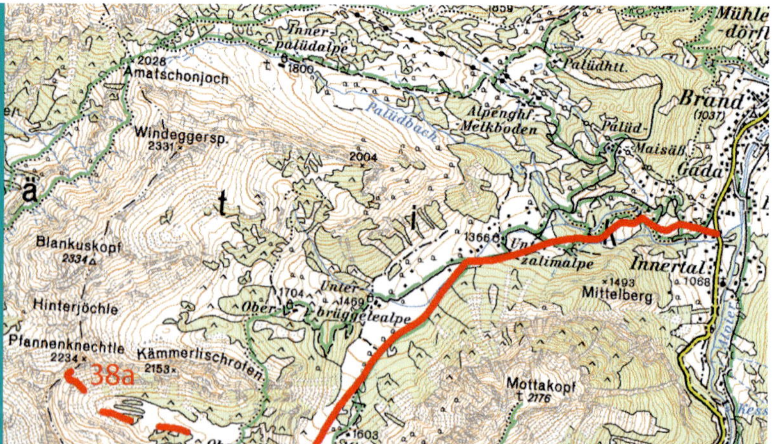

39 Schesaplana 2.965 m

Bei der Totalphütte

Ein Fast-3000-er mit hervorragender Aussicht. Teilt man die Tour in zwei Tagesetappen, bleibt auch sicher genügend Energie für einen ausgiebigen Rundblick.

Gebirge: Rätikon
Ausgangspunkt: Brand – Ortsende (1.050 m)
Ausgangskoordinaten: N47 5 45.2 E9 44 8.6
Gehzeit: 7 Std.
Höhenunterschied: 1.920 Hm
Beste Jahreszeit: März bis Mai

Karten: ÖK-Blatt 141, ÖKU-Blatt 1230, LKS-Blatt 238S, LKS-Blatt 1136 + 1156
Lawinensituation: Im Bereich des „Bösen Tritts" – der Schlüsselpassage zum Lünersee – sind absolut sichere Verhältnisse nötig. Auch sonst sind steile und deshalb durchaus ernst zu nehmende Hänge zu passieren.

Besonderheit: Die Schesaplana ist der höchste Gipfel des Rätikons und gehört zu den höchsten, vollständig mit Schi erreichbaren Gipfeln des Landes. An seiner Nordseite befindet sich einer der wenigen Gletscher der Nördlichen Kalkalpen. Der Anstieg ist sehr lang, da im Winter bis etwa Pfingsten die Straße nach Schattalagant gesperrt ist. Es besteht aber die Möglichkeit, den Anstieg durch Übernachtung in einer der beiden Hütten entlang der Route zum Gipfel in zwei Etappen zu unterteilen. Diese Hütten haben offene Winterräume und sie sind ab Straßenöffnung bewirtschaftet.

Anstieg: Vom Parkplatz geht es entlang der Straße oder ostseitig des Baches entlang eines Forstweges in den Bereich der Unteren Schattalagantalpe. Bei der folgenden scharfen Linkskurve kann man auf dem Sommerweg abkürzen und kommt so zur Talstation der Lünersee-Seilbahn. Nun steigt man rechts unterhalb des Seekopfes hoch und gelangt zum „Bösen Tritt". Hier geht es nach links in den Steilhang, der zum Lünersee hinaufführt. In diesem Bereich ist oft mit Vereisung zu rechnen und ein kurzes Abschnallen der Schier wird wahrscheinlich erforderlich sein.
Anschließend führt die Route am Westufer des Lünersees nach

Totalphütte

Südosten. Dabei sollte man nicht zu früh rechts die Hänge hochsteigen. In die Nähe der kaum erkennbaren Talstation der Materialseilbahn zur Totalphütte wendet man sich aber endgültig den südostseitigen Hängen unterhalb des Seekopfes zu. Auf etwa 2.300 m besteht die Möglichkeit, an den linken Felsen vorbeizukommen und nach Südwesten zu schwenken. Hier steht die Totalphütte (2.381 m), die einen optimalen Rastpunkt darstellt.
Dann wählt man den linken Rücken, der sich langsam dem Berg zuwendet. Auf etwa 2.700 m steht man unter einem steilen Hang, in dessen Mitte sich ein großer Felsblock befindet. Dieser muss in steilem Gelände umgangen werden, um in ein höher gelegenes Becken zu gelangen. Hier links haltend hinauf zum Südrücken (Achtung auf Schneeverfrachtungen). Nach Übersteigung der meist vorhandenen Wechte ist man wenige Minuten später am Gipfel.

Abfahrt: Abfahrt wie Anstieg.

Variante

Ab Talstation Lünerseebahn (1.566 m)

4 1/2 Std. • 1.400 Hm • mittel

Ist die Straße schon befahrbar, ist der Anstieg um mehr als 2 Std. kürzer.

Abfahrt beim „Bösen Tritt“

Abfahrtsvariante nur für sehr gute Bergsteiger

Im späten Frühjahr scheint es verlockend, nordseitig zur – im Winter geschlossenen – Mannheimer Hütte (2.678 m; offener Winterraum mit 14 Lagerplätzen) und weiter ins Zalimtal abzufahren. Diese Variante erfordert sehr sicheren Firn, perfekte Ortskenntnis und sehr gute Schifahrer/Bergsteiger. Deshalb wird auf eine Beschreibung verzichtet, da nur wenige Tourengeher dafür in Frage kommen. Allen anderen wird davor dringend abgeraten, denn es besteht Absturzgefahr!

Arlberg

Das Arlberggebiet ist fast lückenlos durch Schilifte erschlossen und lässt während der Wintersaison wenig Raum für Touren. Trotzdem gibt es auch im Hochwinter interessante Ziele. Wenn Ende April in Zürs/Lech und Anfang Mai in Stuben/St. Anton Ruhe einkehrt, werden zusätzlich einige wunderbare Touren frei. Die rassigen Firntouren locken den passionierten Tourengeher frühmorgens aus dem Bett.

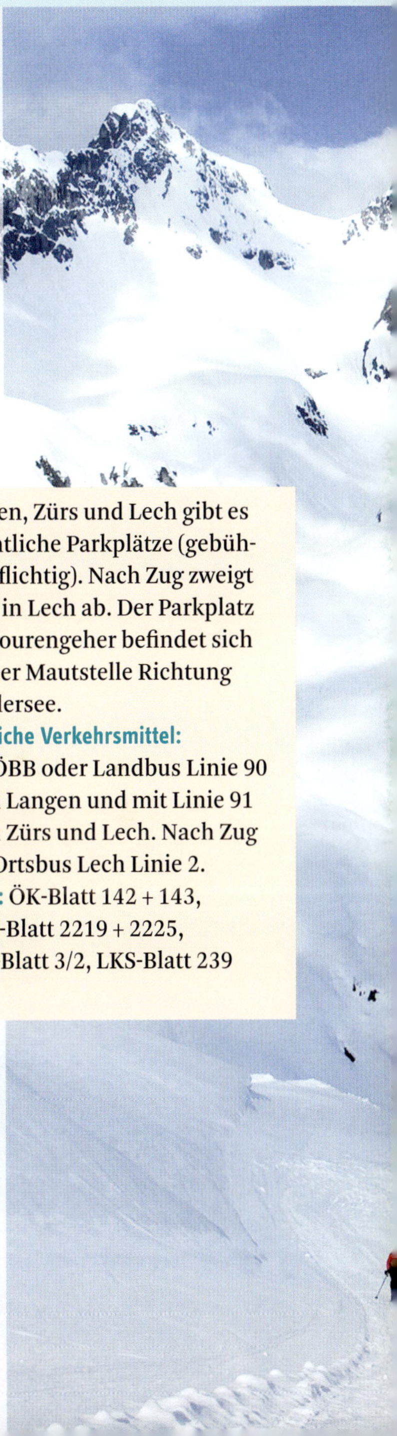

Gebirge: Verwall, Lechtaler Alpen, Lechquellengebirge

Talorte: Klösterle (1.073 m), Lech (1.444 m)

Ausgangspunkte: Langen a. A. (1.228 m), Flexenpass (1.774 m), Zürs (1.717 m), Lech (1.440 m), Zug (1.510 m)

Anreise: Bei der Abfahrt Langen-Stuben verlässt man die Arlbergschnellstraße und gelangt über die Arlberg-Passstraße, Alpe Rauz und Flexenpass zu den jeweiligen Ausgangspunkten. In Langen parkt man bei der Kapelle bei der ASFINAG. In Stuben, Zürs und Lech gibt es öffentliche Parkplätze (gebührenpflichtig). Nach Zug zweigt man in Lech ab. Der Parkplatz für Tourengeher befindet sich bei der Mautstelle Richtung Spullersee.

Öffentliche Verkehrsmittel: Mit ÖBB oder Landbus Linie 90 nach Langen und mit Linie 91 nach Zürs und Lech. Nach Zug mit Ortsbus Lech Linie 2.

Karten: ÖK-Blatt 142 + 143, ÖKU-Blatt 2219 + 2225, AVK-Blatt 3/2, LKS-Blatt 239

Langen am Arlberg (1.228 m)

Wo geht's weiter?

40 Östliche Eisentalerspitze 2.753 m

Westliche Eisentalerspitze 2.710 m

Beginn der Wildebene

Mächtiger Bergstock, der sich in vielen Varianten ersteigen lässt und von Langen aus nur konditionsstarken Tourengehern zu empfehlen ist.

Gebirge: Verwall
Ausgangspunkt: Langen am Arlberg – Kapelle bei der Asfinag-Zentrale, gleich bei der Schnellstraßenabfahrt (1.150 m)
Ausgangskoordinaten: N47 7 51.8 E10 06 47.0
Gehzeit: 5 1/2 Std.
Höhenunterschied: 1.600 Hm
Beste Jahreszeit: Jänner bis Mai
Karten: ÖK-Blatt 142 + 143, ÖKU-Blatt 2225, AVK-Blatt 3/2, LKS-Blatt 239
Lawinensituation: Die großen Hänge unterhalb des Kaltenberges und die Nordseite der Eisentalerspitze erfordern stabilen Schneedeckenaufbau. Dies bedeutet im Frühjahr rechtzeitiges Passieren der Hänge.

Besonderheit: Auf Grund der Länge ist die Ersteigung der „Eisentaler" ein echter Konditionstest. Die nordseitigen Anstiege erlauben bis in den Mai mit Schi oder danach noch mit Firngleiter eine Besteigung. Im Hochwinter ist die Variante aus dem Schigebiet Sonnenkopf auf die Westliche Eisentalerspitze sehr interessant.

Anstieg: Zum eigentlichen Start der Tour muss man durch eine lange Unterführung auf die andere Seite der Schnellstraße. Dann folgt man dem langen, flachen Güterweg zur Nenzigastalpe (1.476 m), die nach 3 1/2 km und einer Stunde erreicht wird. Dann geht es noch weiter nach Süden das flache Tal hinein. Nach einem weiteren Kilometer beginnt das Gelände zu steigen – zuerst sanft, dann stößt man auf etwa 1.900 m auf eine Steilstufe. Diese wird meist auf der rechten Seite in steilem Gelände überlistet. Scheint dies nicht ratsam, steigt man nach links (Osten) zur Bettleralpe hoch und quert oberhalb von dieser auf etwa 2.200 m im Westhang des Kaltenberges in den Bereich der Wildebene. Anschließend geht es in geringer Steigung in südlicher Richtung weiter zur Reutlinger Hütte (2.430 m – nur für Selbstversorger mit Schlüssel zugänglich). Man muss nicht ganz bis zur Hütte, sondern kann kurz davor nach rechts (Westen) Richtung eines Vorgipfels der Eisentalerspitze, den man aus dieser Position zuerst für den Gipfel halten könnte, weiter aufsteigen. Doch schon bald wird links dieser Erhebung der eigentliche Gipfel mit dem Kreuz sichtbar. Über einen steilen Hang kommt man auf eine

Rast im Eisental

Einsattelung rechts des Vorgipfels und gelangt auf der Nordseite flach unter den Gipfelaufbau. Zuletzt muss man meist die Schier über den Grat zum Gipfel tragen.

Abfahrt: Abfahrt wie Anstieg oder über den Östlichen Eisentalergletscher ins Eisental und weiter nach Nenzigast (siehe „Anstieg von Norden").

Varianten

Anstieg von Norden [40a]

Abzweigpunkt: ca. 1 km südlich der Nenzigastalpe

5 1/2 Std. • 1.600 Hm • mittel

Südlich der Nenzigastalpe wendet man sich nach rechts und steigt steil links oder rechts des Eisentalbaches auf, um in das Eisental zu gelangen. Nun geht es über den steilen Nordhang hinauf zum Eisentalergletscher und zum Gipfel. Abfahrt wie Anstieg.

Westliche Eisentalerspitze (2.710 m) [40b]

Abzweigpunkt: ca. 1 km südlich der Nenzigastalpe

5 1/2 Std. • 1.560 Hm • mittel

Südlich der Nenzigastalpe wendet man sich nach rechts und steigt steil links oder rechts des Eisentalbaches auf, um in das Eisental zu gelangen. Nun folgt man diesem bis unter die Omesspitze und steigt anschließend über schöne Hänge nach links (Süden) weiter auf. Auf etwa 2.400 m wendet man sich nach rechts (Westen) und gelangt in ein kleines Kar südlich des Gipfels. Der letzte Anstieg zum Gipfel ist meist ohne Schi zu bewältigen. Abfahrt wie Anstieg.

Westliche Eisentalerspitze (2.710 m) vom Sonnenkopf [40c]

Ausgangspunkt: Schigebiet Sonnenkopf – Bergstation Obermuri (2.180 m)

4 Std. • 1.030 Hm • mittel

Bei der Bergstation der Obermuribahn kann man gleich die Felle aufziehen, denn nach Süden ums Eck beginnt der Anstieg. Nach einer kurzen Querung geht es zum Sattel südlich der Omesspitze (2.495 m) hinauf. Von hier fährt man bis etwa 2.100 m hinab

Abfahrt von der Östlichen Eisentalerspitze

ins Eisental. Weiter wie oben beschrieben. Bei der Abfahrt kann man natürlich wieder die 400 Hm zum Sattel bei der Omesspitze aufsteigen und über das Schigebiet abfahren. Meist wählt man aber die Abfahrt ins Eisental. Da das Gelände unterhalb von 2.300 m immer flacher wird, zahlt es sich bei guten Verhältnissen aus, auf 2.300 m etwas nach Osten aufzusteigen, um in einen weiteren schönen Tiefschneehang zu gelangen, der auf 2.050 m beim Eisentalbach endet. Nun weiter nach Osten dem Bach entlang und unterhalb der Schwarzen Wand über schöne Osthänge auf die Almböden der Nenzigastalpe hinab und weiter nach Langen.

41 Kaltenberg 2.896 m

Maroiköpfe 2.529 m

Am Gipfel des Kaltenberges

Der König unter den Arlberger Schitourenbergen, zu dem kein leichter Weg hinführt: nur für trainierte Tourengeher bei stabilen Schneeverhältnissen geeignet.

Gebirge: Verwall
Ausgangspunkt: Langen am Arlberg – Bahnhof (1.228 m)
Ausgangskoordinaten: N47 7 58.2 E10 7 31.52
Gehzeit: 6 1/2 Std.
Höhenunterschied: 1.850 Hm + 150 Hm
Beste Jahreszeit: Februar bis Mai
Karten: ÖK-Blatt 143, ÖKU-Blatt 2225, AVK-Blatt 3/2, LKS-Blatt 239

Lawinensituation: Die Steilheit vor allem im Bereich des Krachels erfordert sicheren Schneedeckenaufbau. Trotzdem sind fast den gesamten Winter über Spuren auf diesen Berg zu finden. Im Frühjahr donnern ab Mittag im Bereich des Krachels gewaltige Nassschneelawinen ins Kar, weshalb ein früher Start der Tour anzuraten ist.

Aufstieg durchs Krachel

Besonderheit: Egal, wie man den Berg angeht, er erfordert Kondition. Bis Anfang März wählt man meist die Variante über die Albona. Mit den länger werdenden Tagen des Frühlings ist man aber zu spät dran und sollte in Langen starten. Dafür darf man auf dem König der Arlberger Berge stehen.

Anstieg: Vom Langener Bahnhof trägt man die Schi kurz Richtung Arlberg bis zum großen Wohnblock unterhalb der Arlbergstraße. Im Frühjahr kann man meist davor beim Bach parken. Nun folgt man dem Güterweg, der in engen Kehren nach Süden hochführt. Auf etwa 1.400 m verlässt man diesen meist unbemerkt und gelangt in eine Waldlichtung. Hier geht es links haltend hoch, bis man wieder auf den Güterweg trifft. Kurz darauf ist man bei der Unteren Bludenzer Alpe (1.546 m). Nun folgt man dem Albonabach das Tal hinein. Oberhalb von 1.800 m trifft man auf einen Wasserfall, den man rechts sehr steil überwinden kann, oder man umgeht ihn etwas weitläufiger, in dem man etwas Richtung Kaltenberghütte aufsteigt und etwas höher wieder in den Talgrund quert. Nun führen schöne Hänge zum Krachel hoch. Meist hält man sich eher links. Zum Schluss wird es steil und einige Spitzkehren sind notwendig, um den Übergang auf 2.650 m zu erreichen. Auf der Südseite muss man anschließend 150 Hm hinunter zum Kaltenbergsee (2.500 m). Hier heißt es für viele Gipfelaspiranten, die letzten Reserven zu mobilisieren, denn der Schlusshang weist fast 400 Hm auf. Die Route zieht vom linken (östlichen) Rand des Kaltenberggletschers bis knapp unter den Gipfel hoch. Die letzten Meter müssen ohne Schi bewältigt werden.

Abfahrt: Abfahrt wie Anstieg. Dies bedeutet natürlich einen harten 150-Höhenmeter-Gegenanstieg.

Varianten

Anstieg aus Schigebiet Albona übers Krachel [41a]

Ausgangspunkt: Bergstation Albonagrat (2.307 m)

4 1/2 Std. • ↗ 1.030–1.120 Hm • ↙ 2.200 Hm • mittel

Mit den Liften der Albona Bergbahnen fährt man bis zur Berg-

station Albonagrat (2.307 m). Bei entsprechendem Anruf am Vortag erlaubt die Betriebsleitung meist, dass man schon um 8.00 Uhr mit der Revisionsfahrt auf den Albonagrat hochfahren darf. Von dort ist man in 15 Minuten am Maroijöchle.
Zuerst steigt man nach Süden auf die Maroiköpfe (2.529 m). Nach etwa einer halben Stunde steht man beim wunderschönen Gipfelkreuz. Dann fährt man nach Westen zur Maroischarte und weiter nach rechts (Südwesten) Richtung Krachel ab. Auf etwa 2.200 m beginnt man den Anstieg zum Übergang auf 2.650 m. Weiter wie oben beschrieben.
Die Abfahrt erfolgt üblicherweise nach Langen (siehe oben).

Anstieg aus Schigebiet Albona übers Maroital [42b]

Ausgangspunkt:
Bergstation Albonagrat (2.307 m)
4 1/2 Std. • ↗ 1.030–1.120 Hm • ↙ 2.200 Hm • mittel
Diese Variante ist die am meisten gewählte. Zuerst geht es wie oben beschrieben mit der Albonabahn und kurzem Anstieg auf die Maroiköpfe (2.529 m). Anschließend fährt man westlich des Gipfels über die Südhänge (am Morgen oft noch sehr hart gefrorener Schnee) bis 2.010 m hinab zur Kaltenbergalpe. Es besteht auch die Möglichkeit, direkt von der Bergstation Albonagrat nach Süden ins Maroital abzufahren. Unterhalb einer kleinen Schlucht, „Gurgle" genannt, beginnt auf 1.780 m der Anstieg. Der Zustieg zum „Gurgele" erfolgt etwas mühsam in steilem Gelände links (südseitig). Nach der wunderbaren Durchquerung des „Gurgle" trifft man bei der Kaltenbergalpe auf die Route von den Maroiköpfen. Dann folgt man dem Talboden nach Westsüdwest. Die Sonne sorgt bei gutem Wetter dafür, dass dem Bergsteiger nicht kalt wird. Oberhalb von 2.300 m teilt sich das Tal scheinbar. Zum Kaltenberg wendet man sich nun nach rechts (Nordwest) und kommt zum zugefrorenen Kaltenbergsee (2.500 m). Hier trifft man auf den Anstieg von der Langen. Weiter

Blick zum Kaltenberg

wie oben beschrieben.
Die Abfahrt erfolgt üblicherweise nach Langen (siehe oben).

Abfahrt ins Nenzigasttal [41c]

Kurz unterhalb des Gipfels besteht die Möglichkeit, nach links (Westen) unterhalb eines Felskopfes auf eine Schulter hinaus zu gelangen und anschließend einen steilen Hang Richtung Nenzigast abzufahren. Auf 2.200 m stößt man auf den Anstieg auf die Östliche Eisentalerspitze (siehe Tour 40) und fährt so bis nach Langen.

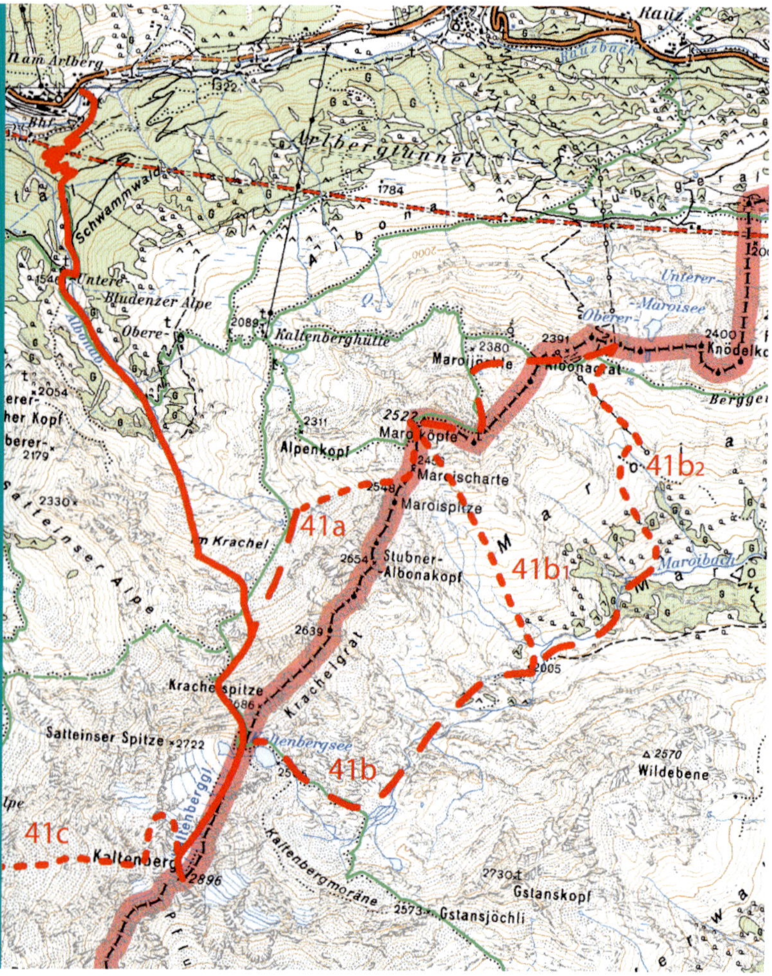

Zürs (1.717 m)

Pazüeltal mit Valluga

42 Grubenjochspitze 2.659 m

Wasenspitze 2.657 m

Übergang zum Grubenjoch

Der unnahbar scheinende Westpfeiler des Flexenpasses lässt sich von Zürs aus in einer einzigartigen Schitour ersteigen.

Gebirge: Lechquellengebirge
Ausgangspunkt: Zürs – Flexenpass (1.774 m)
Ausgangskoordinaten: N47 9 29.1 E10 9 51.9
Gehzeit: 3 Std.
Höhenunterschied: 890 Hm

Beste Jahreszeit: März bis Mai
Karten: ÖK-Blatt 143, ÖKU-Blatt 2225, AVK-Blatt 3/2, LKS-Blatt 239
Lawinensituation: Von Westen mäßiges Risiko, von Osten ist im Frühjahr die Schneedeckenerwärmung zu berücksichtigen.

Besonderheit: Der Anstieg zur Grubenjochspitze direkt vom Flexen über die Ostseite ist schwierig und eine rassige Firntour. Der Anstieg von Zug ist lang, der Anstieg aus dem Schigebiet übers Madloch einfach. Bei Start in Zürs und Abfahrt nach Westen mit anschließendem Aufstieg zum Oberen Schafberg wird es eine grandiose Rundtour. Von den Gipfeln der Grubenjochspitze und der Wasenspitze hat man einen großartigen Tiefblick ins Klostertal, und im Süden sieht man den Kaltenberg und die Eisentalerspitzen zum Greifen nahe. Im Norden sind der Obere Schafberg und die Roggalspitze zu erkennen.

Anstieg: Der Start befindet sich direkt am Flexenpass. Zuerst steigt man dem Stubenbach entlang zur Piste durchs Zürser Täli auf. Auf etwa 2.100 m trennt sich das Tal. Rechts ist das Täli, links führt nach Westen ein steiles Kar zum Grubenjoch (2.485 m) hinauf. Oben versperrt meist eine Wechte den Überstieg. Sie kann normalerweise nur ohne Schi entweder rechts über den Felsen oder links in sehr steilem Schnee überlistet werden.
Hat man das geschafft, wird es wieder angenehmer. In einer Linksschleife gelangt man bis knapp unter den Gipfel. Dieser ist nur ohne Schi und etwas schwierig erreichbar, wobei der Anstieg auf einem Vorgipfel endet. Der höchste Punkt (nur minimal höher) ist nur für Kletterer erreichbar, die schuttigen und brüchigen Fels beherrschen.

Abfahrt: Abfahrt wie Anstieg. Dabei sollte man früh genug dran sein, damit der Schnee noch firnig und nicht knietief ist. Besser ist aber die unten beschriebene Abfahrt über die Brazer Staffel.

Varianten

Abfahrt über Brazer Staffel [42a]

Im Frühjahr und vor allem nach Ende der Schiliftsaison ist es besonders reizvoll, vom Flexenpass aufzusteigen und nach der Abfahrt zum Brazer Staffel zur Bergstation des Madlochliftes aufzusteigen. Dann folgt eine Abfahrt über die Schipisten nach Zürs. Durch den gut verdichteten

Schidepot bei der Grubenjochspitze

Gipfelanstieg zur Grubenjochspitze

Schnee der Pisten kann man auch an Nachmittagen, wenn sonst der Schnee schon knietief ist, noch wunderbaren Firn antreffen. Zu Fuß der Straße entlang schließt sich der Kreis. Vom Brazer Staffel kann man auch übers Stierloch nach Zug abfahren.

Anstieg von Zug (1.510 m) [42b]

Ausgangspunkt: Zug – Ortsende (1.510 m)
5 Std. • 1.200 Hm • mittel bis schwierig
Direkt bei der Talstation der Zugerbergbahn startet man ins Stierlochtal. Meist ist der Sommerweg erkennbar, dem man bis zum Stierlochjoch (2.009 m) folgt. Nun muss man beim Brazer Staffel (Alpe) flach nach Süden marschieren, bis man nach Osten (links) in die Große Wildgrube einbiegen kann. Man steigt weiter bis zum Grubenjoch (2.485 m) auf. Wie oben beschrieben gelangt man zum Gipfel. Abfahrt wie Anstieg, wobei im Bereich des Brazer Staffels ein leichter Gegenanstieg einzukalkulieren ist.

Zugang vom Madlochjoch (2.437 m) [42c]

Ausgangspunkt: Zürs – Bergstation Madlochbahn(2.437 m)
3 Std. • ↗ 660 Hm • ↙ 1.600 Hm • mittel bis schwierig
Von der Madloch-Bergstation quert man links den Hang nach Westen, bis man die Hänge zum Stierlochjoch hinabfahren kann. Am besten fährt man bis in die Nähe des Brazer Staffel auf ca. 2.000 m ab. Dabei kommt man nahe an die markante und berühmte Roggal-N-Kante heran. Unter der Roggal wendet man sich im Flachen zuerst nach Süden und schwenkt dann nach Osten (links) in die Große Wildgrube ein. Weiter wie beim Anstieg von Zug beschrieben. Die Abfahrt erfolgt meist wie oben beschrieben nach Zug.

Ergänzung

Wasenspitze (2.665 m) [42d]

Abzweigpunkt: Kar westlich unter Grubenjoch (ca. 2.500 m)

+1 Std. • +250 Hm • mittel

Die Wasenspitze ist bei Anstieg von Zug eine gute Variante. Kurz vor Erreichen des Grubenjoches geht es nach rechts hinauf zur Wasenlücke und nochmals nach rechts hinauf zum Gipfel.

Im Bereich der Brazer Staffel

Tour 42 Grubenjochspitze

43 Erzberg 2.299 m

Erzberg, Grubenjochspitze, Flexenspitze, Wildgrubenspitze ...

Kurze Tour über herrliche Hänge hinauf zum Südgrat der Erzbergspitze, wo man in den Genuss phantastischer Aussichten kommt.

Gebirge: Lechquellengebirge
Ausgangspunkt: Zürs – Flexenpass (1.774 m)
Ausgangskoordinaten: N47 9 29.1 E10 9 51.9
Gehzeit: 2 Std.
Höhenunterschied: 530 Hm

Beste Jahreszeit: März bis Mai
Karten: ÖK-Blatt 143, ÖKU-Blatt 2225, AVK-Blatt 3/2, LKS-Blatt 239
Lawinensituation: Mäßiges Risiko, im Frühjahr ist die Schneedeckenerwärmung zu berücksichtigen.

Besonderheit: Der Erzberg ist eigentlich kein richtiger Berg sondern nur ein Punkt im Südgrat auf die Erzbergspitze. Richtung Klostertal sind der Schwarze und der Rote Turm sowie die Stubner Nadel vorgelagert. Der wunderbare Hang zum Flexenpass, der kurze Anstieg und die Traumaussicht haben ihn zu einem beliebten Schitourenziel gemacht und ihm einen Bergnamen gebracht.

Anstieg: Vom Flexenpass wendet man sich zuerst nach Süden. Nach Überquerung des Flexenbaches steigt man über den schönen Osthang auf. Einen im Hang eingebetteten Kopf, den Rosskopf (2.200 m), umgeht man südlich (links) und über den zuletzt sehr steilen Hang kommt man zum Grat, der den Endpunkt darstellt.

Abfahrt: Abfahrt wie Anstieg.

Erzberganstieg

Tour 43 Erzberg

44 Trittkopf 2.719 m
Valluga 2.808 m

Blick vom Trittkopf zur Valluga

Im Winter von Schiliften und -pisten umzingelt und leider erst ab Mai einsam – dann aber umso schöner, bei ausgezeichnetem Ausblick vom Gipfel.

Gebirge: Lechtaler Alpen
Ausgangspunkt: Zürs – Flexenpass (1.774 m) oder Ortsanfang (1.717 m)
Ausgangskoordinaten: N47 9 29.1 E10 9 51.9
Gehzeit: 3 1/2 Std.
Höhenunterschied: 950–1.000 Hm
Beste Jahreszeit: Dezember bis Mai
Karten: ÖK-Blatt 143, ÖKU-Blatt 2225, AVK-Blatt 3/2, LKS-Blatt 239
Lawinensituation: Da diese Berge im Schigebiet liegen, sind die Hänge im Hochwinter stark befahren und somit sind die Hinweise bei den Liften zu beachten. Nach Neuschneefällen ist durch die Steilheit äußerste Vorsicht nötig.

Besonderheit: Beim Aufstieg kann man die Pisten verwenden, denn sie führen in optimaler Steigung und Routenführung nach oben. Während der Schisaison ist man von der Bergstation der Trittkopfbahn in weniger als einer Stunde am Gipfel des Trittkopfes. Die Aussicht ist auf jeden Fall grandios. Valluga und Roggspitze im Osten, Pateriol, Kaltenberg, Eisentalerspitze im Süden, Rote Wand im Westen sind die klingenden Namen der sichtbaren Berge. Die Abfahrt nach Norden ins Pazüeltal ist ein wahrer Genuss, der einen die Flachpassage im Pazüeltal vergessen lässt.

Aufstieg: Vom Ortsanfang geht es zuerst nach Süden leicht bergauf zum Flexenpass. Hier wendet man sich nach Osten und steigt Richtung Ochsenboden auf. Auf etwa 2.140 m öffnet sich ein Kar zum Gipfel des Trittkopfes. Man wendet sich aber nach links (Nordosten) Richtung der Bergstation der Trittkopfbahn. Die Station lässt man schließlich links liegen und strebt den Kamm zwischen dem Nördlichen Trittkopf und dem Hauptgipfel an. Über diesen erreicht man dann den Gipfel.

Abfahrt: Abfahrt wie Anstieg.

Unterwegs am Kamm zum Trittkopf

Valluga

Varianten

Abfahrt ins Pazüeltal [44a]

Vielfach (aber nur bei sicheren Verhältnissen) fährt man nach Norden durch eine steile Rinne ins Pazüeltal ab. Auf etwa 2.300 m kann man sich entscheiden, ob man noch auf die Valluga aufsteigen will (siehe Beschreibung unten). Wenn nicht, folgt man dem Tal nach Norden. Auf 1.950 m wird es bei der Pazüelalpe sehr flach, und Richtung Westen kommt man wieder ins Pistengebiet. Am besten steigt man etwas Richtung Hexenboden auf und kann anschließend direkt zum Ausgangspunkt abfahren.

Valluga (2.808 m) von Norden [44b]

Ausgangspunkt: Zürs – Ortseingang (1.717 m)

5 Std. • 1.100 Hm • mittel bis schwierig

Vom Ortseingang Zürs folgt man dem Weg zur Talstation der Trittalpbahn. Hier geht es weiter dem Bach entlang Richtung Osten zur Pazüelalpe. Dann schwenkt man nach Süden und steigt das Tal hoch. Auf 2.200 m muss man sich entscheiden: Entweder folgt man dem Tal weiter nach Süden, bis man auf 2.350 m nach links (Osten) über den steilen Gipfelhang aufsteigen kann. Oder man steigt gleich nach Osten (links) zum Pazüeljoch (2.495 m) auf, das sich südlich der markanten Roggspitze befindet. Über einen sehr steilen Hang gelangt man so von Norden auf die Valluga (eher als Abfahrt zu empfehlen). Abfahrt wie Anstieg.

Valluga (2.808 m) von Süden [44c]

Ausgangspunkt: Talstation der Valfagehrbahn (1.670 m)

4 Std. • 1.150 Hm • mittel

Von der Talstation steigt man einfach entlang der Piste durchs Valfagehrtal zur Ulmer Hütte und immer weiter nach Osten zum Valfagehrjoch (2.539 m) auf. Nun umgeht man nördlich die Felsen und kann bequem zur Mittelstation der Vallugabahn aufsteigen. Ab hier geht es zu Fuß den Grat entlang zum Gipfel. Abfahrt nach Norden wie oben angeführt.

Trittkopf Nordabfahrt

45

Erlispitze 2.634 m

Gümplespitze 2.509 m

Krabachspitze 2.522 m

Pazüeltal mit Roggspitze und Valluga

Eine Reihe anfängertauglicher Touren, die Lust auf mehr machen – vor allem nach Ende der Liftsaison, wenn im Gebiet dieser aussichtsreichen Gipfel wieder Ruhe einkehrt.

Gebirge: Lechtaler Alpen
Ausgangspunkt: Zürs – Ortsanfang (1.717 m)
Ausgangskoordinaten: N47 10 4.9 E 10 9 50.1
Gehzeit: 3 1/4 Std.
Höhenunterschied: 920 Hm
Beste Jahreszeit: Dezember bis April

Karten: ÖK-Blatt 143, ÖKU-Blatt 2225, AVK-Blatt 3/2, LKS-Blatt 239
Lawinensituation: Bei der Erlispitze ist auf Grund von Wechten teilweise große Vorsicht erforderlich. Die Gümplespitze und die Tiroler Krabachspitze haben Südhänge und deshalb schnell sichere Verhältnisse.

Besonderheit: Im Gegensatz zu Trittkopf und Valluga sind diese Ziele den ganzen Winter interessant. Bei Nutzung des Hexenbodenliftes werden sie auch für Anfänger leicht erreichbar. Der Ausblick ins obere Pazüeltal mit Trittkopf, Valluga und Roggspitze ist berauschend und lässt den Pistenrummel am Anfang der Tour vergessen. Nach Saisonschluss wird es einsam und somit besonders interessant.

Stuttgarter Hütte (2.305 m)

Die im Winter geschlossene Hütte steht direkt beim Krabachjoch und wird als Stützpunkt im Winter nicht benötigt. Sie hat einen Winterraum mit 10 Lagern (AV-Schloss).

Anstieg: Von Zürs folgt man dem Weg zur Talstation der Trittalpbahn. Dann geht es weiter dem Bach entlang Richtung Osten zur Pazüelalpe. Hier beginnt man schon frühzeitig mit dem Anstieg, der den Südhang der Rüfispitze entlang zu einem Bach führt, der eine Felsstufe unterbricht. Nach dieser Stufe, auf etwa 2.100 m, zieht man nach rechts den Hang hoch zum Krabachjoch, neben dem die im Winter einsame Stuttgarter Hütte (2.305 m) steht. Richtung Süden gelangt man über einen Nordhang zu einem Flachstück vor dem Gipfel der Erlispitze. Nun hält man sich links und erreicht zum Schluss ohne Schier den Gipfel.

Abfahrt: Abfahrt wie Anstieg.

Varianten

Gümplespitze (2.509 m) [45a]

3 Std. • 800 Hm • mittel

Sie ist ein eher unscheinbarer Kopf am Ostgrat der Rüfispitze. Von der Felsstufe auf etwa 2.100 m steigt man das nach Norden führende Tal unter der Rüfispitze auf. Die letzten Meter zum Gipfel sind meist ohne Schier zu bewältigen. Abfahrt wie Anstieg.

Krabachspitze (2.522 m) [45b]

3 Std. • 810 Hm • mittel

Von der Stuttgarter Hütte geht es zuerst flach nach Norden und dann in nördlicher Richtung über einen schönen Hang zum Gipfel. Abfahrt wie Anstieg.

Rüfispitze, Gümplespitze, Erlispitze

Erlispitze und Valluga

Trittwangkopf (2.482 m) [45c]

2 1/2 Std. • 770 Hm • leicht

Von der Stuttgarter Hütte einfach gerade zum Gipfel. Abfahrt wie Anstieg.

Kombinationsvariante

Sehr reizvoll ist eine Kombination der einzelnen Anstiege. Zuerst ersteigt man die Erlispitze und nach Abfahrt zur Stuttgarter Hütte geht es auf Tiroler Seite zur Gümplespitze. Dann fährt man auf Vorarlberger Seite nach Zürs ab. Vor der Gümplespitze kann man noch die Krabachspitze mit einbinden.

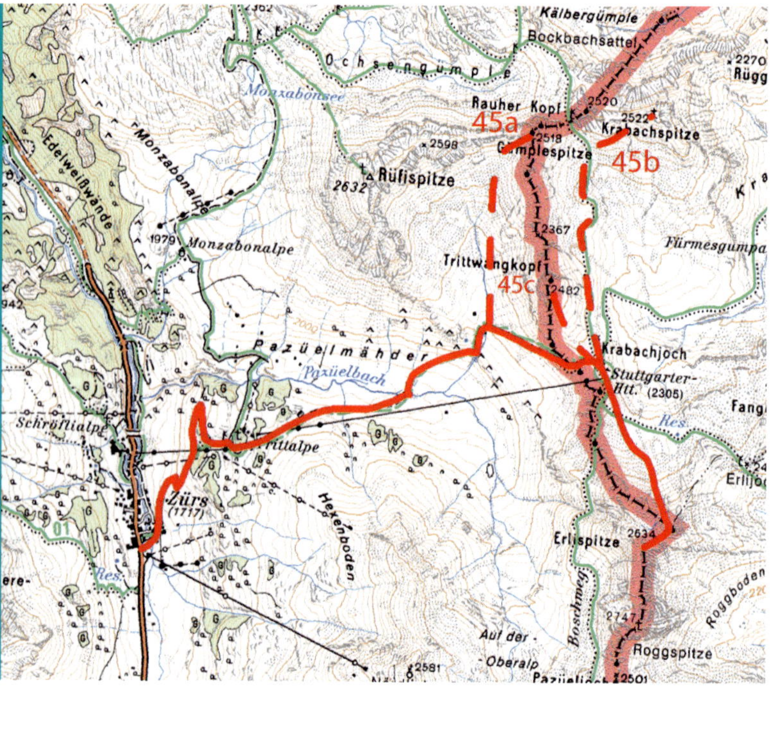

Lech (1.440 m)

46 Wösterhorn 2.309 m

Wösterspitzen

2.537 m, 2.557 m, 2.558 m

Wösterhorn

Ein Aussichtsbalkon mit gemütlichem Anstieg, der vor allem passionierte Frühaufsteher begeistern wird.

Gebirge: Lechtaler Alpen
Ausgangspunkt: Lech – Schlosskopfbahn (1.440 m)
Ausgangskoordinaten: N47 12 44.5 E10 8 46.8
Gehzeit: 3 Std.
Höhenunterschied: 870 Hm
Beste Jahreszeit: Dezember bis April

Karten: ÖK-Blatt 143, ÖKU-Blatt 2219, AVK-Blatt 3/2
Lawinensituation: Der Anstieg führt teilweise über steile Hänge, die Südlage führt aber zu rascher Entspannung. Schon früh in der Saison wird es firnig.

Besonderheit: Diese Tour ist vor allem am Morgen vor dem Start der Lifte interessant. Man genießt die Ruhe und stürzt sich erst danach ins Getümmel des Pistenbetriebes. Vom Gipfel aus kann fast das gesamte Schigebiet überblickt werden. Besonders im Blickfeld stehen das Karhorn (Tour 47) und die Mohnenfluh.

Anstieg: Von der Talstation des Schlosskopfliftes führt entlang des Osthanges des Rüfikopfes ein klar erkennbarer Weg (gespurt) nach Norden und dann nach Südosten ins Wöstertäli. Ein Stück nach der Querung des Baches erreicht man die Tälialphütte (1.681 m). Nun steigt man den Rücken hinter der Hütte entlang zum Wöstersattel (2.175 m) auf. Kurz unterhalb des Sattels ragt ein kleines Kreuz aus dem Schnee. Hier wendet man sich nach links (Norden) und gelangt zum Gipfel.

Abfahrt: Abfahrt wie Anstieg.

Varianten

Wösterspitzen

Zu den Wösterspitzen sollte man früh starten, damit man nicht mit den Schifahrern, die durchs Wöstertäli herunterkommen, in

Blick zum Schafberg

Ausblick zu Mohnenfluh und Juppenspitze

Konflikt gerät. Man kann natürlich auch die Bahn auf den Rüfikopf nutzen und deutlich Aufstieg sparen.

Mittlere und Nördliche Wösterspitze (2.557 m und 2.558 m) [46a]

Ausgangspunkt: Lech – Schlosskopfbahn (1.440 m)

4 Std. • 1.120 Hm • mittel bis schwierig

Zuerst wie oben beschrieben Richtung Wöstersattel aufsteigen. Etwas unterhalb des Sattels wendet man sich nach rechts (Süden) und steigt Richtung der Wösterspitzen weiter auf. Westlich unterhalb der Nördlichen Spitze geht es dann steil zwischen Mittlerer und Nördlicher Spitze hinauf (meist ist das Tragen der Schier angesagt) in den flachen Sattel zwischen den beiden Gipfeln, die anschließend leicht ersteigbar sind.
Abfahrt wie Anstieg.

Mittlere und Nördliche Wösterspitze (2.557 m und 2.558 m) [46b]

Ausgangspunkt: Lech – Bergstation Rüfikopfbahn (2.362 m)

2 Std. • 460 Hm • mittel bis schwierig

Zuerst wie unten beschrieben zum Monzabonjoch und hinab ins Ochsengümple (etwa 2.100 m). Dann steigt man in Aufstiegsrichtung gesehen links des Gümple in Richtung der Wösterspitzen auf und quert auf etwa 2.200 m unter den Spitzen nach Norden. Weiter wie oben.
Abfahrt wie Anstieg oder wie oben beschrieben.

Südliche Wösterspitze (2.537 m) [46c]

Ausgangspunkt: Lech – Schlosskopfbahn (1.440 m), Bergstation Rüfikopfbahn (2.362 m)

4 Std. • 1.100 Hm • 1 1/2 Std. • 440 Hm • mittel

Zuerst geht es wie oben beschrieben das Wöstertäli hinein zur Tälialpe (1.681 m). Dann muss man rechts über die steile Schiabfahrt „Langer Zug“ Richtung Rüfikopf aufsteigen. Diesen passiert man südseitig und gelangt zum Monzabonjoch (2.250 m). Hierher auch vom Rüfikopf. Nach kurzer Abfahrt gelangt man in den Bereich des Ochsengümple (etwa 2.100 m), einen flachen Riedboden östlich des Rüfikopfes. Im Ochsengümple geht man Richtung Osten weiter und steigt ab etwa 2.300 m links haltend zum Kamm auf. Ihm entlang gelangt man nach Norden zum letzten Gipfelanstieg, der ohne Schi zu bewältigen ist. Der Überstieg zur Mittleren und Nördlichen Spitze führt über einen scharfen Grat und ist nur sehr erfahrenen Bergsteigern anzuraten.

Abfahrt wie Anstieg.

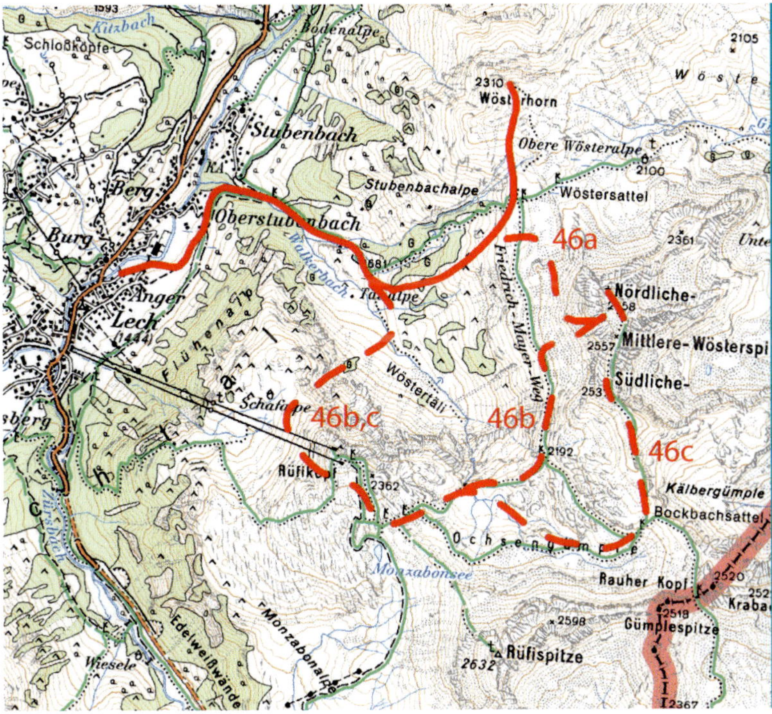

47 Karhorn 2.416 m

Blick vom Wösterhorn zum Karhorn

Ein von Schiliften nahezu umstellter Berg, der aber mit einem anspruchsvollen Aufstieg und herrlicher Firnabfahrt aufwarten kann.

Gebirge: Bregenzerwaldgebirge
Ausgangspunkt: Lech – Bodenalpe (1.420 m) oder Stubenbach (1.480 m)
Ausgangskoordinaten: N47 13 41.7 E10 9 29.6
Gehzeit: 3 1/2 Std.
Höhenunterschied: 1.000 Hm

Beste Jahreszeit: Dezember bis April
Karten: ÖK-Blatt 113 + 143, ÖKU-Blatt 2219, AVK-Blatt 3/2
Lawinensituation: Durch die häufige Befahrung der Hänge meist geringes Risiko. Im Frühjahr Gefahr von Grundlawinen.

Besonderheit: Das Karhorn ist zur Hälfte von den Liften des Schigebietes Warth Salober umrahmt. Die Süd- und Ostseite sind hingegen unberührt. Der oberste Gipfelaufbau ist felsig und nur schwierig bewältigbar. Eine Abfahrt in Firn ist durch die Steilheit des Hanges ein Genuss. Allerdings muss man dazu früh genug unterwegs sein.

Anstieg: Vom Schlosskopfparkplatz geht es zu Fuß oder mit Ortsbus Richtung Warth bis zur Haltestelle Bodenalpe. Hier beginnt der Anstieg nach Nordwesten entlang des Sommerweges Richtung des Karbühels (1.840 m). Diese Kuppe umgeht man links (südseitig). Anschließend geht es etwa 500 Hm direkt nach Norden zum Grat westlich des Gipfels hinauf. Im obersten Bereich wird der Hang sehr steil. Die Tour endet meist am Grat. Bei trockenem Fels können erfahrene Bergsteiger jedoch bis zum Gipfel klettern.

Abfahrt: Abfahrt wie Anstieg.

Variante

Anstieg durchs Gaisbachtobel [47a]

Bei sicherem Frühjahrsschnee kann man auch von der Haltestelle Feuerwehrhaus an der Abzweigung der Straße nach Oberlech starten. Zuerst geht man entlang dieser Straße bis zur ersten Kehre und hier gerade weiter nach Norden (am besten noch ohne Schi). Nun muss man etwa 50 Hm hinab zum Gizibach. Von dort steigt man den Osthang Richtung Gaisbachalpe etwas hoch und folgt dann dem Gaisbachtobel bis zum Auenfeldsattel (1.710 m). Kurz davor kann man nach rechts hinauf zum Karbühel. Weiter wie oben beschrieben.

Zustieg vom Saloberkopf [47b]

Ausgangspunkt: Bergstation der Auenfeldbahn bzw. Saloberkopflift am Saloberkopf (2.043 m)
2 Std. • 500 Hm • schwierig

Vom Saloberkopf quert man unterhalb des Auenfelder Hornes nach Südwesten. Auf etwa 2.000 m kann man in den breiten Südhang des Karhornes und somit zum oben beschriebenen Anstieg gelangen. Die Abfahrt erfolgt meist zum Auenfeldsattel und dann flach zurück ins Schigebiet.

48 Oberer Schafberg (Mehlsack) 2.652 m

Spuller Schafberg 2.679 m

Am Gipfel des Oberen Schafberges

Ein König unter den Arlberger Schitourenbergen, zu dem kein leichter Weg hinführt: nur für trainierte Tourengeher bei stabilen Schneeverhältnissen geeignet.

Gebirge: Lechquellengebirge
Ausgangspunkt: Zug – Mautstelle nach Spullers (1.510 m)
Ausgangskoordinaten: 47 11 57.2 E10 6 02.8
Gehzeit: 4 Std.
Höhenunterschied: 1.150 Hm
Beste Jahreszeit: Februar bis April

Karten: ÖK-Blatt 142 + 143, ÖKU-Blatt 2225, AVK-Blatt 3/2, LKS-Blatt 239
Lawinensituation: Durch die häufige Befahrung und ideale Hangneigung ist das Risiko mäßig. Im Frühjahr sind durch die Tageserwärmung bedingte Lawinen im unteren Teil zu berücksichtigen.

Besonderheit: Wer einmal auf diesem Berg war, schwärmt immer davon. Während der Woche ist der Gipfel Ziel von Hubschrauberflügen und deshalb für Tourengeher uninteressant. Am Wochenende aber herrscht Ruhe.
Die Bezeichnung „Mehlsack" ist zwar üblich, aber falsch und unsinnig. Laut alter Literatur wurde ein westlich des Spuller Schafberges gelegener Felsturm so bezeichnet. Dies erfolgte in Anlehnung an einen Turm in Ravensburg, der „Mehlsack" genannt wird. Dies wird nun schon seit etwa 80 Jahren in Fachliteratur bekrittelt, die Bezeichnung hält sich aber nachhaltig und hat nun schon Eingang in die Karten gefunden.

Anstieg: Von der Mautstelle in Zug folgt man zuerst etwa 2 km der Straße. Etwa 400 m nach dem markanten Zuger Tobel kann man über eine Brücke den Lech nach Süden überqueren. Nun muss man noch ein kurzes Stück weiter das Tal hinein, bis sich ein Kar Richtung Süden öffnet. Nun besteht keine Unklarheit mehr über den Anstieg – einfach nach Süden bergauf. Knapp unterhalb von 2.200 m muss man nach links, um unterhalb von Felsen ins Schneetal zu gelangen. Diesem folgt man fast bis zum Ende und kann dann nach rechts über den Südostrücken zum Gipfel gelangen.

Abfahrt: Abfahrt wie Anstieg.

Varianten

Anstieg übers Stierloch [48a]

Ausgangspunkt: Talstation Zugerbergbahn (1.490 m)
4 Std. • 1.200 Hm • mittel
Direkt bei der Talstation der Zugerbergbahn startet man ins Stierlochtal. Meist ist der Sommerweg erkennbar, dem man bis zum Stierlochjoch (2.009 m) folgt. Nun wendet man sich nach rechts (Westen) und steigt immer knapp südlich des Kammes höher. Oberhalb von 2.300 m sieht man rechts eine Einsattelung zwischen P2442 und dem Ostgrat des Spuller Schafberges. Über diese gelangt man mit minimalem Höhenverlust ins Schneetal und stößt auf die Normalroute. Abfahrt über die oben beschriebene Normalroute.

Spuller Schafberg (2.679 m) [48b]

Ausgangspunkt: Zug – Mautstelle nach Spullers (1.510 m)
4 Std. • 1.170 Hm • mittel
Bis ins Schneetal ist der Anstieg identisch. Am Talende steigt man sehr steil durch eine Rinne hinauf zum Ostgrat, den man bei einem Gendarmen betritt. Nun noch kurz dem Grat entlang etwas mühsam zum Gipfel.

Blick vom Grubenjoch zum Schafberg

Weiters besteht die Möglichkeit, zuerst wie oben beschrieben zum Stierlochjoch (2.009 m) und weiter zur Einsattelung bei P2442 aufzusteigen. Nun dem Ostgrat des Spuller Schafberges entlang auf dessen Südseite etwas mühsam zum Gipfel.

Zürs – Zug – Durchquerung

Ausgangspunkt: Zürs – Flexenpass (1.774 m)

5 1/2 Std. • 1.700 Hm • schwierig

Zuerst steigt man wie bei Tour 42 auf die Grubenjochspitze (2.659 m) und fährt dann westseitig durch die Wildgrube ab. Man gelangt nun zum Brazer Staffel (1.954 m) und kann vorbei am Stierlochjoch auf den Gipfel des Oberen Schafberges steigen (siehe oben). Die Abfahrt führt dann nach Zug hinunter. Mit dem Taxi oder anderen Tourengehern gelangt man wieder zum Flexenpass.

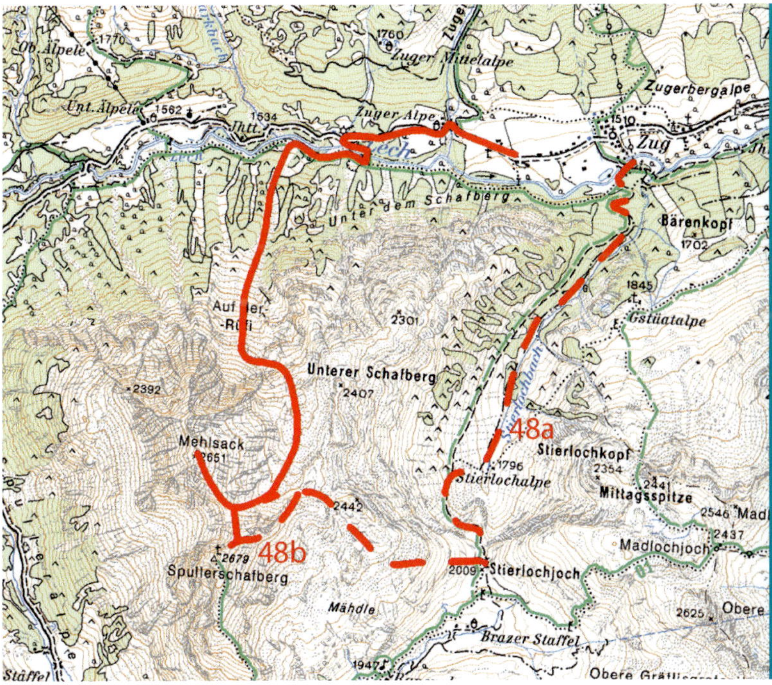

Montafon

Außer den vielen Schigebieten sind im Montafon und in der Silvretta eine Unzahl an Schitouren zu finden. Neben einfachen Touren gibt es auch sehr anspruchsvolle Ziele, die auch Experten fordern.
Einige Touren starten entlang des Tales. Die Schwerpunkte des Tourenlebens liegen in höheren Seitentäler – im Gauertal, in Gargellen und in der Silvretta. Das Gauertal ist durch das großartige Panorama mit Sulzfluh, Drei Türme und Drusenfluh berühmt. Aber diese Ziele erfordern viel Kondition. Die Drusenfluh wird sogar im Sommer kaum besucht und im Winter praktisch nie. Gargellen ist trotz des Schigebietes ein perfekter Tourenstandort mit sternförmig startenden Touren.
Den Abschluss des Tales stellt die Silvretta dar, der ein eigenes Kapitel gewidmet wird.

Schruns bis Partenen

Gebirge: Rätikon, Silvretta, Verwall
Talorte: Vandans (648 m), Schruns (690 m), Tschagguns (687 m), St. Gallenkirch (878 m), Gaschurn (979 m), Partenen (1.051 m)
Ausgangspunkte: Bartholomäberg (1.087 m), Gaschurn-Valschavieltal (1.050 m), Vandans-Rellstal (770 m), Gargellen-Valisera-Maisäß (1.309 m), Gaschurn-Versettla (2.010 m), Vermuntbahn (1.732 m)
Anreise: Von Bludenz ins Montafon bis zum jeweiligen Talort. Geparkt wird meist bei den Bergbahnen. Nach Bartholomäberg gelangt man entweder von St. Anton (manchmal gesperrt) oder von Schruns. Das Silbertal beginnt in der Ortsmitte von Schruns.
Öffentliche Verkehrsmittel: Mit der Montafonerbahn geht es bis Schruns. Von hier fährt der Landbus Linie 85 bis Partenen, nach Bartholomäberg die Linie 84, nach Silbertal die Linie 88.
Karten: ÖK-Blatt 141 + 142 + 169 + 170, ÖKU-Blatt 1106 + 1230 + 2101 + 2225, LKS-Blatt 238S + 248S, LKS-Blatt 1156 + 1157

Unterwegs oberhalb des Fritzsee

49 Wannaköpfle 2.032 m

Blick von Bartholomäberg zu den Drei Türmen

Eine Wanderung in der Sonne, die im beschaulichen Bartholomäberg beginnt und zu einem Gipfel mit unvergleichlichem Blick auf eine Reihe prominenter Berge führt.

Gebirge: Verwall
Ausgangspunkt: Bartholomäberg – Kirche (1.087 m)
Ausgangskoordinaten: N47 5 31.6 E9 54 30.2
Gehzeit: 3 1/2 Std.

Höhenunterschied: 950 Hm
Beste Jahreszeit: Dezember bis März
Karten: ÖK-Blatt 142, ÖKU-Blatt 1230, LKS-Blatt 238S
Lawinensituation: Auf dem normalen Anstiegsweg kaum Risiko.

Besonderheit: Hier erlebt man Schifahren in der ursprünglichsten Art und mit traumhafter Aussicht. Ursprüngliche Art bedeutet Aufstieg mitten durchs Dorf, vorbei an freilaufenden Hühnern und spielenden Kindern. Die Tour ist auch als Schuhtour ausgeschildert. Der Rundblick am Gipfel ist durch die Nähe zum Rätikonhauptkamm grandios. Scheienfluh, Sulzfluh, Drei Türme, Drusenfluh, Zimba im Süden und Rote Wand im Norden lassen das Tourenherz höher schlagen.

Anstieg: Ab dem Parkplatz geht's direkt den Hang hoch. Mehrfach wird die Straße zu den höher liegenden Häusern und zum Rellseck gequert. Die Schiroute folgt fast immer der beschilderten Schneeschuhroute. Nach etwa einer Stunde erreicht man den Fritzsee. Hier steigt man kurz nach rechts (Nordosten) durch den Wald und kommt zu einer wunderbar gelegenen Hütte mit großem Kreuz. Ab hier zieht die Route nach links in Richtung Nordwesten hoch zum Westrücken. Knapp unterhalb von Monteneu (1.883 m) erreicht man die Nordseite und steigt zuerst links des Waldes angenehm im Schatten und anschließend durch vereinzelte Latschen immer dem Rücken entlang zum Gipfel.

Unterwegs im Bereich von Monteneu

Abfahrt: Abfahrt wie Anstieg. Der Schnee wird auf Grund der Südlage meist früh „batzig“. In Dorfnähe ist die Schneedecke oft schon sehr dünn. Da es sich aber um Grashänge handelt, haben die Schier nicht allzu viel zu leiden.

Variante

Abfahrt zum Rellseck [49a]

Ab Monteneu kann man nördlich des Westrückens bleiben, bis man unterhalb von 1.500 m bei Rellseck auf der meist präparierten Straße zurück zur Aufstiegsroute gleiten kann.

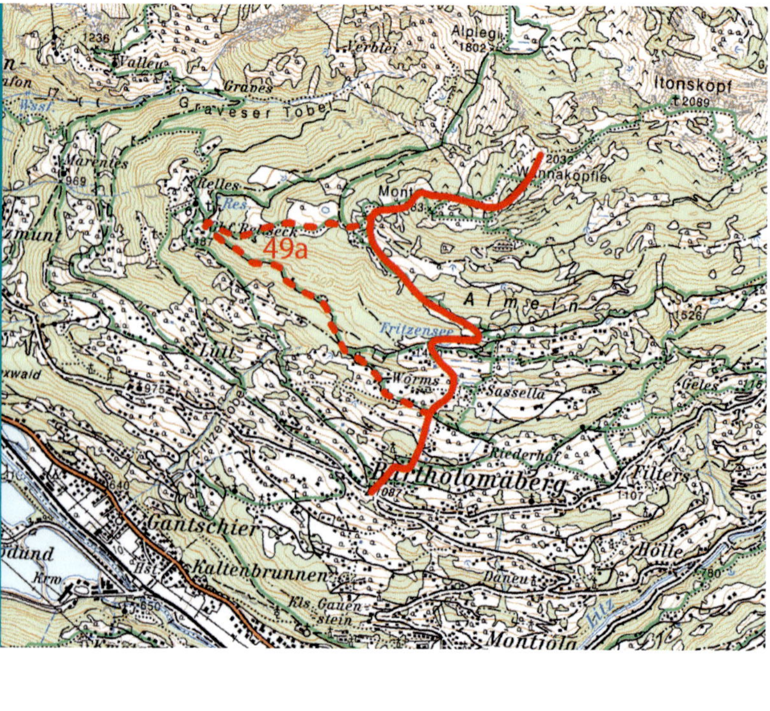

50 Saulakopf 2.517 m

Rast bei der Heinrich-Hueter-Hütte (vor deren Umbau)

Eine „versteckte" Tour auf einen aufregenden Gipfel im Rellstal, der auch dem erfahrenen Alpinisten einiges an Ausdauer und Geschicklichkeit abfordert.

Gebirge: Rätikon
Ausgangspunkt: Vandans – Eingang des Rellstales (770 m)
Ausgangskoordinaten: N47 5 22.3 E9 51 04.2
Gehzeit: 6 Std.
Höhenunterschied: 1.750 Hm
Beste Jahreszeit: März bis Mai

Karten: ÖK-Blatt 141 + 142, ÖKU-Blatt 1230, LKS-Blatt 238S, LKS-Blatt 1156 + 1157
Lawinensituation: Der Zugang ins Rellstal quert einige Lawinenstriche. Auch die Abfahrt aus dem Schigebiet nach Rells ist manchmal kritisch. Im Gipfelbereich bergen eingewehte Schneebretter oft hohe Gefahr.

Besonderheit: Der Anstieg auf die winterliche Saula ist eine hochalpine Tour für erfahrene Bergsteiger. Der Weg ist lang und die Route im Gipfelbereich steil und ausgesetzt. Am Gipfel wird man mit dem Tiefblick zum Lünersee und dem Anblick der Zimba belohnt.

Heinrich-Hueter-Hütte (1.766 m)

Auf der Hälfte des Weges liegt die Heinrich-Hueter-Hütte (1.766 m), die im Winter meist geschlossen ist.
Telefon Hütte: +43/(0)5556/76 570
Schlafplätze: 20 Betten, 90 Lager
Winterraum: 18 Lager (offen)
Zugang: Vandans – Eingang des Rellstales (770 m)
3 1/2 Std. • 1.000 Hm • mittel

Anstieg: Ab dem Parkplatz folgt man immer der Schotterstraße ins Rellstal. Am Anfang wird man die Schier meist tragen müssen. Nach mehr als 6 km und etwa 3 Std. erreicht man die Rellskapelle (1.465 m). Nun folgt man dem Bach nach rechts und steigt, den Güterweg immer wieder abkürzend, zur Heinrich-Hueter-Hütte (1.766 m) auf. Die Hütte ist der optimale Platz für eine ausgiebige Rast, um Kraft zu tanken, denn jetzt beginnt der hochalpine Anstieg.
Nun geht es nach Nordwesten in das Kar zwischen Zimba und Saula. Am besten hält man sich eher links, um genügend Abstand zu den sonnenbeschienenen Lawinenhängen vom Zimbajoch herunter zu halten. Auf knapp 2.200 m wendet man sich nach links und Richtung Süden gelangt man auf einen Kopf (P2238 in der LKS). Nun steigt man das sich aufsteilende Kar weiter bis etwa 2.400 m hoch, dann kann man oberhalb des ersten Grataufschwunges nach links (Südosten) auf den steilen Gratrücken gelangen. Irgendwann ist es besser, die Schier stehen zu lassen und etwa 100 Hm steil über Schnee oder Geröll aufzusteigen. Zuletzt gelangt man flach zum Gipfel (Achtung Wechten).

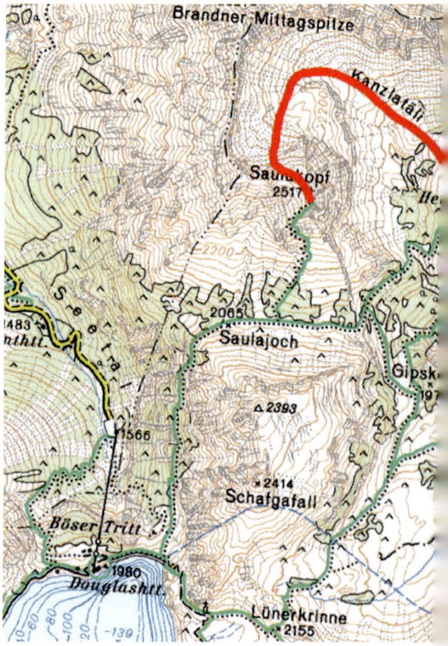

Der Gipfel wird sichtbar

Abfahrt

Abfahrt wie Anstieg. Achtung: Die Straße zwischen Rellskapelle und Vandans ist bei starker Sonneneinstrahlung ab Mittag von mächtigen Lawinen bedroht!

Variante

Zustieg aus dem Schigebiet Golm [50a]

Ausgangspunkt: Bergstation der Rätikonbahn (2.100 m)

4 Std. • ↗ 1.050 Hm • ↙ 2.380 Hm • schwierig

Der Anstieg ist etwa 2 Std. kürzer, man ist aber (da man auf die Betriebszeiten der Rätikonbahn angewiesen ist) etwa 3 Std. später dran. Dies sollte bei der Beurteilung der Lawinengefahr beachtet werden. Von der Bergstation der Rätikonbahn fährt man nach Westen in die Senke hinab. Unterhalb von 2.000 m geht es nach links um einen Rücken herum und dann durch den Wald hinab zum Gasthaus Rellstal und der etwas tiefer liegenden Rellskapelle (1.465 m). Ab hier weiter wie oben beschrieben. Abfahrt durchs Rellstal nach Vandans.

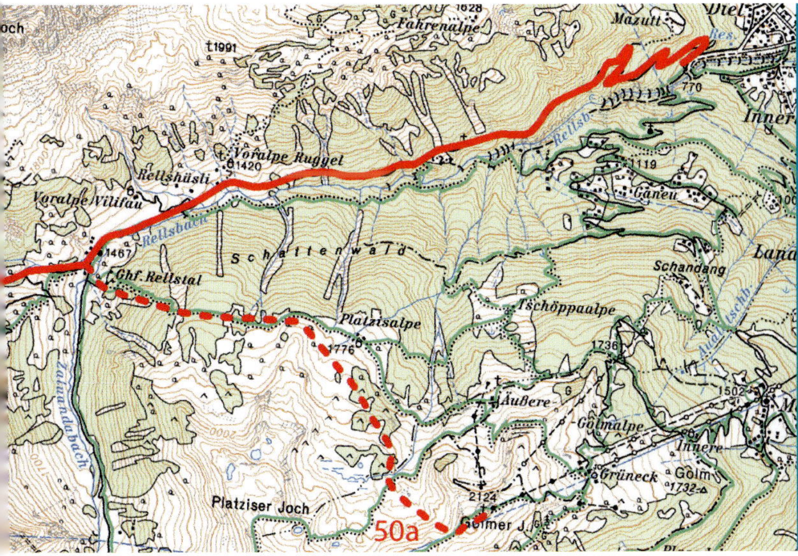

Tour 50 Saulakopf

51 Schafgafall 2.414 m

Winterzauber im Rellstal

Weite Tour auf einen Gipfel in fast märchenhafter Umgebung: zwischen dem Rellstal und dem Lünersee gelegen.

Gebirge: Rätikon
Ausgangspunkt: Vandans – Eingang des Rellstales (770 m)
Ausgangskoordinaten: N47 5 22.3 E9 51 04.2
Gehzeit: 5 1/2 Std.
Höhenunterschied: 1.650 Hm
Beste Jahreszeit: Dezember bis März
Karten: ÖK-Blatt 141 + 142, ÖKU-Blatt 1230, LKS-Blatt 238S, LKS-Blatt 1156 + 1157
Lawinensituation: Der Zugang ins Rellstal quert einige Lawinenstriche. Auch die Abfahrt aus dem Schigebiet nach Rells ist manchmal kritisch. Bei Abfahrt nach Brand sind im Bereich des „Bösen Tritts“ absolut sichere Verhältnisse nötig.

Besonderheit: Der Schafgafall steht zwischen dem Rellstal und dem Lünersee. Dementsprechend bietet er einen fantastischen Ausblick auf fast den gesamten Rätikon. Der Anstieg ist zwar lange, die Schwierigkeit jedoch deutlich geringer als bei einer Besteigung des nahen Saulakopfes.

Anstieg: Ab dem Parkplatz folgt man immer der Schotterstraße ins Rellstal. Am Anfang wird man die Schier meist tragen müssen. Nach mehr als 6 km und etwa 3 Std. erreicht man die Rellskapelle (1.465 m). Nun geht es den Rücken rechts (westlich) des oberen Rellstales hoch zur Alpe Lün (1.770 m). Oberhalb davon wählt man das rechte (westliche) Alptal und gelangt gemütlich unter die Lünerkrinne, dem Übergang zum Lünersee. Etwas unterhalb davon, auf etwa 2.050 m, wendet man sich nach rechts (Westen) und gelangt in den steilen Südhang, der zum Südgipfel hochführt. Man kann auch rechts unterhalb des Südgipfels vorbei zum etwas niedrigeren Nordgipfel (2.393 m) aufsteigen.

Abfahrt: Abfahrt wie Anstieg.

Variante

Abfahrt nach Brand (1.068 m) [51a]

Bei sehr sicheren Verhältnissen können sehr gute Schifahrer auch bis nach Brand abfahren. Dazu fährt man zuerst zu einer Schulter südlich des Gipfels auf 2.250 m ab und kann dann südlich davon zum Lünersee weiter. Unterhalb der Felsen quert man nach Westen (rechts), um zur Staumauer zu gelangen. Nach deren Überquerung fährt man westlich der Douglasshütte den sehr steilen Hang über den Bösen Tritt nach Schattalagant und weiter der Straße entlang nach Brand ab (siehe auch Tour 39).

Tour 51 Schafgafall

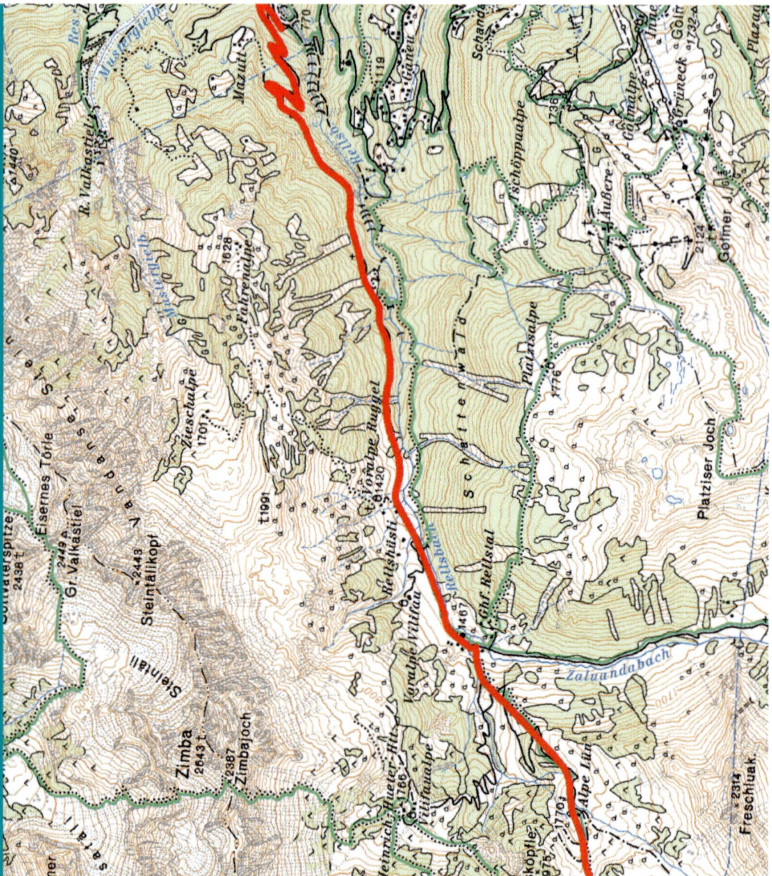

52 Scheienfluh 2.625 m

Weißplatte 2.628 m

Abfahrt vom Sarotlajoch

Lange, fordernde Tour, die nur bei sicherem Schneedeckenaufbau ratsam ist. Der Gipfel bietet einen ausgezeichneten Blick auf die Südwände der imposantesten Rätikongipfel.

Gebirge: Rätikon
Ausgangspunkt: Straße nach Gargellen - Kapelle bei Valisera-Maisäß (1.309 m; kaum Parkplätze)
Ausgangskoordinaten: N46 59 11.3 E9 56 05.6
Gehzeit: 5 1/2 Std.
Höhenunterschied: 1.450 + 130 Hm
Beste Jahreszeit: Februar bis April
Karten: ÖK-Blatt 142 + 169, ÖKU-Blatt 1230 + 1106, LKS-Blatt 238S, LKS-Blatt 1157
Lawinensituation: Vor allem der letzte Anstieg zum Sarotlajoch erfordert wegen der Steilheit sehr sichere Verhältnisse. Bei der Abfahrt muss auch die tageszeitliche Erwärmung in diesen Osthängen berücksichtigt werden.

Besonderheit: Die Scheienfluh und die Weißplatte stehen im Süden der Rätikonhauptberge (Kirchlispitzen, Drusenfluh, Drei Türme, Sulzfluh). Von den beiden Gipfeln hat man einen fantastischen Ausblick zu den Südwänden dieser Berge. Der Anstieg ist jedoch immer sehr lange und anstrengend. Weiters benötigt man dafür sehr sichere Verhältnisse.

Anstieg: Von der Straße geht man knapp vor der Kapelle einfach auf der rechten Seite (in Aufstiegsrichtung) des Sarotlabaches das Tal Richtung Westen hinein. Nach etwa 1 1/2 Std. passiert man die Sarotlaalpe (1.822 m). Bald darauf sind rechter Hand zwei tiefe Gräben erkennbar und das Tal wendet sich Richtung Nordwesten. Man steigt aber weiter in westlicher Richtung den linken Hang auf. Oberhalb von 2.100 m wird es merklich steiler und entlang eines steilen Rückens geht es zum Sarotlajoch (2.389 m) hoch. Anschließend muss man auf der westlichen Seite bis etwa 2.260 m abfahren.
Dann geht man flach in nordwestlicher Richtung auf den Plasseggenpass zu. Kurz vor ihm kann man links in einem kleinen Tal direkt Richtung Scheienfluh aufsteigen. Die Route führt auf das obere Ende des Südrückens, links des Gipfels, zu einem kleinen Sattel. Nun steil leicht rechts

Scheienfluh

Abfahrtsgenuss

haltend bis unter die Felsen und dann nach rechts hinaus und zum Gipfel.

Abfahrt: Abfahrt wie Anstieg. Dabei sind die 130 Hm Gegenanstieg zum Sarotlajoch noch zu berücksichtigen.

Varianten

Weißplatte (2.628 m) [52a]

Will man zur Weißplatte, steigt man nach der kurzen Abfahrt vom Sarotlajoch bis zum Plasseggenpass (2.345 m) auf. Dann geht es auch linker Hand Richtung des Grates nördlich (rechts) der Scheienfluh. Knapp vor dem Erreichen des Grates kann man nach rechts (Norden) zur Weißplatte aufsteigen. Abfahrt wie Anstieg.

Weißplatte (2.628 m) von der Tilisunahütte [52b]

Ausgangspunkt: Tilisunahütte (2.226 m)
1 1/2 Std. • 400 Hm • mittel

Die Tilisunahütte erreicht man am besten von Latschau über den Schwarzhornsattel. Details siehe beim Tourengebiet „Gauertal“ (5 Std. • 1.400 Hm • mittel).
Von der Hütte geht es in südöstlicher Richtung ziemlich flach zum Grubenpass (2.241 m). Vom Pass geht es zuerst leicht bergab in südwestlicher Richtung näher an den Berg heran und dann steigt man entlang eines Rückens und in Stufen über Mittelflue und Fluechopf zum Gipfel hinauf. Dabei bewegt man sich immer fast genau entlang der Grenze zwischen Österreich und der Schweiz. Abfahrt wie Anstieg oder, wenn die Verhältnisse es erlauben, über die Tilisunaalpe durchs Gampadelstal nach Tschagguns (siehe unten).

Weißplatte (2.628 m) durchs Gampadelstal [52c]

Ausgangspunkt: Tschagguns – Haus Mittagsspitze (1.161 m)
6 1/2 Std. • 1.470 Hm • mittel

Beim Haus Mittagsspitze gibt es keine öffentlichen Parkmöglichkeiten. Hierher gelangt man mit dem Ortsbus Linie 6 ab Bahnhof Schruns oder Gemeindeamt Tschagguns nach Grabs (Tel. +43/(0)5556/90 00 600).
Ab hier geht es entlang des Güterweges das Gampadelstal hinein. Man passiert die Gampadelsalpe (1.363 m) und kann danach den Güterweg etwas abkürzen. Weiter geht es in Aufstiegsrichtung rechts des Baches zu einer Talenge bei der Talstation der Materialseilbahn der Tilisunahütte (1.572 m).
Hier gibt es zwei Möglichkeiten: Entweder man steigt nun rechter Hand die Hänge unterhalb des Schwarzhornes auf und gelang auf diesem Weg zur Tilisunahütte – weiter siehe oben.
Oder man geht den Tilisunabach entlang weiter in südöstlicher Richtung das Tal hinein, bis dieses steil und schroff wird (Achtung: Lawinengefahr) und hinauf zur Tilisunaalpe (1.966 m) führt (der Güterweg umgeht in Tunnels diese Passage).
Von der Alpe muss man links um einen Kopf herum und kann dann über einen schönen Hang zum Grubenpass (2.241 m) aufsteigen. Weiter siehe oben.
Abfahrt wie Anstieg.

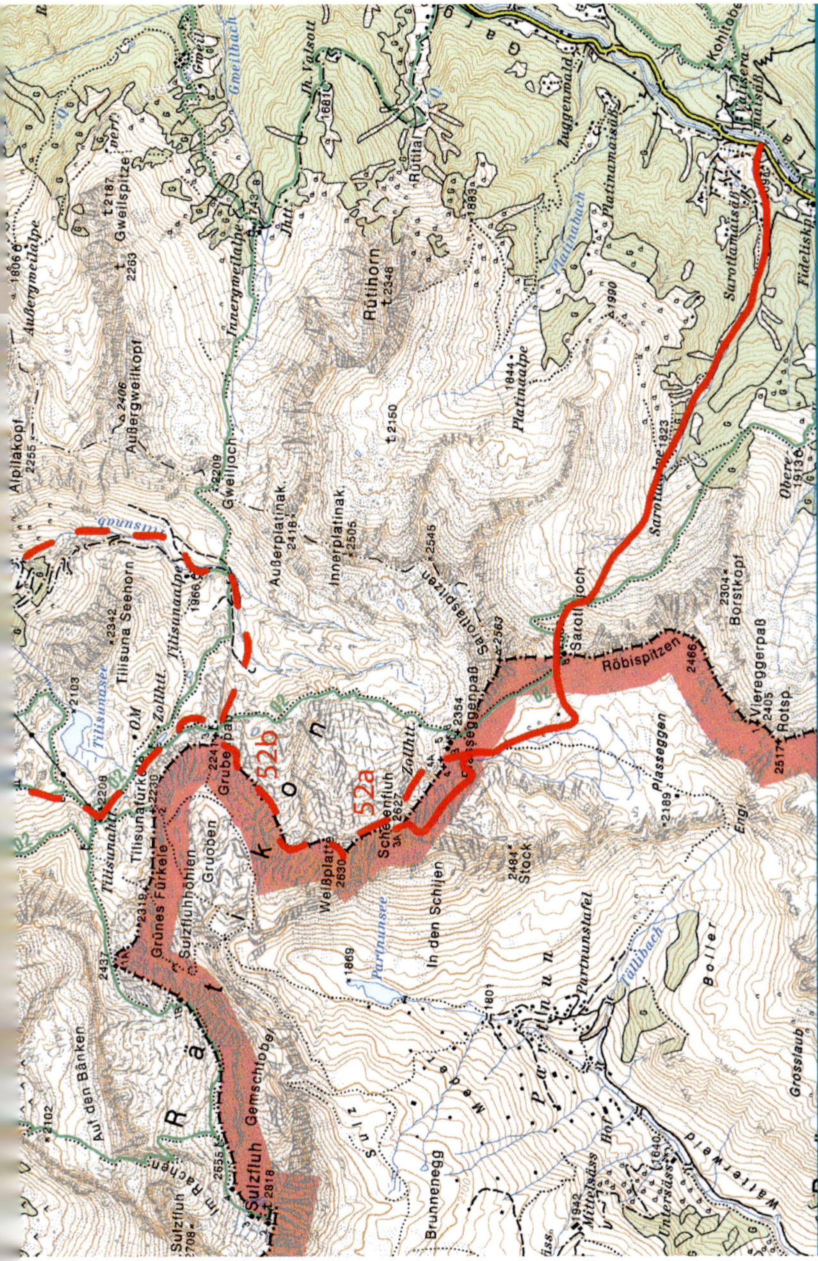

Tour 52 Scheienfluh

53 Madererspitze (Valschavieler Maderer) 2.769 m

Tafamunter Augstenberg 2.489 m

Madererspitze aus der Ferne gesehen

Mächtig, schwierig, einsam – selbst bei guten Verhältnissen stellt dieser Berg eine echte Herausforderung dar, auch für die erfahrensten Tourengeher.

Gebirge: Verwall
Ausgangspunkt: Gortipohl/Gaschurn – kurz nach Beginn des Valschavieltales (1.050 m; Parkmöglichkeit am Beginn des Fahrverbotes)
Ausgangskoordinaten: N46 59 49.5 E10 2 22.5
Gehzeit: 6 Std.
Höhenunterschied: 1.750 Hm
Beste Jahreszeit: März bis Mai
Karten: ÖK-Blatt 142 + 169 + 170, ÖKU-Blatt 2225 (+ 2101), LKS-Blatt 239
Lawinensituation: Bei Schnee in den Hängen oberhalb des Tales sehr hohe Lawinengefahr. Deshalb nur im Frühjahr nach Abgang der großen Grundlawinen ratsam.

Besonderheit: Dieser selten bestiegene Berg ist nur etwas verwinkelt und mit guter Kondition besteigbar. Weiters sind nur an wenigen Tagen im Jahr die Verhältnisse passend. Der letzte Gipfelanstieg ist sehr ausgesetzt und mitunter vereist. Dafür bietet er eine tolle Aussicht zu den Eisentalerspitzen und in die Silvretta.

Anstieg: Zuerst folgt man einfach der Straße ins Valschavieltal. Nach etwa 3 km hat man schon 500 Hm hinter sich und befindet sich beim Valschavieler Maisäß (1.565 m). Am Ende der Alpfläche mündet ein Bach aus einem markanten Tobel in den Valschavielbach. Dieses steigt man hoch, und bevor es steil wird, geht rechts der Weg zur Alpe Bizul weg. Ihm folgt man und gelangt in die großen Hänge unter der Madererspitze. Man steigt links haltend weiter hoch, also nicht auf den Berggipfel zu. Auf etwa 2.250 m stößt man auf eine Kante, die teilweise eine Wechte aufweist (Berührung mit dem Wormser Höhenweg). Nach der Kante quert man flach nach Norden zum Fuß des Maderer Täli. Dann geht es nach rechts durch dieses hoch, bis man knapp unterhalb von 2.400 m nach rechts (Südosten) in ein Hochkar gelangen kann. In diesem geht es unterhalb des Gipfels in einem Bogen nach links auf den Nordwestkamm der Madererspitze.

Am Gipfel der Madererspitze

100 Hm unterhalb des Gipfels ist das Schidepot und sehr steil erreicht man das Gipfelkreuz.

Abfahrt: Abfahrt wie Anstieg.

Variante

Anstieg auf hartem Firn

Tafamunter Augstenberg (2.489 m)

5 Std. • 1.450 Hm • mittel

Zuerst geht es wie oben beschrieben zum Valschavieler Maisäß. Dann muss man noch etwa 1 km weiter das Tal hinein, bis man nach rechts (Südosten) über einen steilen Hang auf die Alpflächen der Alpe Gibau gelangen kann. Über diese steigt man in südöstlicher Richtung zum Gibausattel (2.260 m) auf. Nun nach rechts (Westen) hinauf zum Gipfel. Abfahrt wie Anstieg.

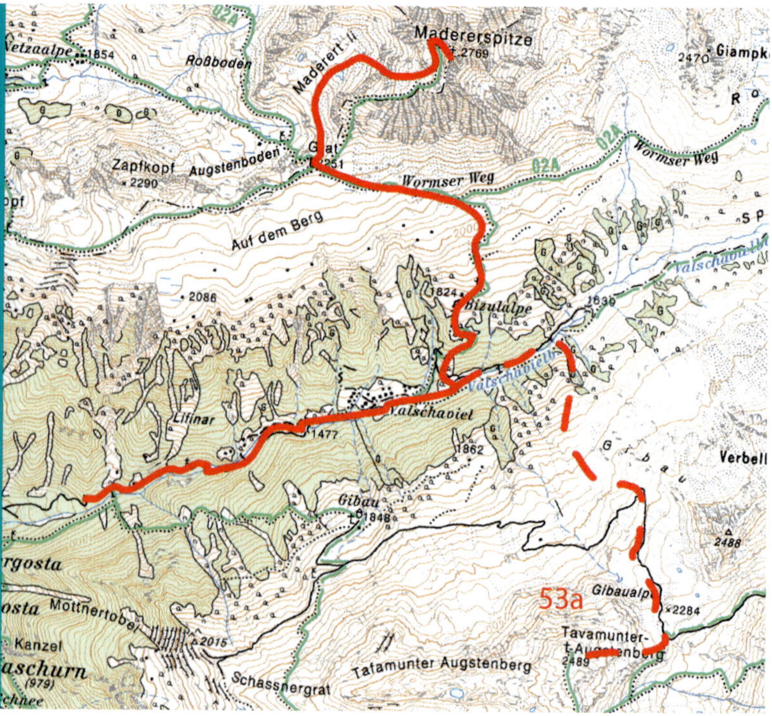

54 Madrisella 2.466 m

Versettla 2.372 m

Heimspitze 2.685 m

Blick von der Heimspitze zu Versettla und Madrisella

Relativ einfache Rundtour im Bereich des Schigebiets „Silvretta Nova", die auch weniger ausdauernden Anfängern zumutbar ist.

Gebirge: Silvretta
Ausgangspunkt: Gaschurn – Bergstation Versettla (2.010 m)
Ausgangskoordinaten: N46 58 43.6 E9 59 36.8
Gehzeit: 2 Std.
Höhenunterschied: ↗ 500 Hm, ↙ 1.800 Hm
Beste Jahreszeit: Jänner bis April
Karten: ÖK-Blatt 169, ÖKU-Blatt 1106, LKS-Blatt 248S, LKS-Blatt 1177
Lawinensituation: Obwohl viel begangen, ist die Lawinengefahr nicht zu unterschätzen. Die beschriebenen Abfahrtshänge sind steil und auch im Aufstieg gelangt man leicht in gefährlich steile Hänge.

Besonderheit: Diese schöne und einfache Rundtour mit wenigen Höhenmetern im Anstieg eignet sich besonders als Appetitanreger für zukünftige Tourengeher. Allerdings ist sie nicht so einfach, wie viele meinen. Die Schilifte bieten für Tourengeher eine spezielle Liftkarte, die die einmalige Benutzung der notwendigen Lifte gestattet. Diese kostet aber nicht viel weniger als eine Halbtageskarte, womit diese Rundtour vor allem für Besitzer von Saison- und Wochenkarten interessant ist.

Anstieg: Von der Bergstation Versettla fährt man noch mit dem Burglift zu dessen Bergstation, die auch zu Fuß in gleicher Zeit erreicht werden kann. Zuerst geht es kurz die Piste flach nach Osten und dann leicht ansteigend um die Burg herum. Die folgende südostseitige Querung zu einem kleinen Sattel südlich der Burg ist in der Früh oft sehr hart und nachmittags durch Nassschneelawinen gefährdet, weiters muss auf den Sattel oft eine Wechte überwunden werden. Nun einfach den Kamm entlang weiter zur Versettla (2.372 m).
Von dort, fast immer den Grat entlang, weiter bis unter den Nordhang der Madrisella. Zum Gipfel gelangt man direkt von Norden oder links an ihm vorbei und von Süden (etwas leichter).

Abfahrt [34a]
Von der Versettla kann bei entsprechenden Verhältnissen über einen steilen Westhang ins Novatal abgefahren werden, wobei im unteren Bereich eine schmale und steile Rinne zu bewältigen ist. Von der Madrisella fährt man nach Süden ins obere Novatal. Im Novatal fährt man bis zu den Bergbahnen auf 1.691 m ab und die Novabahn bringt den Tourengeher wieder zum Ausgangspunkt. Nun über Piste zurück nach Gaschurn.

Variante

Anstieg ab Gampapinger Berg [54a]
Ausgangspunkt: Bergstation Schwarzköpflebahn (2.200 m)
2 Std. • 500 Hm • mittel
Von der Bergstation fährt man flach in südlicher Richtung unter der Rinderhüttenbahn durch zur Schiroute 3. An deren äußersten Punkt quert man unter der Kleinen Heimspitze flach weiter nach Süden und fährt anschließend in den Talgrund des Novatal ab (etwa 1.950 m). Dann steigt man zuerst das Tal weiter nach Süden hinauf und schwenkt oberhalb von 2.100 m nach links (Osten). So gelangt man in den Südhang der Madrisella und über diesen zum Gipfel. Abfahrt wie oben beschrieben.

Ergänzung

Matschuner Joch (2.391 m), Heimspitze (2.685 m) [54b]

Abzweigpunkt: Madrisella
+2 Std. • +350 Hm • mittel

Wer noch nicht genug hat, kann noch zum Matschuner Joch und eventuell zur Heimspitze (2.685 m) weiter. Dazu zuerst etwas mühsam über die Matschuner Köpfe. Einfacher und schöner ist es, nach Westen 300 Hm bis zum kleinen Hüttchen auf 2.140 m abzufahren und dann nach Süden zum Matschuner Joch aufzusteigen. Anschließend geht es den Kamm entlang nach Westen zum Heimbücheljoch (2.540 m). Hier kämpft man sich entlang des Grates über den Heimbühel bis zu einem kleinen Kopf (2.575 m) oder fährt westseitig etwas ab und steigt dann querend unter dem Heimbühel nach Nordwesten auf. Durch cin kurzes steiles Kar kommt man anschließend hinauf zum Grat und zum kleinen Kopf. Nun folgt man kurz dem Grat nach links und quert rechts (ostseitig) der Zwischenspitze unter den Gipfel der Heimspitze. Zuletzt geht es entweder zu Fuß über die Felsen oder nach rechts über den steilen Gipfelhang zum höchsten Punkt (siehe auch Tour 69).
Die Abfahrt folgt entweder dem Anstieg oder man fährt nach Gargellen ab, von wo man mit dem Landbus wieder zum Ausgangspunkt kommt.

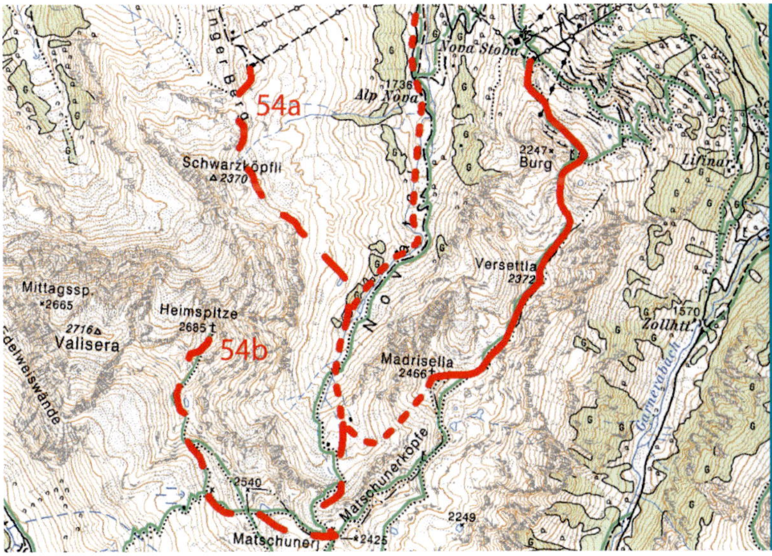

55 Breitfielerberg 2.417 m

Schafboden 2.400 m

Breitfielerberg

Kurzer Anstieg, lange Abfahrt – eine in Vergessenheit geratene Tour, die bei Verzicht auf Benützung der Bergbahn ausgedehnt werden kann.

Gebirge: Silvretta
Ausgangspunkt: Partenen – Bergstation Vermuntbahn (Tromenier) (1.732 m)
Ausgangskoordinaten: N46 57 27.2 E10 3 19.2
Gehzeit: 2 1/2 Std.
Höhenunterschied: ↗ 700 Hm, ↙ 1.370 Hm

Beste Jahreszeit: Jänner bis April
Karten: ÖK-Blatt 169, ÖKU-Blatt 2101, AVK-Blatt 26, LKS-Blatt 249S, LKS-Blatt 1178
Lawinensituation: Der Gipfelbereich ist sehr steil und für eine sichere Spur benötigt man Erfahrung.

Besonderheit: Früher waren der Breitfielerberg und der Schafboden laut Erzählungen beliebte Schitouren. Inzwischen sind sie jedoch in Konkurrenz mit den anderen Silvrettabergen etwas in Vergessenheit geraten. Der kurze Anstieg von der Vermuntbahn zum Breitfielerberg ist aber verlockend. Der Schafboden muss im unteren Bereich mühsam erkämpft werden und wird deshalb sehr selten besucht. Die Abfahrt von beiden Gipfeln bis ins Tal war in den letzten schneearmen Winter leider selten ein Genuss.

Anstieg: Von der Bergstation geht man einige Meter Richtung Tunnel. Hier findet man immer eine Möglichkeit, die hohe ausgefräste Schneewand zu überwinden, um den Anstieg beginnen zu können. Am besten steigt man nach Süden zwischen Lawinenverbauungen teilweise recht steil zum Nordostrücken hoch. Ihm folgend hat man auf etwa 2.000 m ein Flachstück zu überwinden. Da man den Gipfel schon bald im Blick hat, ist entlang des Rückens die Orientierung leicht. Unterhalb des letzten Hanges wird es etwas felsig und der letzte Anstieg ist steil. Der Gipfel ist unspektakulär und auf Grund von Überwechtung kann man nicht immer am höchsten Punkt stehen.

Tiefblick Richtung Großer Litzner und Großes Seehorn

Abfahrt: Die Abfahrt kann exakt dem Anstieg folgen. Bei sicheren Verhältnissen fährt man jedoch den Nordhang des Berges ab und quert auf etwa 1.950 m oberhalb der Lawinenverbauungen nach rechts (Osten) zum Anstieg.

Tiefblick bei der Abfahrt

Varianten

Die Anstiege und Abfahrten von und nach Partenen setzen ausreichende Schneelage voraus, denn ohne diese wird die Abfahrt ein Schi mordendes Unterfangen.

Anstieg ohne Seilbahn [55a]

Ausgangspunkt: Partenen – Talstation Vermuntbahn (1.042 m)
5 Std. • 1.400 Hm • mittel
Man kann natürlich auch vom Tal aus aufsteigen. Dies gilt vor allem für Frühaufsteher, die schon vor Betriebsbeginn der Seilbahn oben sein wollen. Dabei hält man sich am besten an den Sommerweg nach Tromenier. Dazu startet man zuerst auf dem Sträßchen hinter dem Kraftwerk und kann kurz darauf links haltend über die Wiesen von Innerbofa zum Waldrand hinauf. Nach einem Flachstück geht es auf 1.240 m nach links in den Wald hinein und immer etwas rechts haltend bergauf. Auf 1.640 m geht man am besten flach nach links (Osten) zu einer kleinen Jagdhütte. Hier kommt man aus dem Wald und kann gerade nach Süden aufsteigen. Knapp unterhalb von 1.900 m hält man sich links und erreicht oberhalb der Lawinenverbauungen den Normalanstieg ab Tromenier.

Tiefblick ins Montafon

Abfahrt nach Partenen [55b]

Dazu fährt man genau nach Norden hinab. Unterhalb von 1.800 m wird es sehr steil und man sollte das westliche Eck des Anstieges beim Beginn der Querung zum Jagdhaus auf 1.640 m anpeilen.

Nun entlang des Anstieges (Sommerweges) immer leicht rechts haltend etwas mühsam durch den Wald hinab.

Ergänzung zum Schafboden (2.400 m) [55c]

+1 1/2 Std. • +400 Hm • mittel

Man kann auch knapp oberhalb von 2.000 m nach links um den Rücken herum zum kleinen Tal von Außertschambreu wechseln, um dann noch auf den Schafboden aufzusteigen (siehe unten).

Schafboden (2.400 m) [55d]

Ausgangspunkt: Partenen – Talstation Vermuntbahn (1.042 m)

5 Std. • 1.380 Hm • mittel

Zuerst startet man wie zum Breitfielerberg. Beim Flachstück auf 1.240 m geht es rechts auf einem Güterweg flach zum Tschambreubach. Diesen quert man baldmöglichst und steigt westseitig noch etwas auf. Dann muss man rechtzeitig nach rechts in den Wald hinein. Durch diesen geht es anstrengend in südwestlicher Richtung bergauf. Dabei ist es nicht leicht, eine gute Spur zu legen. Zwischendurch kommt man zu einer baumlosen Schneise und anschließend wird es sehr steil. Knapp unterhalb von 1.60 m gelangt man auf die Alpwiesen und der Anstieg wird angenehmer. Man steigt immer in Richtung des gut sichtbaren Gipfels auf. Auf etwa 2.100 m gelangt man zu einem kleinen Kar, das nach rechts (Westen) in eine Einsattelung zwischen dem Nordgipfel (Kreuz) und dem links befindlichen felsigen Hauptgipfel mündet. Das Tourenziel ist meist der etwas niedrigere Nordgipfel (2.381 m).

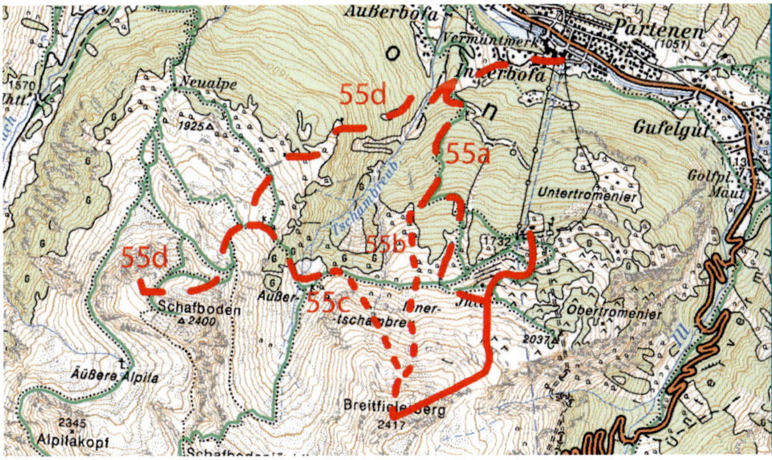

Gauertal: Latschau (1.000 m), Lindauer Hütte (1.744 m)

In Latschau beginnt das wunderschöne Gauertal, das Sommer und Winter mit einer grandiosen Kulisse glänzt. Es bietet besonders schöne, aber teilweise nicht leichte und vor allem anstrengende Touren.

Gebirge: Rätikon
Talorte: Vandans (648 m), Schruns (690 m), Tschagguns (687 m)
Ausgangspunkte: Latschau (1.000 m), Lindauer Hütte (1.744 m)
Anreise: Von Bludenz nach Schruns. Hier rechts über Tschagguns nach Latschau. Parkmöglichkeit direkt hinter oder vor dem Kraftwerk.
Öffentliche Verkehrsmittel: Mit Zug nach Schruns und mit Ortsbus (Linie 1) nach Latschau. Es besteht auch die Möglichkeit, von Vandans mit der Gondelbahn nach Latschau zu gelangen.
Karten: ÖK-Blatt 141 + 142, ÖKU-Blatt 1230, LKS-Blatt 238S, LKS-Blatt 1156 + 1157

Hütten des Gebietes

Lindauer Hütte (1.744 m)

Die Lindauer Hütte liegt noch halb im Wald unterhalb von den Drei Türmen und der Sulzfluh. Auf Grund ihrer leichten Erreichbarkeit ist sie ein beliebtes Ziel. Auch im Winter sind viele Fußgänger unterwegs. Die Hütte ist im Winter nicht durchgehend geöffnet und an Wochenenden außerhalb der Betriebszeiten kann der Winterraum durchaus überfüllt sein. Deshalb gehen konditionsstarke Tourengeher alle Touren als Tagestouren mit zeitigem Aufbruch. Sie brauchen bis zur Hütte meist auch deutlich weniger Zeit als angegeben und auf dem Rückweg ist es ein Genuss, die Tour auf der Terrasse ausklingen zu lassen.
Telefon Hütte:
+43/(0)664/50 33 456
Telefon Tal:
+43/(0)5559/582
E-Mail:lindauerhuette@aon.at
Schlafplätze: 40 Betten, 120 Lager
Winterraum: 20 Lager (offen)

Zugang: Latschau (1.000 m)
2 1/2 Std. • 750 Hm • leicht

Der Anstieg zur Lindauer Hütte folgt meist dem Güterweg. Am Eingang des Gauertales liegen einige Ferienhäuser und auf dem Weg sind auch im Winter viele Wanderer unterwegs. Auf 1.301 m steht ein kleiner Bildstock und der Weg wird flach. Nach der folgenden großen Wiesenfläche kann man zwei Mal die Kehren der Straße abkürzen, indem man an dem Punkt, an dem sich der Weg scharf nach links wendet, einfach gerade weitergeht. Nach einer großen Alpwiese, die bis zum Fuß der Sulzfluh hinaufzieht, führt auf 1.550 m der Weg nach rechts in den Wald. Hier kann man in guter Steigung links des Weges auf dem Sommerfußweg abkürzend höher steigen. Die Hütte steht noch im Wald auf einem schwach ausgeprägten Rücken.

Zugang: ab Bergstation der Rätikonbahn (2.100 m)

1 Std. • 100 Hm • leicht

Von der Bergstation fährt man zuerst zur Latschätzalpe (1.733 m) ab. Von dort kann man flach unterhalb der steilen Ostflanke der Geißspitze nach Süden zur Hütte queren. Allerdings ist durch die vormittägliche Sonneneinstrahlung schon früh mit Lawinengefahr zu rechnen!

Tilisunahütte (2.226 m)

Die Hütte ist nicht einfach zu erreichen und im Winter geschlossen (offener Winterraum mit 15 Lagerplätzen). Für die Besteigung der Sulzfluh ist sie aber eine ideale Übernachtungsmöglichkeit. Der Zugang benötigt sichere Verhältnisse. Im Frühjahr ist im Bereich des Schwarzhornsattels auch die Schneeaufweichung durch die Sonneneinstrahlung zu berücksichtigen.

Zugang: Latschau (1.000 m)

5 Std. • 1.400 Hm • mittel

Zuerst steigt man wie zur Tschaggunser Mittagsspitze zur Alpilaalpe (1.688 m; siehe Tour 56). Dann geht es rechts haltend nach Süden vorbei am Tobelsee zum Schwarzhornsattel (2.166 m). Ausreichend Zeit vorausgesetzt ist auch interessant, die Mittagsspitze noch „mitzunehmen“ (+1 1/2 Std.) und anschließend entlang des Kammes etwas auf und ab zum Schwarzhornsattel zu wandern. Dann muss man ostseitig etwa 100 Hm hinab (wegen früher Wirkung der Sonne oft kritisch!!), bevor man zur Hütte aufsteigen kann.

56 Tschaggunser Mittagsspitz 2.168 m

Tiefblick von der Alpilaalpe nach Latschau

Vom Tal aus gesehen ein sehr markanter Gipfel, der in seinem obersten Teil absolute Trittsicherheit erfordert. Dort angelangt erwarten einen dafür bestechende Aussichten.

Gebirge: Rätikon
Ausgangspunkt: Latschau (1.000 m)
Ausgangskoordinaten:
N47 4 22.1 E9 52 31.4
Gehzeit: 4 Std.
Höhenunterschied: 1.170 Hm
Beste Jahreszeit: Februar bis Mai

Karten: ÖK-Blatt 141 + 142, ÖKU-Blatt 1230, LKS-Blatt 238S, LKS-Blatt 1156 + 1157
Lawinensituation: Im Wald bis zur Alpilaalpe relativ sicher, oberhalb der Alpe kann es kritisch sein. Eine gute Spuranlage über eine nordwestliche Rippe ist notwendig.

Besonderheit: Bis kurz unter den Gipfel ist die Tour nicht besonders schwierig, auch wenn im Wald keine optimale Spur möglich ist. Der Gipfel selbst ist aber nur schwierig im Fels erreichbar. Dafür bietet er eine perfekte Übersicht über Tilisunahütte, Weißplatte, Sulzfluh und Drei Türme.

Anstieg: Von Latschau geht es zuerst ins Gauertal Richtung Lindauer Hütte. Im ersten Waldstück bei der Brücke über den Bach bleibt man links auf dem Hauptweg und erreicht in weniger als einer halben Stunde die freien Flächen von Vollspora. Hier kann man links in Richtung Gipfel eine Waldschneise erkennen. Zu dieser steigt man, den Schildern des Sommerweges folgend, bis ans Ende hoch und geht anschließend genau dem Sommerweg entlang etwas verzwickt durch den Wald steil und mühsam hoch. Auf etwa 1.600 m kommt man über die Waldgrenze und erreicht bald die Alpilaalpe (1.688 m). Hier trifft man auf den Güterweg, der von Grabs (siehe unten) herkommt. Hinter der Alpe steigt man links haltend in Richtung eines Rückens auf und gelangt in einen steilen Hang. Diesem folgt man bis zur Einsattelung rechts unterhalb des Gipfels. Den Anstieg zum Gipfel sollten nur sehr trittsichere Bergsteiger wagen. Bei Vereisung kann ein 10 Meter langes Seil nicht schaden. Trotzdem zahlt sich der Anstieg aus, da erst am Gipfel der Ausblick nach Süden frei ist.

Abfahrt: Bei der Abfahrt folgt man bis zur Alpilaalpe dem Anstieg. Eine Abfahrt des Nordhanges von der Kuppe südlich des Gipfels ist auf Grund der Steilheit nur bei ganz sicheren Verhältnissen und für sehr gute Fahrer ratsam. Unterhalb der Alpilaalpe quert man auf etwa 1.600 m nach links in eine Rinne und fährt diese ab. Ansonsten muss man der Aufstiegsroute durch den Wald folgen.

Variante

Anstieg von Grabs [56a]

Ausgangspunkt: Grabs (1.393 m)
3 Std. • 780 Hm • mittel, Gipfel schwierig

Felsiger Gipfelaufbau

Gipfelaufbau

Nach Grabs gelangt man mit dem Ortsbus Linie 6 ab Bahnhof Schruns oder Gemeindeamt Tschagguns (Tel. +43/(0)5556/90 00 600) Kraft sparend und kann so die Tour verkürzen. Hier geht es zuerst über einen Schneehang in südlicher Richtung bis an den Waldrand. Dort trifft man auf einen Güterweg, der um eine Geländekante nach rechts ohne viel Höhenunterschied zur Alpilaalpe (1.686 m) und damit zum Anstieg ab Latschau führt. Die Abfahrt ist prinzipiell wie der Anstieg möglich. Leider ist aber die weitere Abfahrt ab Grabs oft wegen Schneemangels nicht möglich. Man kann aber ohne weiteres nach Latschau abfahren. Von dort führt eine meist gut ausgefahrene Piste bis nach Tschagguns oder man fährt mit dem Bus von Latschau ins Tal.

57 Kreuzjoch 2.261 m

Latschätzkopf 2.219 m

Geißspitze 2.334 m

Wilder Mann, Schitourengeher, Zimba

Perfekten Ausblick auf die Drei Türme und die Drusenfluh bieten diese Gipfel, die von Latschau aus nur in recht langen, dafür aber umso reizvolleren Aufstiegen zu erreichen sind.

Gebirge: Rätikon
Ausgangspunkt: Latschau (1.000 m)
Ausgangskoordinaten: N47 4 22.1 E9 52 31.4
Gehzeit: 4 1/2 Std.
Höhenunterschied: 1.260 Hm
Beste Jahreszeit: Jänner bis März
Karten: ÖK-Blatt 141 + 142, ÖKU-Blatt 1230, LKS-Blatt 238S, LKS-Blatt 1156 + 1157
Lawinensituation: Latschätzkopf und Kreuzjoch haben eher geringes Risiko und sind auch im Hochwinter begehbar. Beim Anstieg zur Geißspitze ist der Nordhang nur bei sicheren Verhältnissen zu wagen.

Besonderheit: Die Aussicht, vor allem jene auf die Drei Türme und Drusenfluh, machen diese Touren zu einem besonderen Erlebnis. Diese Berge können auch aus dem Schigebiet Golm erreicht werden. Dabei werden die Anstiege sehr stark verkürzt, womit den Zielen ein Teil ihrer Reize genommen ist. Der Bereich unterhalb der Latschätzalpe ist eine Wildruhezone, ein Abweichen vom Güterweg ist dort nicht erlaubt.

Anstieg: Von Latschau geht es zuerst ins Gauertal Richtung Lindauer Hütte. Im ersten Waldstück bei der Brücke über den Bach wählt man den rechten Weg, der auf der Westseite des Baches weiterführt. Bei den Häusern auf etwa 1.300 m kann man über den Hang nach rechts entlang eines kleinen Baches hochsteigen. So gelangt man auf den Güterweg zur Latschätzalpe, der zuerst in Serpentinen hochführt und dann auf etwa 1.620 m flach nach Süden um zwei Rücken herum zur Alpe quert. Anschließend steigt man das Tal in westlicher Richtung bis fast zu dessen Ende beim Hätaberger Joch hoch und zuletzt geht es nach Norden zum Kreuzjoch, das in Wirklichkeit ein Gipfel ist, hoch.

Abfahrt: Abfahrt wie Anstieg.

Varianten

Latschätzkopf (2.219 m) [57a]

4 Std. • 1.220 Hm • leicht

Der Anstieg ist fast identisch mit dem zum Kreuzjoch, man muss nur bald oberhalb der Latschätzalpe über den Hang nach Norden zum Gipfel hochsteigen.

Im Tal der Latschätzalpe

Geißspitze (2.334 m) [57b]

4 1/2 Std. • 1.340 Hm • mittel

Zuerst steigt man wie oben beschrieben zur Latschätzalpe auf. Danach hält man sich links und schwenkt oberhalb von 1.900 m nach Süden. Auf 2.140 m gelangt man in eine Senke und steigt in die breite Einsattelung rechts (westlich) des Gipfels der Geißspitze hoch. Dazu spurt man teilweise direkt den steilen Hang hoch oder kämpft sich sicherer in einigen Spitzkehren über eine Rippe hoch. Am Grat geht es nach links (Osten) etwas hinab und abschließend den steilen Südhang hinauf zum Gipfel (oft etwas mühsam). Die Abfahrt erfolgt meist entlang des Anstieges. Bei gutem Firn kann man auch südseitig zur Lindauer Hütte abfahren.

Geißspitze (2.334 m) ab Lindauer Hütte [57c]

Ausgangspunkt:
Lindauer Hütte (1.744 m)

2 Std. • 600 Hm • mittel

Von der Hütte geht es in nördlicher Richtung zum Rücken, der zum Gipfel der Geißspitze hochzieht. Ihm entlang, wie im Sommer, zum Gipfel. Zum Schluss endet der Rücken bei einem kurzen Gratstück, das oft schon zu Fuß überwunden werden muss. Die Abfahrt erfolgt entlang des Anstieges oder bei gutem Firn auch direkt über die Südhänge.

Varianten mit den Golmer Bergbahnen [57d]

Latschätzkopf, Kreuzjoch

Ausgangspunkt: Bergstation der Rätikonbahn (2.100 m)

1 Std. • 200 Hm • leicht

Geißspitze

Von der Bergstation geht es den Kamm entlang zum Latschätzkopf (2.219 m) und weiter zum Kreuzjoch (2.261 m). Die Abfahrt erfolgt entweder wie oben beschrieben ins Gauertal oder nach Norden hinab Richtung der Alpe Platzis. In der Senke auf 1.900 m wendet man sich nach Nordosten und mit einem kleinen Aufstieg kommt man zur Talstation der Außergolmbahn und somit zu den Schipisten.

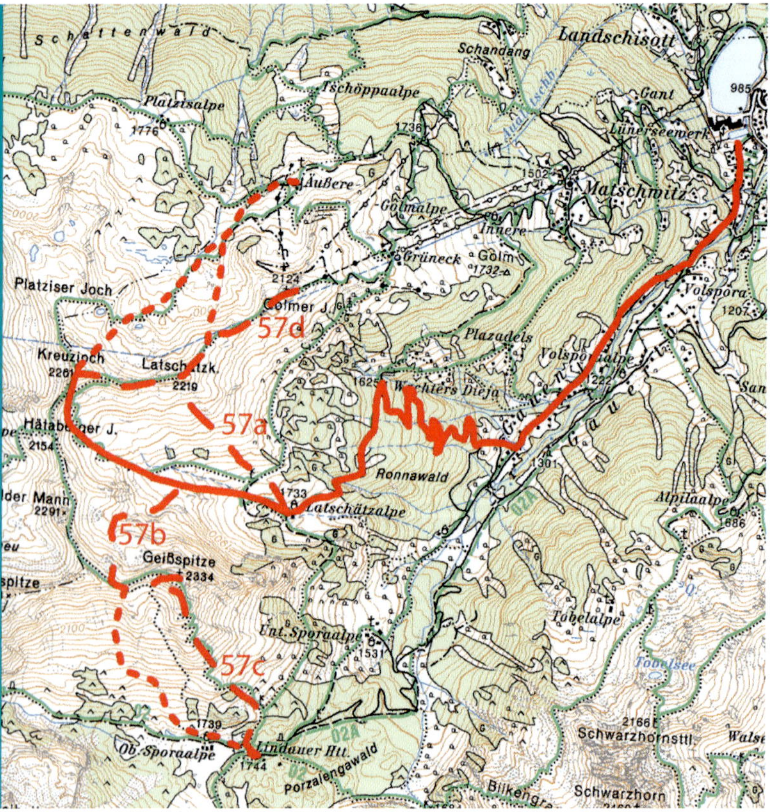

58 Drei Türme 2.830 m

Am Gipfel des großen Turmes

In fantastischer Umgebung steil und anstrengend hinauf und über die fast endlosen Hänge bei Pulverschnee oder Firn wieder hinunter – eine großartige Tour, vielleicht die schönste in Vorarlberg.

Gebirge: Rätikon
Ausgangspunkt:
Lindauer Hütte (1.744 m)
Ausgangskoordinaten:
N47 2 03.8 E9 50 09.9
Gehzeit: 4 Std. bzw. 6 Std. ab Latschau
Höhenunterschied:
1.090 Hm bzw. 1.830 Hm ab Latschau

Beste Jahreszeit: Februar bis Mai
Karten: ÖK-Blatt 141 + 142,
ÖKU-Blatt 1230, LKS-Blatt 238S,
LKS-Blatt 1156 + 1157
Lawinensituation: Durch die Steilheit und Größe der Hänge kann das Risiko bei großen Schneemengen beträchtlich sein.

Besonderheit: Die Drei Türme sind durch ihr markantes Aussehen sehr bekannt und oft fotografiert. Für den Tourengeher locken die langen Nordhänge in optimaler Steigung. Sie bieten bei Pulverschnee und Firn höchsten Abfahrtsgenuss.

Anstieg: Von der Hütte startet man links des Alpengartens und geht auf einem Rücken in einem Linksbogen ohne Höhengewinn näher zum Berg. Dann klappt man am besten die Steighilfen aus, denn nun geht's nach oben. Tendenziell zieht man rechts haltend hoch, immer in Richtung des dominanten Gipfels des Kleinen Turmes. Nach dem ersten Hang ist auf etwa 1.920 m eine kleine Senke, hinter der es wieder steil weitergeht. Man passiert einen riesigen Steinblock und auf etwa 2.380 m neigt sich das Gelände unterhalb der Felswand zum Kleinen Turm. Hier bietet sich auch zeitlich eine Rast an.
Nun überwindet man zu Fuß den kurzen steilen Überstieg ins Sporatobel. Schaut man neben dem Sporaturm Richtung Gipfel, könnte man fast erschrecken.
In Spitzkehren geht's nun rasch und anstrengend das Kar höher. Zuletzt muss in steilem Gelände und teilweise eisiger Spur auf die Einsattelung zwischen Kleinem und Großem Turm gequert werden (ca. 2.700 m). Über zwei kurze Hänge erreicht man schließlich den Großen Turm. Der Mittlere Turm kann über einen kurzen Grat bestiegen werden. Den Kleinen Turm lässt man meist in Frieden, denn dort muss richtig geklettert werden.

Abfahrt: Bei der Abfahrt hat man die Qual der Wahl:
Einerseits kann man genau entlang der Aufstiegsroute abfahren. Dies bedeutet, dass man beim Sporaturm das Sporatobel verlässt und auf die großen Hänge oberhalb der Hütte wechselt. Dann kann man entweder weiter dem Anstieg folgen oder man fährt den steilen Hang direkt hinab zur Oberen Sporaalpe. Anderseits kann man im Sporatobel bleiben und eine sehr lange durchgehende Abfahrt genießen (siehe Anstieg durch den Tiergarten).

Varianten

Aufstieg durch den Tiergarten [58a]

4 1/2 Std. • 1.090 Hm • mittel bis schwierig

Diese Anstiegsvariante ist etwas weiter, dafür aber im unteren Bereich etwas weniger steil.
Von der Lindauer Hütte geht es zuerst in Richtung Öfapass. Auf etwa 1.900 m wird im Süden das Eistobel zum Eisjöchle sichtbar. Man schwenkt nach links und

gelangt über eine Steilstufe in das Sporatobel (dieser Bereich wird auch Tiergarten genannt). Durch dieses steigt man gleichmäßig auf und erreicht beim Sporaturm den Normalanstieg.

Aufstieg übers Eisjöchle

3 1/2 Std. • 1.090 Hm • schwierig bis sehr schwierig

Dieser Anstieg wird zwar öfters in Literatur erwähnt, auf Grund des extrem steilen Schlusshangs zum Jöchle und der Felsstufen Richtung Gipfel kann er im Aufstieg aber nicht empfohlen werden.

Abfahrt übers Eisjöchle [58b]

Sehr erfahrene und erlebnishungrige Alpinisten können diese Variante wählen. Je nach Schneelage sind ein bis zwei kurze Felsstufen zu Fuß zu überwinden und der Abstieg vom Eisjöchle ins Eistobel ist sehr steil. Dafür steht man dann zwischen gewaltigen Felswänden. Unterhalb 2.500 m muss man sich rechts halten, um dem steilen Eisabbruch auszuweichen. Schließlich vereint sich die Abfahrt mit dem Weg durch den Tiergarten.

Kurz vor dem Gipfel des Großen Turmes

58a
58b
Drei Türme
Sporaturm
Gamsfreiheit
Drusenfluh
Eisjöchle
Öfatobel
Öfapaß
Ob. Sporaalpe
Lindauer Hü.
Porzalengawald
Bilkengrat
Schwarzhorn
Schwarze Scharte
Schwarzhornsttl.
Tobelalpe
Tobelsee
Walseralpe
Tschaggunser Mittagspitze
Grabs
Matschwitz
Ronnawald
Latschätzalpe
Geißspitze
Wilder Mann
Kreuzspitze
Kl. Zerneu
Gr. Zerneu
Zerneuer Jöchle
Hätaberger J.
Kreuzjoch
Latschätzk
Platziser Joch
Golmer J.
Grüneck
Golm
Zaluandabach
Freschluak
Heidbüelganda
Auf den Bänken
Vilifau
Alpilakopf

59 Sulzfluh 2.818 m

Unterwegs oberhalb des Rachens

Anspruchsvoller Aussichtsberg mit Traumabfahrt, auf den gleich drei Wege führen, doch keiner von ihnen ist ganz leicht zu bewältigen.

Gebirge: Rätikon
Ausgangspunkt:
Lindauer Hütte (1.744 m)
Ausgangskoordinaten:
N47 2 03.8 E9 50 09.9
Gehzeit: 4 Std. bzw. 6 Std. ab Latschau
Höhenunterschied:
1.100 Hm bzw. 1.820 Hm ab Latschau
Beste Jahreszeit: Dezember bis Mai

Karten: ÖK-Blatt 141 + 142,
ÖKU-Blatt 1230, LKS-Blatt 238S,
LKS-Blatt 1156 + 1157
Lawinensituation: Im Anstieg von der Tilisunahütte aus kaum Risiko, südseitig durchs Gemstobel am Vormittag ebenso wenig, der steile nordseitige Rachen erfordert jedoch sehr sichere Verhältnisse.

Oberhalb der ersten Stufe – der Rachen naht

Besonderheit: Der Berg kann von drei Seiten bestiegen werden. Zwei davon (Rachen und Gemstobel) sind steile und anstrengende Anstiege, der dritte (über die Tilisunahütte) ist sehr weit. Der Ausblick ist grandios und die Abfahrten fantastisch. Vor allem die Abfahrt durch den Rachen ist legendär.

Anstieg: Von der Hütte geht es leicht bergab in östlicher Richtung durch den Porzalengawald bis unter die Felsstufe, die den Rachen nordseitig abschließt. Nun leicht bergauf nach Osten noch kurz weiter. Dann eröffnet sich nach rechts ein Kar, das nach Westen steil bergauf führt (Sommerweg). Hier geht es meist etwas mühsam hoch, wobei bei einer Steilstufe normalerweise die Schier kurz getragen werden müssen. Dann gelangt man fast an den Rand des Abbruches zur Lindauer Hütte und der Anstieg schwenkt nach Süden. Zuerst noch ein Stück der Kante entlang und dann über einen kurzen Hang hinauf in einen flachen Bereich auf etwa 2.100 m. Nun sieht man das gewaltige steile Kar des Rachens vor sich. Durch dieses in Spitzkehren hoch. Oberhalb von 2.600 m wird das Gelände wieder flacher und man sieht das Gipfelkreuz, welches durch seine Größe schon sehr nahe scheint. In einem Bogen gelangt man rechts (westlich) des Gipfels zum kurzen letzten Grat und über diesen zum Ziel.

Abfahrt: Die Abfahrt durch den „Rachen" ist DIE Abfahrt Vorarlbergs. Diese markante Steilrinne, die oft bis weit ins Frühjahr hinein Pulverschnee aufweist, ist der Traum jedes Schifahrers. Die Einfahrt ist spektakulär, denn der Hang führt von oben gesehen zwischen steilen Felsen ins Nichts. Nach dem Rachen wird das Gelände vorerst flach, dann folgt nochmals ein schöner Hang. Unterhalb von 2.100 m muss man sich eher links halten, damit man zum Sommerweg gelangt. Dieser ist hier mit langen Stangen markiert und befindet sich kurzzeitig sehr knapp am Abbruch zur Lindauer Hütte. Dann geht es nach rechts schräg hinab und schließlich „landet“ man auf etwa 1.650 m im Gauertal. Hier hat man die Möglichkeit, weiter nach Latschau abzufahren oder durch den buckligen „Porzalengawald“ zur Lindauer Hütte zurückzukehren.

Varianten

Von der Lindauer Hütte übers Gemstobel [59a]

Ausgangspunkt:
Lindauer Hütte (1.744 m)
4 1/2 Std. • 1.200 Hm • schwierig

Von der Hütte startet man links des Alpengartens und geht auf einem Rücken in einem Linksbogen ohne Höhengewinn näher zum Berg. Dann klappt man am besten die Steighilfen aus, denn nun geht's nach oben. Tendenziell zieht man rechts haltend hoch, immer in Richtung des dominanten Gipfels des Kleinen Turmes. Nach dem ersten Hang ist auf etwa 1.920 m eine kleine Senke, hinter der es wieder steil weitergeht. Ab etwa 2.000 m hält man sich links und steigt genau nach Süden zum Drusentor (2.343 m)

Knapp unterhalb des Gipfels der Sulzfluh

Rachen und Kleine Sulzfluh

auf. Südseitig fährt man auf meist noch sehr hartem Schnee etwa 100 m links querend hinunter zu einer Einsattelung (2.211 m) in einem nach Süden ziehenden Rücken. Hinter diesem versteckt sich die Carschinahütte (2.236 m – im Winter nicht bewirtschaftet, offener Winterraum).
Weiter geht es flach etwa 2 km unter der Sulzfluhsüdwand querend zu einem kleinen Kar, das nach Norden in die Felsen hineingeht. Dies ist der Beginn des Gemstobels. Eine anfängliche kurze Felsstufe wird zu Fuß überwunden (mit etwas Hilfe kann jeder diese Stelle schaffen). Nun zieht die Spur in der vollen Vormittagssonne immer mehr Richtung Westen hoch, bis man nordöstlich des Gipfelaufbaues auf den Grat und damit auf den Weg von der Tilisunahütte trifft. In einem Bogen nach Westen gelangt man zum kurzen letzten Grat und zum Gipfel. Eine Abfahrt übers Gemstobel bedeutet zwar Firn, aber auch einen Gegenanstieg zum Drusentor. Deshalb wird sie bei Start in Vorarlberg normalerweise nicht gewählt, sondern man fährt durch den Rachen ab.

Von der Tilisunahütte [59b]

Ausgangspunkt:
Tilisunahütte (2.208 m)
2 1/2 Std. • 610 Hm • mittel
Achtung: Dieser Anstieg ist nur bei guter Sicht zu empfehlen, bei Nebel hat man ohne GPS kaum eine Chance, sich zu orientieren!
Von der Hütte geht man flach nach Westen und unter der Verspala (2.443 m), dem Hüttenberg, vorbei auf das große, flache „Karrenfeld“. Über dieses nordseitig unter dem Gipfel vorbei und von Nordwesten zum höchsten Punkt. Eine Abfahrt über diese Route ist nicht zu empfehlen und wird kaum gewählt. Unterhalb der Hütte hat man ein Problem mit den durchnässten Hängen unter dem Schwarzhorn und dem Gegenanstieg aufs Schwarzhornjoch.

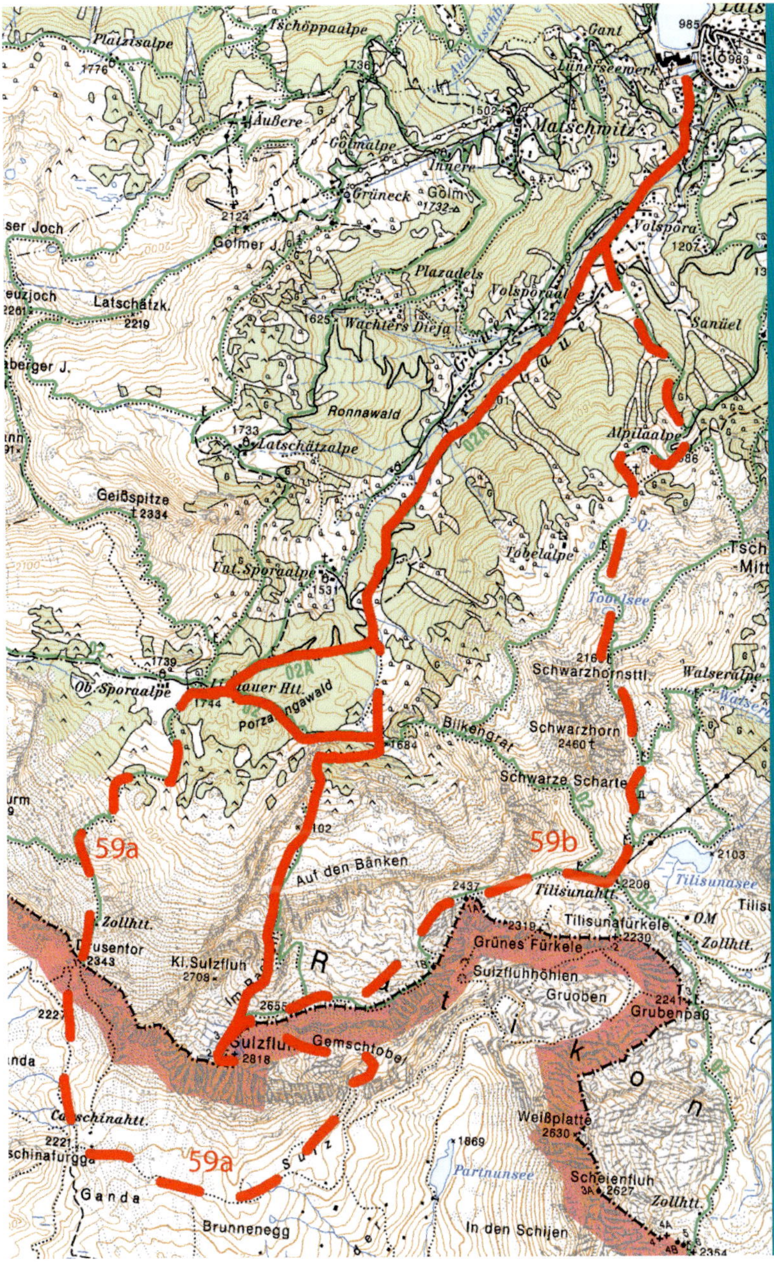
Platzisalpe
Tschöppaalpe
Gant
985
983
Lünerseewerk
1776
1736
Äußere
1502
Matschmitz
Golmalpe
Innere
Grüneck
Golm
1732
2124
Golmer J.
Volspora
1207
Plazadels
Latschätzk.
2219
1625
Wachters Dieja
Volsporaalpe
Sanüel
Ronnawald
1733
Latschätzalpe
Alpilaalpe
02A
Geißspitze
2334
Tobelalpe
Unt. Sporaalpe
1531
Tobelsee
1739
Ob. Sporaalpe
Schwarzhornsttl.
Walseralpe
1744
Porzalengawald
Bilkengrat
Schwarzhorn
2460
1684
Schwarze Scharte
59a
59b
Auf den Bänken
2103
2437
2208
Tilisunahtt.
Tilisunasee
Zollhtt.
Drusentor
2343
2319
Tilisunafürkele
OM
2230
Grünes Fürkele
Kl. Sulzfluh
2709
Sulzfluhhöhlen
Gruoben
2227
2655
2241
Grubenpaß
Sulzfluh
2818
Gemschtobel
Weißplatte
2630
2221
1869
Partnunsee
Scheienfluh
2627
Ganda
Brunnenegg
In den Schijen
2354

60 Öfakopf 2.374 m

Übergang: Lindauer Hütte → Lünersee → Brand
Übergang: Lindauer Hütte → Heinrich-Hueter-Hütte

Traum in Weiß

Im Schatten der Drusenfluh liegt dieser Berg, der sich wunderbar für Anfänger eignet. Mit dem Übergang zum Lünersee ergibt sich eine bemerkenswert abwechslungsreiche Tour.

Gebirge: Rätikon
Ausgangspunkt: Lindauer Hütte (1.744 m)
Ausgangskoordinaten: N47 2 03.8 E9 50 09.9
Gehzeit: 2 Std.
Höhenunterschied: 630 Hm

Beste Jahreszeit: Dezember bis April
Karten: ÖK-Blatt 141 + 142, ÖKU-Blatt 1230, LKS-Blatt 238S, LKS-Blatt 1156 + 1157
Lawinensituation: Von den nördlichen Südhängen drohen im Anstieg zum Öfapass Nassschneelawinen.

Besonderheit: Der Öfapass ist eine einfache Eingeh- und Anfängertour. Der Übergang zum Lünersee ist eine Schiwanderung der besonderen Art, da man die Drusenfluh und die Kirchlispitzen passiert und beim Lünersee in eine völlig andere Umgebung gelangt.

Anstieg: Von der Lindauer Hütte steigt man einfach nach Westen das Tal hoch bis zum Öfapass (2.291 m). Von dort ist es nur mehr ein kurzer, wenn auch steiler Anstieg zum Öfakopf, der eventuell ohne Schi erstiegen werden muss.

Abfahrt: Abfahrt wie Anstieg.

Ergänzungen

Übergang: Lindauer Hütte → Lünersee → Brand [60a]

Ausgangspunkt: Lindauer Hütte (1.744 m)
Endpunkt: Brand (1.060 m)
↗↙ 6 Std. • ↗ 750 Hm • ↙ 1.400 Hm • mittel

Zuerst steigt man wie vorher beschrieben zum Öfapass (2.291 m) auf. Dann geht es etwas hinab in die Senke des Schweizertores (2.150 m). Nun folgt ein kurzer Aufstieg zum Verajoch (2.330 m). Hier beginnt die Abfahrt nach Norden zum Lünersee (1.970 m). Zur Staumauer gelangt man, indem man zuerst südseitig nach Westen und dann über den Westuferweg geht, wobei ohne Spur das Aufziehen der Felle ratsam ist. Die weitere Abfahrt nach Brand (1.050 m) führt über den „Bösen Tritt“, der auf Grund von Vereisung im felsigen Bereich durchaus schwierig sein kann. Dazu fährt man direkt unter dem Seekopf den sehr steilen Hang hinab in Richtung der gut sichtbaren Talstation der Seilbahn. Anschließend fährt man meist die Straße entlang, wobei man unterhalb der Schattenlaganthütte bei sicheren Verhältnissen unterhalb der Nordhänge des Seekopfes ein Stück abkürzen kann.

Übergang: Lindauer Hütte → Heinrich-Hueter-Hütte oder Vandans [60b]

Ausgangspunkt:
Lindauer Hütte (1.744 m)
Endpunkt: Heinrich-Hueter-Hütte (1.766 m) oder Vandans (648 m)
6 Std. • ↗ 1.600 Hm • ↙ 2.600 Hm • mittel

Von der Hütte wie oben beschrieben zuerst zum Öfapass (2.291 m) und weiter zum Schweizertor (2.150 m). Anschließend geht es in nördlicher Richtung, vorbei an den Salonien Alpen (Zaluanda Alpen), ins Rellstal hinab und auf dem Güterweg bis zur Rellskapelle (1.465 m). Ab hier weiter wie bei Tour 50 zur Heinrich-Hueter-Hütte oder Abfahrt nach Vandans.

Eisernes Törle
2449
Gr. Valkastiel
Vandanser
Steintäli
2443
Steintälikopf
Zimba
2643
2387
Zimbajoch
R. Valkastiel
Mustergielb
Zieschalpe
1701
1628
Fahrenalpe
Mazutt
1991
Voralpe Ruggel
1420
Rellshüsli
Heinrich-Hueter-Htt.
1766
Voralpe Vilifau
Vilifaualpe
Rellsbach
1467
Ghf. Rellstal
Schattenwald
1119
Tschöppaalpe
Platzisalpe
1776
1736
1975
1770
Alpe Lün
Zaluandabach
Äußere
Golmalpe
Grüneck
2124
Golmer J.
Platziser Joch
2314
Freschluak.
Kreuzjoch
2261
Latschätzk.
2219
1625
Untere
1704
Zaluandaalpe
Hätaberger J.
2154
Obere
1824
Ronnawald
Wilder Mann
2291
1733
Latschätzalpe
60b
Kl. Zerneu
Geißspitze
2334
Kreuzspitze
2353
2345
Gr. Zerneu
Zollhtt. Vandans
2137
Zerneuer Jöchle
2191
Unt. Sporaalpe
Öfapaß
2291
Öfatobel
1739
Ob. Sporaalpe
Lindauer Htt.
1744
02A
02
Porzalengawald
Drusenfluh
2827
Gamsfreiheit
2445
1684

Gargellen

Trotz der Erschließung durch die Schafbergbahnen ist Gargellen ein perfekter Schitourenstandort. Direkt aus dem Ort starten sternförmig die Touren (10 verschiedene Möglichkeiten, die Varianten noch nicht mitgezählt). Die optimale Schitourenzeit reicht von Dezember bis Ende April hinein und auf Grund des hohen Ausgangspunktes sind alle Touren sehr schneesicher.

Gebirge: Silvretta
Talorte: St. Gallenkirch (853 m)
Ausgangspunkte: Gargellen – Ortseingang oder Parkplatz Bergbahnen (1.423 m)
Anreise: Von Bludenz ins Montafon bis kurz vor St. Gallenkirch. Hier rechts ab nach Gargellen. Parkplätze bei den Schafbergbahnen und vereinzelt beim Ortseingang.
Öffentliche Verkehrsmittel: Mit dem Zug nach Schruns und mit Bus Linie 87 nach Gargellen.
Karten: ÖK-Blatt 169, ÖKU-Blatt 1106, LKS-Blatt 238S + 248S, LKS-Blatt 1157 + 1177

Im Anstieg zur Rotspitze

61 Rotspitze 2.517 m

Obere Röbialpe

Von der Schweiz aus bekannt, von Vorarlberger Seite aber wenig begangen ist dieser unauffällige Gipfel, der auf einer schönen Firntour erstiegen werden kann.

Gebirge: Rätikon
Ausgangspunkt:
Gargellen – Ortseingang (1.380 m)
Ausgangskoordinaten:
N46 58 29.2 E9 55 14.0
Gehzeit: 4 Std.
Höhenunterschied: 1.140 Hm
Beste Jahreszeit: März bis Mai

Karten: ÖK-Blatt 169, ÖKU-Blatt 1106, LKS-Blatt 238S + 248S, LKS-Blatt 1157
Lawinensituation: Oberhalb von 2.300 m nur bei sehr sicheren Verhältnissen zu empfehlen, da die Hänge meist eingeweht sind. Große überhängende Wechten bezeugen dies eindrücklich!

Wechte in Gipfelnähe

Besonderheit: Dieser unscheinbare Berggipfel abseits des Pistentrubels ist eine typische Firntour. Vom Gipfel hat man einen wunderbaren Blick in die Rätikon-Südwände und zur Schesaplana. In die andere Richtung breiten sich die Silvretta und der Madrisastock aus.

Anstieg: Kurz nach dem Ortseingang kommt von Westen ein Bach aus einer Felsschlucht heraus. Westlich davon geht ein Weg in engen Kehren hoch zur Ronggalpe (1.596 m). Bei der Ronggalpe folgt man dem Ronggbach ins Täschertäli (das linke der beiden sichtbaren Täler). Auf etwa 1.750 m steigt man rechts den Hang hoch und nach Überschreitung der 2.000-er-Grenze wechselt man über den Rücken nach rechts ins Kar der Röbialpe. Man bleibt am besten in der Nähe des Rückens und steigt zuerst flach, dann immer steiler werdend hoch. Die Ronggschrofen umgeht man rechts und oberhalb von 2.300 m zieht man die Spur auf den steilen linken Rücken hinaus. Über diesen erreicht man bald den Kamm (die letzten Meter sind sehr steil – eventuell ohne Schier) und steht westseitig kurz unter dem Gipfel. Der Gipfel wird oft ohne Schi bestiegen.

Abfahrt: Abfahrt wie Anstieg oder besser im Tal links haltend zur gut sichtbaren oberen Röbialpe (bei starker Sonneneinstrahlung Gefahr von Nassschneelawinen) und über schöne Wiesen hinab zur Unteren Röbialpe und zum Röbimaisäß. Dann auf dem Güterweg hinab zum Ortseingang von Gargellen.

Varianten

Über Röbialpe [61a]

Vom Ausgangspunkt geht man zu Fuß etwa 200 talauswärts.

Hier beginnt ein normalerweise geräumter Güterweg zu den Hütten des Röbimaisäß (ca. 1.500 m). Dort geht es gerade über eine Wiese weiter, dann durch den Wald hinauf zur Unteren Röbialpe (1.626 m) und weiter zur Oberen Röbialpe (1.913 m). Nun folgt eine Hangquerung (Achtung bei Neuschnee und durchnässtem Schnee!) unterhalb des Borstkopfes in das Kar, das zur Rotspitze führt. Hier trifft man vor Beginn des steilen Schlusshanges auf die oben beschriebene Route.

Über den Riedkopf (2.552 m) zur Rotspitze

Siehe Tour 62.

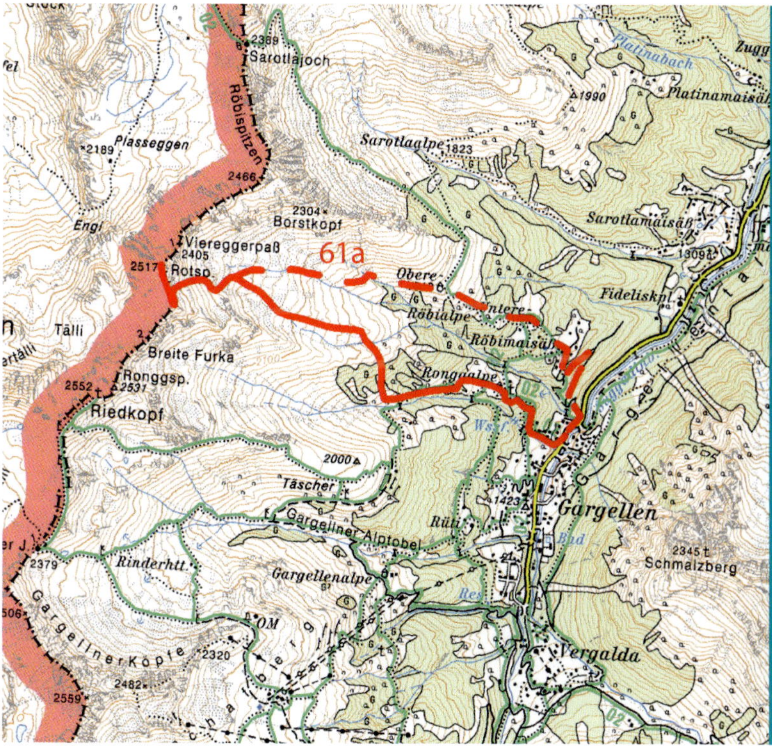

62 Riedkopf 2.552 m

Übergang: Gargellen → Lindauer Hütte
Übergang: Gargellen → Tilisunahütte

Blick vom St. Antönier Joch zum Riedkopf

Einfache, kurze und gern unternommene Tour mit aufregendem Gipfel, das letzte Stück führt schwierig über einen Felsgrat.

Gebirge: Rätikon
Ausgangspunkt: Schafberg-Täli (2.150 m)
Ausgangskoordinaten: N46 58 29.2 E9 55 14.0
Gehzeit: 1 1/2 Std.
Höhenunterschied: **400 Hm**
Beste Jahreszeit: Dezember bis April

Karten: ÖK-Blatt 169, ÖKU-Blatt 1106, LKS-Blatt 248S, LKS-Blatt 1177
Lawinensituation: Die Aufstiegsroute ist unkritisch, die Abfahrt direkt vom Kopf vor dem Gipfel benötigt sichere Verhältnisse.

Besonderheit: Durch die Nähe zu den Schiliften und die grandiose Aussicht auf die Südwände der Rätikon-Hauptgipfel ist der Gipfel sehr beliebt. Die letzten Meter zum Gipfelkreuz sind jedoch felsig und somit nicht einfach erreichbar.

Anstieg: Zuerst fährt man mit der Schafbergbahn (Gondeln) und der Kristallbahn (6-er-Sesselbahn) hinauf und dann das erste Stück der Täliabfahrt hinab. Im Talgrund auf etwa 2.150 m startet der sanfte Anstieg zum St. Antönier Joch (2.378 m). Vom Joch steigt man über einen leicht steigenden Hang auf den Vorgipfel. Über einen kurzen Felsgrat gelangt man zum Gipfelkreuz.

Abfahrt: Die Abfahrt vom Riedkopf führt entweder entlang der Anstiegsroute zurück zum St. Antönier Joch und dann zur Schipiste im Täli. Bei sicheren Verhältnissen kann man direkt vom Vorgipfel nach Osten zur Schipiste abfahren.

Varianten

Aufstiegsvariante ohne Schilifte [62a]

Ausgangspunkt:
Gargellen (1.464 m)
4 Std. • 1.100 Hm • mittel
Vom Parkplatz steigt man entlang der Schipiste zur Gargeller Alpe und weiter durchs Täli zum oben beschriebenen Ausgangspunkt auf.

Kombination mit Rotspitze (2.517 m) [62b]

+1 1/2 Std. • +400 Hm • mittel
Vom Riedkopf fährt man durch ein steiles Kar, das knapp vor dem Gipfel nach Norden hinabführt, in die Schweiz ab und steigt anschließend zur Rotspitze auf. Die Abfahrt von dort kann bei der Tour 61 entnommen werden.

Übergang: Gargellen → Lindauer Hütte [62c]

Ausgangspunkt:
Schafberg-Täli (2.150 m)
Endpunkt:
Lindauer Hütte (1.744 m)
7 Std. • 1.750 Hm • mittel
Wie oben beschrieben zum Riedkopf (2.552 m). Dann fährt man nach Norden und zuletzt nach Nordosten bis nach Partnun (1.769 m) ab. Nun beginnt der Aufstieg nach Westen zur Carschi-

Im Anstieg zum St. Antönier Joch

nahütte (2.221 m). Er beginnt steil und wird unterhalb der imposanten Sulzfluh-Südwand völlig flach. Von dort gelangt man um einen Rücken herum zum Drusentor (2.343 m). Nun hat man eine wunderbare Abfahrt zur Lindauer Hütte (1.744 m) vor sich.

Übergang: Gargellen → Tilisunahütte [62c]

Ausgangspunkt: Schafberg-Täli (2.150 m)

Endpunkt: Tilisunahütte (2.208 m)

6 1/2 Std. • 1.600 Hm • mittel

Wie oben beschrieben zum Riedkopf (2.552 m). Dann fährt man nach Norden und zuletzt nach Nordosten bis nach Partnun (1.769 m) ab. Nun nach Norden das Tal hinein in die Gruoben. Von hier in östlicher Richtung hinauf zum Gruobenpass (2.232 m) und flach zur Tilisunahütte (2.208 m).

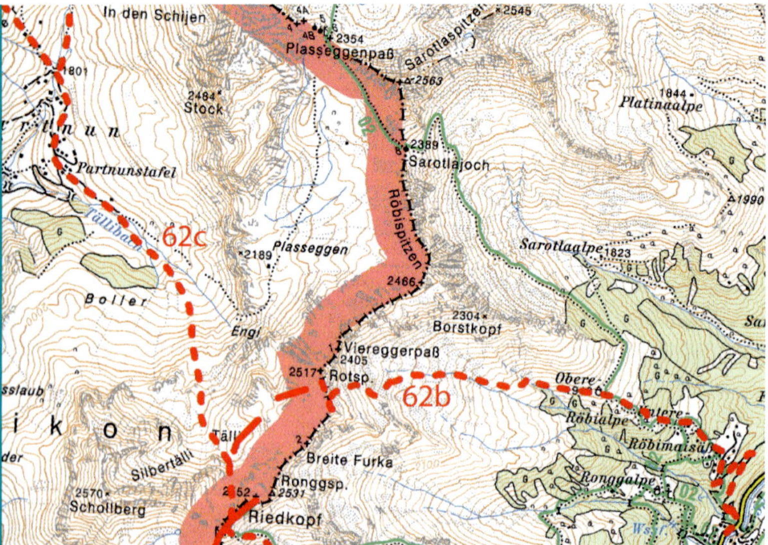

63 Madrisa Rundtouren

Riedkopf 2.552 m

Rätschenhorn 2.703 m

Madrisahorn 2.826 m

Anstieg durchs Gafiertal

Rundtour um mächtigen Bergstock, die in mehreren Varianten unternommen werden kann, nach Ende der Liftsaison beschaulicher als währenddessen.

Gebirge: Rätikon
Ausgangspunkt: Schafberg (2.120 m)
Ausgangskoordinaten: N46 57 27.8 E9 53 42.8
Gehzeit: Siehe bei den einzelnen Beschreibungen.

Beste Jahreszeit: Dezember bis April
Karten: ÖK-Blatt 169, ÖKU-Blatt 1106, LKS-Blatt 248S, LKS-Blatt 1177
Lawinensituation: Vor allem die Tourenvarianten erfordern umsichtige Spurwahl und sichere Verhältnisse.

Anstieg über die Gafierplatten

Besonderheit: Für eine Rundtour um die mächtige Madrisa gibt es mehrere Möglichkeiten: eine große und eine kleine für Tourengeher und eine große für Variantenschifahrer. Ab Ostern sind die Lifte in Klosters außer Betrieb und es wird ruhiger auf der sonst sehr frequentierten Route. Die Rundtour wurde schon vom legendären Führerautor Walter Flaig beschrieben, wobei seine Variante zuerst aufs Gafierjöchle, dann zum Rätschenjoch und zurück übers Schlappiner Joch führte. Dies ist eine Kombination der heutigen kleinen und großen Rundtour.

Kleine Rundtour [63a]

Ausgangspunkt:
Schafberg (2.120 m)
↗ 1 1/2 Std. • 420 Hm • ↙ 1.200 Hm • mittel

Vom Schafberg steigt man Richtung Südosten auf – man kann auch noch die Bahn auf die Gargellner Köpfe benutzen, gewinnt aber damit keine Zeit. Auf etwa 2.200 m quert man unterhalb der Bergstation der Bahn in das Tal unter die Madrisa hinein und steigt in mehreren Stufen (oft eingeblasener Schnee) zum Gafierjöchle (2.415 m) auf. Von dort wendet man sich nach links (Süden) und steigt durchs Juonental (ein ganz kleines, aber erkennbares Tal) auf. Unterhalb des Oswaldkopfes quert man nach rechts aufsteigend zum Madrisajoch (2.612 m). Diese Passage wird Juonengang genannt.
Die Abfahrt führt auf der anderen Seite des Madrisajoches zuerst sehr steil ins Gandatal hinab und nach einer flacheren Passage anschließend über einen tollen Hang (bei Firn ein spezieller Genuss) zur Oberen Valzifenzalpe. Abschließend fährt man flach ins Pistengebiet und zum Ausgangspunkt zurück.

Variante ohne Schilifte

Ausgangspunkt:
Gargellen (1.464 m)
+2 Std. • +700 Hm • mittel

Dieser Anstieg ist vor allem nach Saisonschluss in Gargellen interessant. Vom Parkplatz bei der Bergbahn steigt man zuerst entlang der Schipiste in südlicher Richtung auf. Nach einer ersten Steigung wird sie bei den letzten Häusern immer flacher und führt unter den Rietzenspitzen vorbei zu Unteren Valzifenzalpe (1.693 m). Hier verlässt man die Piste und steigt nach Westen auf. Dann geht es links eines Grabens zum verschneiten Gandasee und nördlich unter der Madrisa zum Gafierjöchle (2.415 m) hinauf. Weiter wie oben.

Abstecher zum Oswaldkopf (2.682 m)

+1/2 Std. • +70 Hm • mittel

Der Oswaldkopf kann im Zuge der kleinen Tourenrunde von zwei Seiten bestiegen werden: Entweder steigt man vom Juonental zum Juonenfürkli (2.613 m), links des Gipfels, auf und erreicht über den steilen Osthang den kleinen Gipfel. Oder man ersteigt ihn vom Madrisajoch (2.612 m). Die letzten Meter zum Gipfel sind immer ohne Schi zu bewältigen.

Große Rundtour [63b]

Ausgangspunkt: Täli (2.150 m)

Gesamt ca. 8 Std. • ↗ 1.300 Hm • ↙ 2.200 Hm • mittel

Sie ist zwar anstrengend, bietet aber ganz besonders tolle Einblicke in die Landschaft rund um die Madrisa. Zuerst fährt man mit der Schafbergbahn (Gondeln) und der Kristallbahn (6-er-Sesselbahn) hinauf und dann das erste Stück der Täliabfahrt hinab. Im Talgrund auf etwa 2.150 m startet der sanfte Anstieg zum St. Antönier Joch (2.378 m). Von dort fährt man in westlicher Richtung bis ins „Dörfji" (1.650 m) ab. Anschließend steigt man nach Südosten das Gafiertal hoch. Beim felsigen Ende des Tales weicht man links über den Hang unterhalb des Gafierjöchle aus (Achtung gefährliche Rinnen) und gelangt in das obere Tal. Dann geht es über die verschneiten Gafier Platten weiter zum Rätschenjoch (2.602 m) und entlang des Kammes noch etwas höher (bis ca. 2.640 m) zur Bergstation des Madrisaliftes. Nun fährt man die Schafcalanda hinab. Auf etwa

Im Dörfji

Am Schlappiner Joch

2.380 m hält man sich links und beginnt mit der Querung zum Schlappiner Joch (2.202 m). Die Spur ist meist sehr flach, trotzdem sind Felle von Vorteil. Vom Schlappiner Joch hat man zum Schluss eine schöne Abfahrt zur Oberen Valzifenzalpe (1.838 m) hinab. Abschließend fährt man flach ins Pistengebiet und zum Ausgangspunkt zurück.

Variante ohne Schilifte

Ausgangspunkt:
Gargellen (1.464 m)
+2 Std. • +700 Hm • mittel
Siehe Tour 62a.

Abstecher zum Riedkopf (2.552 m)

Abzweigpunkt:
St. Antönier Joch (2.378 m)
+1 1/2 Std. • +410 Hm • leicht
Siehe Tour 62.

Abstecher zum Rätschenhorn (2.703 m)

Abzweigpunkt:
Gafier Platten (ca. 2.400 m)
+1 Std. • +100 Hm • leicht
Bei den Gafier Platten hält man sich etwas mehr rechts und erreicht so den Gipfel des Rätschenhornes. Siehe Tour 64.

Abstecher zum Madrisahorn (2.826 m)

Abzweigpunkt: unterhalb Gafier Platten (ca. 2.400 m)
+1 Std. • +350 Hm • mittel
Bei den Gafier Platten zweigt man

links von der Spur ab und wendet sich dem Madrisajoch zu. Bald wird der Anstieg zum Madrisahorn sichtbar. Siehe Tour 64a.

Schifahrerrunde

Sie wird auch von der lokalen Schischule angeboten und kann auch von Tourenanfängern bewältigt werden. Notfalls, aber anstrengend, geht es bei guter Spur auch ohne Tourenschi. Teilweise ist die Route ident mit der Großen Tourenrunde. Allerdings fährt man vom Dörfji weiter bis nach St. Antönien (ca. 1.400 m) ab. Mit Bus, Zug und Bahn gelangt man ins Schigebiet von Klosters (www.madrisa.ch) und zur Schafcalanda. Man kann noch mit dem Madrisalift (von 2.310 m auf 2.600 m) hoch und kommt wie schon beschrieben zurück nach Gargellen.

64 Rätschenhorn 2.703 m
Madrisahorn 2.826 m

Unterwegs zum Rätschenhorn

Toller Aussichtsberg, auf dem man den Blick über fast den ganzen Rätikon schweifen lassen kann – allerdings nur bei guter konditioneller Verfassung.

Gebirge: Silvretta
Ausgangspunkt: Gargellen (1.464 m)
Ausgangskoordinaten: N46 57 52.7 E9 55 05.4
Gehzeit: 5 1/2 Std.
Höhenunterschied: 1.400 Hm + 150 Hm
Beste Jahreszeit: Februar bis April
Karten: ÖK-Blatt 169, ÖKU-Blatt 1106, LKS-Blatt 248S, LKS-Blatt 1177
Lawinensituation: Der Anstieg zum Schlappiner Joch und der Westhang des Madrisajoches erfordern sichere Verhältnisse.

Besonderheit: Das Rätschenhorn ist ein exzellenter Aussichtsberg über den gesamten Rätikon. Seine Besteigung von Vorarlberger Seite erfordert aber sehr gute Kondition und mehrmaliges Aufziehen der Felle.

Anstieg: Vom Parkplatz bei der Bergbahn in Gargellen steigt man zuerst entlang der Schipiste in südlicher Richtung auf. Nach einer ersten Steigung wird sie bei den letzten Häusern immer flacher und führt unter den Rietzenspitzen vorbei. Bei der unteren Valzifenzalpe (1.693 m) verlässt man die Piste und folgt nach links dem Tal, das hier einen leichten Knick macht. Es bleibt bis zur Oberen Valzifenzalpe (1.838 m) ziemlich flach.
Nun rechts haltend den steilen Hang in westlicher Richtung hinauf ins Gandatal. Dann folgt unter dem Südabbruch der Madrisa ein flacheres Stück, in dem man nur langsam Höhe gewinnt. Zuletzt geht es steil zum Madrisajoch (2.612 m) hoch. Vom Joch muss man steil nach Westen hinab (oft sehr harter Schnee). Auf etwa 2.400 m beginnt der Anstieg, der teils ziemlich flach über die verschneiten Gafier Platten zum Gipfel hinaufführt.

Abfahrt: Abfahrt wie Anstieg, wobei ein steiler Gegenanstieg von 150 Hm zum Madrisajoch (2.612 m) erforderlich ist. Dann weiter entlang der Anstiegsroute. Dabei kann man im ersten flacheren Talabschnitt links haltend zur Ostseite der Madrisa queren und über schöne Hänge direkt zur Schipiste unterhalb der Valzifenzalpe (1.693 m) abfahren. Man kann aber auch vom Madrisajoch nach links über den Juonengang zum Gafierjöchle und nordseitig der Madrisa ins Schigebiet abfahren [64b].

Variante

Madrisahorn (2.826 m) [64a]

Abzweigpunkt: bei den Gafier Platten (ca. 2.470 m)

5 1/2 Std. • 1.650 Hm • mittel bis schwierig

Das Madrisahorn ist das Wahrzeichen von Klosters. Der steile Nordhang schreckt viele Besucher ab, obwohl es aus dem Liftgebiet

Anstieg zum Gandatal

Unterwegs im Gandatal

von Klosters nicht weit ist. Der Rundblick ist hervorragend. Fast alle Gargeller Schiziele und viele Silvrettaberge sind zu erkennen und in der Ferne lockt der Piz Palü.

Zuerst wie oben beschrieben übers Madrisajoch an das untere Ende der Gafier Platten. Dann mit vielen Spitzkehren den immer steiler werdenden Hang mühsam in südlicher Richtung hoch. Knapp rechts unterhalb des Gipfels deponiert man die Schier und steigt zu Fuß die letzten Meter hinauf. Vom höchsten Punkt hat man einen fast unbegrenzten Rundblick über Vorarlberg und die Schweiz. Schließlich fährt man entlang des Aufstieges wieder ab.

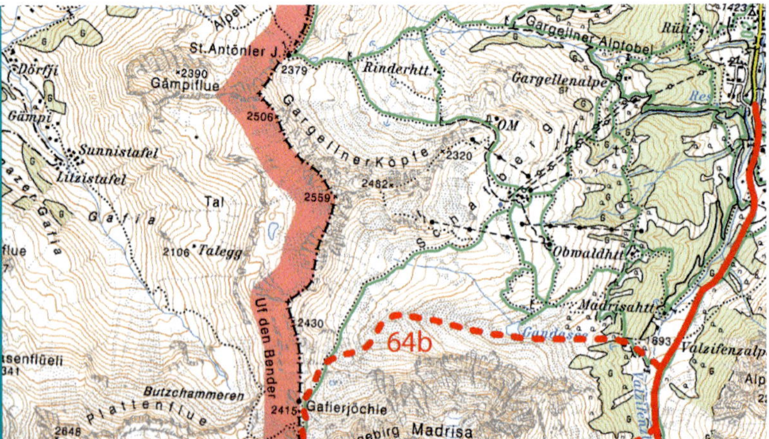

65 Schlappiner Spitze 2.442 m

Letzter Anstieg zum Südgipfel der Schlappiner Spitze

Attraktive Spitze mit einer Spitzenabfahrt über die Ostrinne, diese erfordert allerdings sehr sichere Verhältnisse.

Gebirge: Silvretta
Ausgangspunkt: Gargellen (1.464 m)
Ausgangskoordinaten:
N46 57 52.7 E9 55 05.4
Gehzeit: 3 1/2 Std.
Höhenunterschied: 980 Hm
Beste Jahreszeit: Februar bis April
Karten: ÖK-Blatt 169, ÖKU-Blatt 1106, LKS-Blatt 248S, LKS-Blatt 1177
Lawinensituation: Der Anstieg zum Schlappiner Joch und vor allem der Hang zum Joch beim Gipfel erfordern sehr sichere Verhältnisse.

Am Südgipfel der Schlappiner Spitze

Besonderheit: Diese Spitze wird vor allem dann angegangen, wenn man die Ostrinne abfahren kann. Dazu sind aber besonders sichere Verhältnisse erforderlich. Der Hauptgipfel wird meist erst im Frühjahr bestiegen, wenn im Firn gute Tritte machbar sind, sonst begnügt man sich meist mit dem Südgipfel.

Anstieg: Vom Parkplatz bei der Bergbahn in Gargellen steigt man zuerst entlang der Schipiste in südlicher Richtung auf. Nach einer ersten Steigung wird sie bei den letzten Häusern immer flacher und führt unter den Rietzenspitzen vorbei. Bei der unteren Valzifenzalpe (1.693 m) verlässt man die Piste und folgt nach links dem Tal, das hier einen leichten Knick macht. Es bleibt bis zur Oberen Valzifenzalpe (1.838 m) ziemlich flach.
Dann geht es nach rechts steil

Mühsamer Anstieg zur Schlappiner Spitze

nach Süden den Hang hinauf zum Schlappiner Joch (2.202 m). Hier muss man flach über den Furggaboden nach Ostsüdost in die Senke westlich unterhalb des Gipfels (nicht entlang des Nordwestgrates!), um anschließend steil durch eine Rinne zur Scharte zwischen Haupt- und Südgipfel hinauf zu gelangen. Falls die Rinne durch eingewehten Schnee (Wechtenbildung beachten) zu gefährlich ist, umgeht man diese. Dazu muss man vom Schlappiner Joch fast eben in südöstlicher Richtung über den Furggaboden weiter, bis man nach einer Geländekante einen steilen Südhang erreicht. Über diesen geht es hinauf zum Südgipfel.

Abfahrt: Abfahrt entweder wie Anstieg oder man fährt (sehr sichere Verhältnisse vorausgesetzt) durch das steile Ostkar ins Wintertal ab. Von hier geht es flach hinaus zur Schipiste und zum Ausgangspunkt.

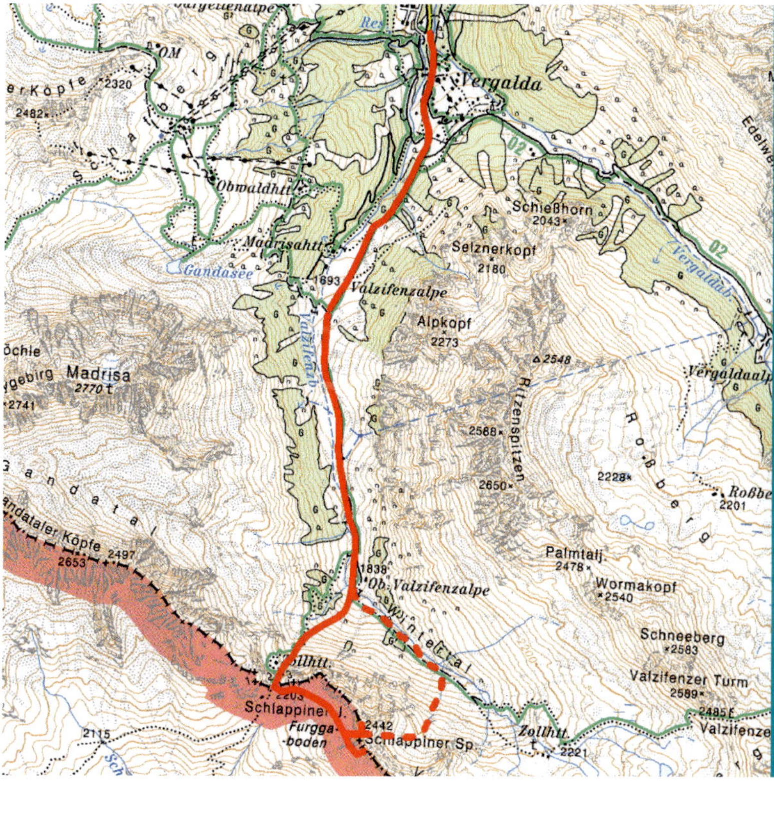

Tour 65 Schlappiner Spitze

66 Rotbühelspitze 2.853 m

Schlappiner Grat 2.430 m

Paschianichöpf 2.515 m

Alpfläche bei der Zollhütte

Zunächst ein flacher Anstieg durch ein mäßig attraktives Tal, dann aber hoch hinauf zu einem spektakulären Silvrettablick – Achtung Suchtgefahr!

Gebirge: Silvretta
Ausgangspunkt: Gargellen (1.464 m)
Ausgangskoordinaten: N46 57 52.7 E9 55 05.4
Gehzeit: 5 Std.
Höhenunterschied: 1.400 Hm
Beste Jahreszeit: Februar bis April

Karten: ÖK-Blatt 169, ÖKU-Blatt 1106, LKS-Blatt 248S, LKS-Blatt 1177
Lawinensituation: Der Bereich des Wintertales und vor allem der Gipfelhang erfordern sichere Verhältnisse.

Besonderheit: Die Tour beginnt sehr flach durch ein enges Tal und endet mit einem grandiosen Finale. Vom Gipfel entfaltet sich ein beeindruckendes Bild, vor allem von der Silvretta.

Anstieg: Vom Parkplatz bei der Bergbahn in Gargellen steigt man zuerst entlang der Schipiste in südlicher Richtung auf. Nach einer ersten Steigung wird sie bei den letzten Häusern immer flacher und führt unter den Rietzenspitzen vorbei. Bei der unteren Valzifenzalpe (1.693 m) verlässt man die Piste und folgt nach links dem Tal, das hier einen leichten Knick macht. Es bleibt bis zur Oberen Valzifenzalpe (1.838 m) ziemlich flach.
Hier schwenkt das Tal nach Südosten und nennt sich Wintertal. Die Route bleibt vorerst im Talgrund, dann muss man im linken Hang eine Stufe überwinden. Nach etwa 6 km Marsch und „nur" etwa 800 Hm wird eine malerisch gelegene Zollhütte (2.221 m) erreicht. Hier sollte man unbedingt Rast halten und die Umgebung genießen.
Dann geht's zuerst weiter nach Südosten und auf etwa 2.400 m schwenkt man nach links (Osten) in ein kleines Tal. Dieses führt versteckt bis ganz in die Nähe des Gipfels. Zum Abschluss ist noch

Bei der Zollhütte

Am Gipfel der Rotbühelspitze

ein steiler Hang zu überwinden, bevor man die Traumaussicht in die Silvretta genießen kann. Wurde der Gipfelhang frisch mit Schnee eingeblasen und ist er deshalb als kritisch zu beurteilen, bleibt man besser auf einem kleinen Kopf unterhalb des Hanges.

Abfahrt: Abfahrt wie Anstieg. Bei sehr sicheren Verhältnissen kann von der Rotbühelspitze auch der steile Gipfelhang nach Westen bis zur Senke bei der Zollhütte (2.221 m) direkt abgefahren werden.

Varianten/Ergänzung

Schlappiner Grat (2.405 m LKS 2.430 m) [66a]

Ausgangspunkt:
Gargellen (1.464 m)
3 1/2 Std. • 950 Hm • mittel
Zuerst wie oben beschrieben Richtung Zollhütte. Man kann auch schon früher die steilen Hänge nach rechts (Süden) hinauf. Dann geht es nach Südwesten zum Gratkamm (P2.405 m ÖK, P2.376 m LKS) und abschließend nach rechts etwas mühsam entlang des Grates zum höchsten Punkt. Abfahrt wie Anstieg. Exzellente Schifahrer können bei besonders sicheren Verhältnissen auch direkt nach Norden abfahren.

Paschianichöpf (2.515 m LKS 2.520 m) [66b]

Ausgangspunkt:
Gargellen (1.464 m)
4 Std. • 1050 Hm • leicht
Zuerst wie oben beschrieben zur Zollhütte. Dann geht es zuerst

Richtung Südosten noch ein Stück auf gleichem Weg wie zur Rotbühelspitze weiter. Nach etwa 100 Hm wendet man sich nach Süden zum Gratkamm (Teuf Furgga P2.514 m LKS). Von dort geht es nach rechts zum höchsten Punkt. Abfahrt wie Anstieg.

Vergaldner Schneeberg (2.588 m) [66c]

Abzweigpunkt: Zollhütte (2.221 m)

+ 1 Std. • 350 Hm • leicht

Bei gutem Pulverschnee steigen konditionsstarke Tourengeher oft noch auf den Vergaldner Schneeberg (2.588 m; siehe Tour 67) und fahren ins Vergaldatal ab.

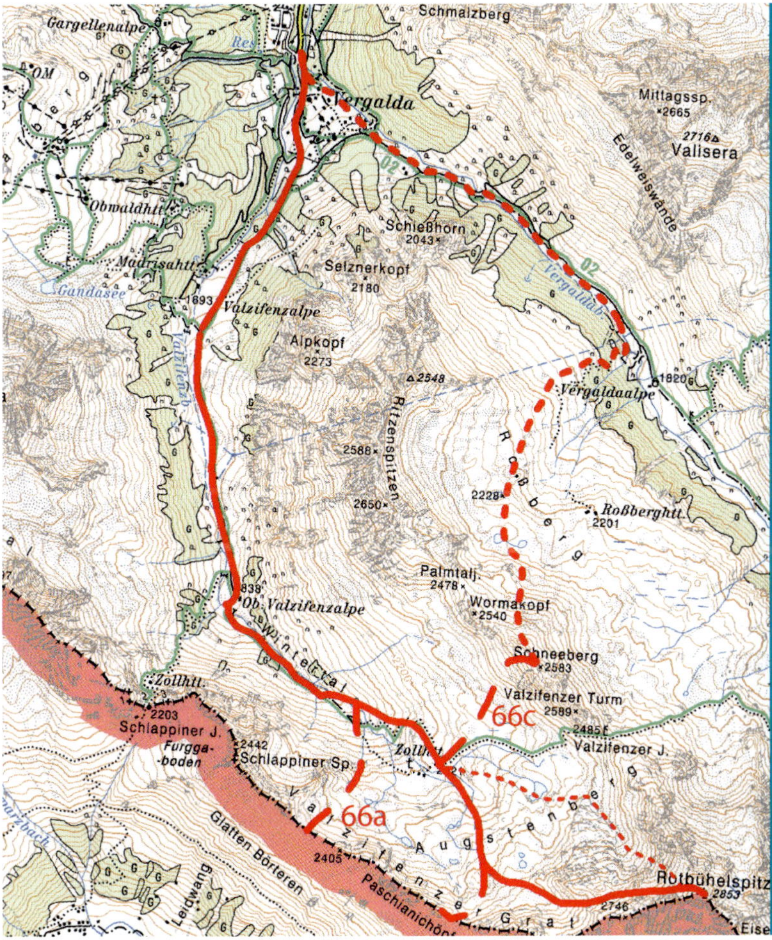

67 Vergaldner Schneeberg 2.588 m

Schießhorn

Ein auffallend schöner Blick von einem eher unauffälligen Gipfel aus – der gewöhnlich hält, was sein Name verspricht.

Gebirge: Silvretta
Ausgangspunkt: Gargellen (1.464 m)
Ausgangskoordinaten: N46 57 52.7 E9 55 05.4
Gehzeit: 4 Std.
Höhenunterschied: 1.130 Hm
Beste Jahreszeit: Februar bis April
Karten: ÖK-Blatt 169, ÖKU-Blatt 1106, LKS-Blatt 248S, LKS-Blatt 1177

Lawinensituation: Der Taleingang des Vergaldatals wird von steilen Lawinenhängen „bewacht". Deshalb müssen sichere Verhältnisse abgewartet werden. Der letzte Schlusshang zum Gipfel ist sehr steil und kann Triebschneeansammlungen aufweisen.

Besonderheit: Von der Gefahr der großen Nassschneelawinen im Zugang des Tales abgesehen eine sehr einfache Tour. Die auch erreichbare Rietzenspitze liegt in einer ausgewiesenen Wildruhezone und darf deshalb im Winter nicht besucht werden!

Anstieg: Vom Ortskern steigt man kurz die Piste Richtung Süden auf. Unterhalb der Hotels von Vergalda schwenkt man nach Ostsüdost ins Vergaldatal (linkes Tal). Man bleibt bis zur Vergaldaalpe (1.820 m) immer im Talgrund oder ganz in der Nähe. Oft muss man über riesige Lawinenkegel steigen. Vor der Alpe führt ein meist erkennbarer Güterweg etwa 200 Hm nach Südwesten höher. Anschließend sucht man sich den Weg Richtung Süden über die leicht ausgeprägte Mulde. Bei der Senke bei einem zugeschneiten kleinen See (2.283 m) muss man die steilen Hänge zum Grat hinauf (Achtung auf Triebschnee). Unterhalb des Palmtaljoches geht es links haltend weiter, unter einem kleinen Kopf (P2498) vorbei zum eher unscheinbaren Gipfel. Von hier hat man einen tollen Ausblick zu Madrisa, Rotbühelspitze und tief in die Silvretta hinein.

Abfahrt: Abfahrt wie Anstieg.

Zufriedene Gesichter am Vergaldner Schneeberg

Varianten

Abfahrt nach Süden [67a]

Bei guten Firnverhältnissen kann man auch nach Süden ins Valzifenztal abfahren. Dabei quert man nach dem ersten Hang möglichst hoch nach rechts (Nordwesten), bis man direkt über die Firnhänge zur Oberen Valzifenzalpe (1.838 m) abfahren kann. Dann geht es relativ flach Richtung Norden das Tal hinaus, bis man auf die Piste trifft und über diese zum Ausgangspunkt gelangen kann.

Oberhalb der Vergaldaalpe

Höhenmeterhungrige fahren ziemlich direkt zu einer kleinen Zollhütte (2.221 m) ab und steigen anschließend noch auf die Rotbühelspitze (siehe Tour 66). Sie schaffen so etwa 1.800 Höhenmeter.

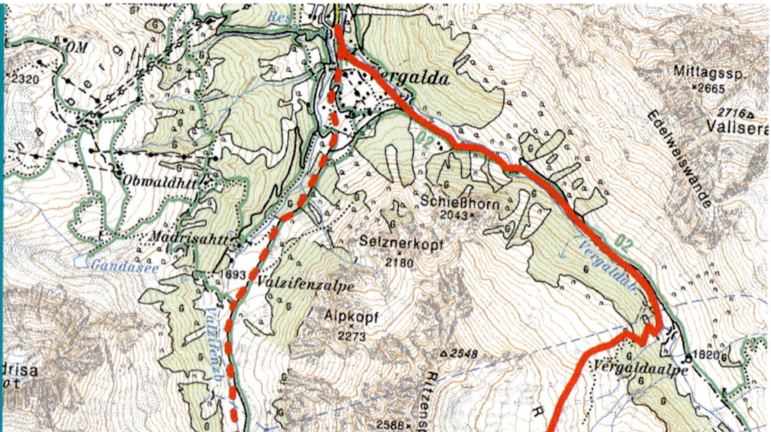

68 Hinterberg 2.683 m

Mittelberg 2.657 m

Vorderberg 2.553 m

Sturm am Mittelberg

Weit, weit ist der Weg – dafür überaus lohnend das meist recht einsam gelegene Ziel: ein Gipfel, der schon fast im Herzen des Silvrettagebirges liegt.

Gebirge: Silvretta
Ausgangspunkt: Gargellen (1.464 m)
Ausgangskoordinaten: N46 57 52.7 E9 55 05.4
Gehzeit: 5 Std.
Höhenunterschied: 1.220 Hm
Beste Jahreszeit: Februar bis April
Karten: ÖK-Blatt 169, ÖKU-Blatt 1106, LKS-Blatt 248S, LKS-Blatt 1177
Lawinensituation: Der Taleingang des Vergaldatals wird von steilen Lawinenhängen „bewacht". Deshalb müssen sichere Verhältnisse abgewartet werden.

Besonderheit: Der lange Anmarsch schreckt viele Tourengeher ab und deshalb ist dies eine eher ruhige Tour. Dafür befindet man sich am Gipfel schon ganz nahe dem Herzen der Silvretta. Das Hinterbergjoch bildet auch den Übergang in die zentralen Silvrettahütten (Saarbrücker Hütte, Tübinger Hütte).

Anstieg: Vom Ortskern steigt man kurz die Piste Richtung Süden auf. Unterhalb der Hotels von Vergalda schwenkt man nach Ostsüdost ins Vergaldatal (linkes Tal). Man bleibt bis zur Vergaldaalpe (1.820 m) immer im Talgrund oder ganz in der Nähe. Oft muss man über riesige Lawinenkegel steigen.

Abfahrt vom Hinterberg

Abfahrt vom Vorderberg

Von der Alpe geht es immer leicht ansteigend weiter das Tal hinein, bis man eine kleine Zollhütte (2.233 m) sieht. Nun sucht man sich den Weg an der linken Talseite hinauf bis zu einer flacheren Stelle unterhalb des Nordrückens des Hinterberges (etwa 2.400 m) und steigt dann links (östlich) des Rückens durch eine Mulde hinauf zum Hinterbergjoch (2.581 m), das den Hinterberg und Mittelberg trennt. Kurz vor dem Joch wendet man sich nach rechts (Südwesten) und steigt durch ein leicht ausgeprägtes Kar zum Gipfel.

Abfahrt: Abfahrt wie Anstieg.

Varianten

Mittelberg (2.657 m) [68a]

4 Std. • 1.200 Hm • mittel

Selten bestiegen. Kurz vor dem Hinterbergjoch geht es den steilen Westhang hinauf zum Mittelberg.

Vorderberg (2.553 m) [68b]

3 1/2 Std. • 1100 Hm • mittel

Bei der Flachstelle auf 2.400 m geht man nach links flach direkt auf den Vorderberg zu und ersteigt links des Vergaldner Joches den Gipfel. Abfahrt wie Anstieg. Bei guter und sicherer Schneelage kann man auch nach Nordwesten zu einer Minihütte und anschließend über die steilen Hänge ins Vergaldatal abfahren.

69 Heimspitze 2.685 m

Heimbühel 2.540 m

Unterwegs am Gratstück bei der Zwischenspitze

Pulverschnee und Firn am gleichen Berg, je nachdem, ob man ihn von Süden oder von Norden aus besteigt.

Gebirge: Silvretta
Ausgangspunkt: Gargellen (1.464 m)
Ausgangskoordinaten:
N46 57 52.7 E9 55 05.4
Gehzeit: 4 1/2 Std.
Höhenunterschied: 1.220 Hm
Beste Jahreszeit: März bis April

Karten: ÖK-Blatt 169, ÖKU-Blatt 1106, LKS-Blatt 248S, LKS-Blatt 1177
Lawinensituation: Der Taleingang des Vergaldatals wird von steilen Lawinenhängen „bewacht“. Deshalb müssen sichere Verhältnisse abgewartet werden.

Besonderheit: Südseitig ist die Heimspitze eine Firntour und von Norden, aus dem Schigebiet „Silvretta Nova", eine Pulverschneetour. Man kann auch vom Schigebiet aufsteigen und nach Gargellen abfahren. Mit dem Landbus gelangt man wieder zum Ausgangspunkt.

Anstieg: Vom Ortskern steigt man kurz die Piste Richtung Süden auf. Unterhalb der Hotels von Vergalda schwenkt man nach Ostsüdost ins Vergaldatal (linkes Tal). Man bleibt bis zur Vergaldaalpe (1.820 m) immer im Talgrund oder ganz in der Nähe. Oft muss man über riesige Lawinenkegel steigen.
Hinter der Alpe steigt man teilweise steil einem schwach ausgeprägten Rücken entlang nach Nordosten Richtung Heimbücheljoch auf. Oberhalb einer Minihütte bei einem markanten Stein, auf etwa 2.340 m, quert man unterhalb des Heimbühels in einem steilen Hang nach links (Achtung, wenn noch kein Schneebrett abgegangen ist, kann dieser Hang sehr gefährlich sein). Dann geht es durch ein kurzes steiles Kar hinauf zum Grat und einem kleinen Kopf (2.575 m) neben dem Heimbühel. Nun folgt

Bei der Minihütte auf 2.340 m, im Hintergrund: Rietzenspitze

Auf der Heimspitze

man kurz dem Grat nach links und quert ostseitig (rechts) der Zwischenspitze unter den Gipfel der Heimspitze. Entweder zu Fuß über die Felsen oder nach rechts über den steilen Gipfelhang gelangt man zum höchsten Punkt.

Abfahrt: Prinzipiell wie Anstieg, wobei man teilweise nach rechts in die großen Hänge abweicht.

Variante

Anstieg aus dem Schigebiet Silvretta Nova

Siehe Tour 51 (Madrisella).

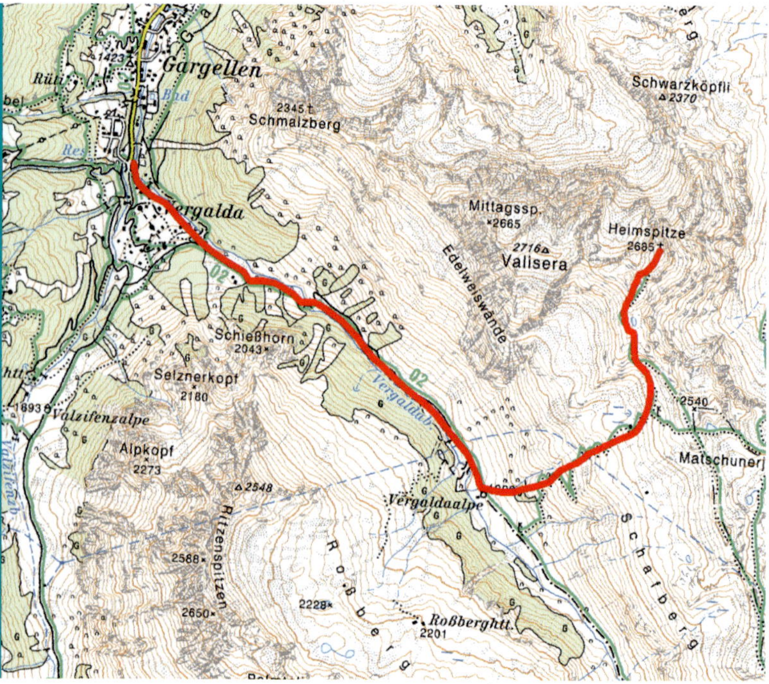

Silvretta

Die Silvretta ist der Abschluss des Montafon und wird mit Tirol geteilt. Sowohl durch das kristalline Gestein und die starke Vergletscherung als auch durch die Höhe (meist über 3.000 m Gipfelhöhe) zählt sie zum Hochgebirge und unterscheidet sich vom Kalkgestein des Rätikons. Neben den Gefahren durch Lawinen sind auch die Gletscherspalten zu berücksichtigen.

Die Silvretta ist ein wahres Schitourenparadies. Man kann locker zwei Wochen in diesem Gebiet verbringen und findet jeden Tag ein anderes Ziel. Wählt man eine der im Winter bewirtschafteten Stützpunkte, sind die Höhenunterschiede für fast alle verkraftbar.

Im Hochwinter sind viele Ziele mit Seilbahn und Tunneltaxi auch als Tagestouren machbar. Ab Anfang Mai ist die Seilbahn außer Betrieb und alle Stützpunkte sind geschlossen. So bleiben nur der anstrengende Anstieg von Partenen und die Winterräume.

Gebirge: Silvretta

Talort: Partenen (1.051 m)

Ausgangspunkte:
Vermuntstausee – Seespitz (1.753 m), Bielerhöhe (2.036 m)

Anreise: Von Bludenz nach Partenen zur Vermuntseilbahn. Mit dieser hoch und mit Tunneltaxi zum Seespitz oder zur Bielerhöhe.

Öffentliche Verkehrsmittel:
Mit der Bahn nach Schruns und mit Bus Linie 85 nach Partenen. Weiter wie oben.

Karten: ÖK-Blatt 169 + 170, ÖKU-Blatt 2101, LKS-Blatt 249S, LKS-Blatt 1178 + 1198, AVK-Blatt 26, F&B-Blatt 373

Vermuntstausee (1.753 m), Saarbrücker Hütte (2.538 m)

Der Vermuntstausee liegt östlich unterhalb des mächtigen Hochmaderer und sammelt das Wasser vom Kromer-, Schweizer- und Litznergletscher. Außerdem befindet sich hier das höchste Silvrettakraftwerk, das Obervermunt-Kraftwerk, welches die Arbeitskraft des Wassers des Silvrettasees abarbeitet und für die nächste Bearbeitungsstufe bereitstellt. Bei diesem Kraftwerk starten drei sehr unterschiedliche Schitouren.

Saarbrücker Hütte (2.538 m)

Diese urtümliche Hütte ist die höchst gelegene in der Silvretta. Sie steht stolz auf einem Rücken unterhalb des kleinen Litzners und ist schon vom Vermuntstausee aus zu sehen. Sie ist im Winter meist nur zu Ostern kurz offen. Allerdings können alle Touren im Gebiet unter Benutzung des Seilbahn/Taxi-Anstieges auch als Tagestouren begangen werden. Im Mai steht aber alles still und ein früher Aufbruch ist erforderlich, denn es gilt zusätzliche 700 Hm zu überwinden. Also braucht man eine ausgezeichnete Kondition oder man übernachtet im Winterraum der Hütte.

Telefon Hütte: +43/(0)5558/4235
Telefon Tal: +43/(0)5447/5937
Web: http://www.alpenverein-saarbruecken.de/huetten.htm
E-Mail: bruno.falch@aon.at
Schlafplätze: 37 Zimmerlager, 50 Lager
Winterraum: 12 Lager (offen)

Zugang: Vermuntstausee – Seespitz (1.753 m)

2 1/2 Std. • 790 Hm • leicht

Vom Kraftwerk (Seespitz genannt) geht es zuerst zum Kromerbach und dann führt der Anstieg in südwestlicher Richtung das Kromertal hinein. Die Hütte ist dabei fast immer zu sehen, was dazu führt, dass viele die Anstiegslänge unterschätzen. Auf etwa 2.000 m teilt sich das Tal. Zur Saarbrücker Hütte geht es links (Süden) weiter und nach einer Stufe befindet man sich auf dem flachen „Schwarzen Boden". Links ist eine Zollhütte (2.220 m) sichtbar und nach einem flachen Kilometer beginnt das Tal wieder zu steigen. Man steigt es links (östlich) der Hütte hinauf und in einem Bogen nach rechts erreicht man die Hütte.

70 Kromerscharte 2.800 m

Östliche Kromerspitze 2.865 m

Westliche Kromerspitze 2.867 m

Kleiner Litzner und Kromertal

Den idealen Tourenhang hat die Kromerscharte, das beliebteste Ziel dieser Gegend, zu bieten: perfekte Neigung und geringes Lawinenrisiko.

Gebirge: Silvretta
Ausgangspunkt: Vermuntstausee – Seespitz (1.753 m)
Ausgangskoordinaten: N46 55 36.3 E10 3 13.0
Gehzeit: 4 Std.
Höhenunterschied: 1.050 Hm

Beste Jahreszeit: Februar bis Mai
Karten: ÖK-Blatt 169, ÖKU-Blatt 2101, AVK-Blatt 26, LKS Blatt 249S, LKS-Blatt 1178
Lawinensituation: Auf Grund der idealen Hangneigung besteht meist ein geringes Risiko.

Wer ist schneller?

Besonderheit: Das Kromertal bietet durch den Nordhang meist ideale Tourenbedingungen. Die meisten Tourengeher wählen die Kromerscharte, die kaum erkennbar östlich unterhalb der westlichen Kromerspitze liegt, als Ziel. Weiters wählen viele Tourengeher nach der Ersteigung des Kleinen Seehornes den Gegenanstieg zur Kromerscharte und die Abfahrt über den Kromergletscher.

Anstieg: Vom Kraftwerk (Seespitz genannt) geht es zuerst zum Kromerbach. Dann führt der Anstieg in südwestlicher Richtung das Kromertal hinein. Auf etwa 2.000 m teilt sich das Tal. Zu den Kromerspitzen bleibt man im Talboden, der rechts (westlich) des Kleinen Litzner weiterführt. Bald darauf beginnt das Tal zu steigen, man bleibt eher auf der linken (östlichen) Seite des Hanges und gelangt so in den Bereich des Kromergletschers. Auf ungefähr 2.700 m ist ein großer Steinblock sichtbar und 100 Hm weiter erkennt man die Kromerscharte, das Hauptziel der Touren in diesem Bereich.

Abfahrt: Abfahrt wie Anstieg.

Varianten

Östliche Kromerspitze (2.865 m) [70a]

4 1/4 Std. • 1.120 Hm • schwierig

Zur Östlichen Kromerspitze wendet man sich beim großen Stein nach links und kommt so zur Kromerlücke (2.729 m). Der Gipfel ist anschließend nur zu Fuß in aufwendiger Kletterei über den Grat erreichbar.

Auf der Seelücke

Westliche Kromerspitze (2.867 m) [70b]

4 1/2 Std. • 1.120 Hm • mittel

Zur Westlichen Kromerspitze wendet man sich beim großen Stein nach rechts und erreicht über einen kurzen steilen Hang nördlich unter dem Gipfel den Schweizergletscher. Diesen quert man in Richtung Schweizerlücke (2.745 m) und kann kurz vor der Lücke nach links von Westen Richtung Gipfel weiter. Die letzten Meter gehen meist nur ohne Schi.

Abfahrt über den Schweizergletscher [70c]

Von der Westlichen Kromerspitze beziehungsweise der Schweizerlücke kann über den Schweizergletscher abgefahren werden. Unterhalb von 2.600 m kann man durch eine steile Rinne nach Osten zum Kromerhang wechseln oder man fährt noch weiter nach Norden und muss dann unterhalb der Valgraggestürme steil ins Kromertal hinunter (bitte Sonneneinstrahlung beachten).

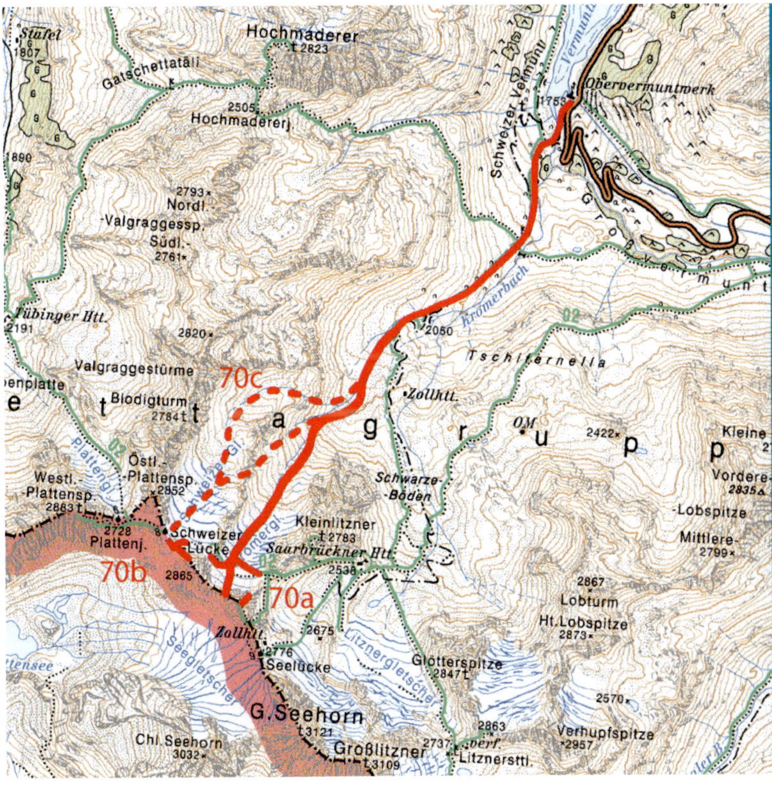

Tour 70 Kromerscharte

71 Sattelkopf 2.863 m
Verhupfspitze 2.957 m

Großer Litzner, Großes Seehorn, Kleiner Litzner

Abweisend und steil zeigt sich der Sattelkopf von Norden, über den Litzner Sattel ist er jedoch leichter zu bewältigen, als man auf Grund felsiger Passagen zunächst annehmen will.

Gebirge: Silvretta
Ausgangspunkt: Vermuntstausee – Seespitz (1.753 m)
Ausgangskoordinaten: N46 55 36.3 E10 3 13.0
Gehzeit: 4 Std.
Höhenunterschied: 1.110 Hm
Beste Jahreszeit: Februar bis Mai
Karten: ÖK-Blatt 169, ÖKU-Blatt 2101, AVK-Blatt 26, LKS Blatt 249S, LKS-Blatt 1178
Lawinensituation: Unterhalb 2.700 m ist eine steile Rinne, die nur bei sicheren Verhältnissen befahrbar ist.

Besonderheit: Der Sattelkopf liegt östlich neben dem Litzner Sattel. In den letzten Jahren wurde dieses Ziel deutlich populärer. Viele wählen den direkten und sehr steilen Anstieg von Norden. Dieses Spitzkehrentraining kann man umgehen, indem man den Anstieg über den Litzner Sattel wählt. Er führt zwar kurz durch Felsen, ist aber leichter, als er ausschaut.

Anstieg: Vom Kraftwerk (Seespitz genannt) geht es zuerst zum Kromerbach und dann führt der Anstieg in südwestlicher Richtung das Kromertal hinein. Die Saarbrücker Hütte ist dabei fast immer zu sehen, was dazu führt, dass viele die Anstiegslänge unterschätzen. Auf etwa 2.000 m teilt sich das Tal. Nun geht es links (Süden) weiter und nach einer Stufe befindet man sich auf dem flachen „Schwarzen Boden". Links ist eine Zollhütte (2.220 m) sichtbar und nach einem flachen Kilometer beginnt das Tal wieder zu steigen. Man steigt links (östlich) der Saarbrücker Hütte weiter auf. Im flachen Stück etwa 100 Hm unterhalb der Hütte hält man sich leicht links (Südosten) und steigt direkt zum Litzner Sattel (2.737 m) auf. Der weitere Weg ist im oberen Bereich felsig und schaut schwierig aus, ist aber leichter, als man denkt. Entweder geht man ganz bis zum Sattel und dann etwas mühsam in Richtung der Felsen. Oder man steigt unterhalb des Sattels direkt zu den Felsen hoch. Nun muss man die Schier kurz tragen. Schon in wenigen Minuten steht man auf dem Verhupfgletscher und kurz darauf auf dem Sattelkopf.

Sattelkopf

Abfahrt: Die Abfahrt erfolgt meist (wenn die Verhältnisse sicher genug sind) nach Norden über den Verhupfgletscher, der rechts (östlich) neben der Glötterspitze in eine steile Rinne übergeht. Unter dieser, auf etwa 2.500 m, fährt man links haltend in einem leicht ausgeprägten Kar in den Grund des Tales hinab und trifft so auf den Anstieg.

Varianten

Direkter Nordanstieg [71a]

Man kann auch direkt von Norden aufsteigen. Dazu wendet man sich am Ende der Schwarzen Böden der klar erkennbaren Rinne zu. In vielen Spitzkehren erreicht man den Verhupfgletscher und über diesen die Ziele.

Verhupfspitze (2.957 m) [71b]

4 1/2 Std. • 1.200 Hm • schwierig

Zur Verhupfspitze gehen nur wenige Tourengeher weiter. Dazu muss der Gletscher leicht ansteigend nach Osten zum Nordgrat gequert werden. Den Gipfel erreicht man nur nach einer längeren Kletterei in Blockgelände.

72 Kleine Seehörner 3.032 m

Östliche Kromerspitze 2.865 m

Übergang: Saarbrücker Hütte → Tübinger Hütte → Gargellen

Ostgipfel des Kleinen Seehornes und Großes Seehorn

Eine Vorarlberger Standardtour, deren Ziel schon in der Schweiz liegt: viel begangen und dabei sehr fordernd, vor allem auf den letzten felsigen Gratmetern vor dem Gipfel.

Gebirge: Silvretta
Ausgangspunkt: Vermuntstausee – Seespitz (1.753 m)
Ausgangskoordinaten: N46 55 36.3 E10 3 13.0
Gehzeit: 5 Std.
Höhenunterschied: 1.300 Hm

Beste Jahreszeit: Februar bis Mai
Karten: ÖK-Blatt 169, ÖKU-Blatt 2101, AVK-Blatt 26, LKS Blatt 249S, LKS-Blatt 1178
Lawinensituation: Der Gipfelhang ist sehr steil und bei Neuschnee sollte er tabu sein.

Im Anstieg zur Seelücke

Besonderheit: Auf Grund ihrer vermeintlichen Einfachheit und der Nähe zur Saarbrücker Hütte ist dies eine Standardtour, wenn auch keine leichte. Der Gipfelhang ist sehr steil und das letzte Stück zum Gipfel erfordert sicheres Gehen in felsigem Gelände.
Unerfahrene Bergsteiger benötigen Seilsicherung und es ist keine Schande, diese letzten Meter auszulassen.

Anstieg: Vom Kraftwerk (Seespitz genannt) geht es zuerst zum Kromerbach und dann führt der Anstieg in südwestlicher Richtung das Kromertal hinein. Die Saarbrücker Hütte ist dabei fast immer zu sehen, was dazu führt, dass viele die Anstiegslänge unterschätzen. Auf etwa 2.000 m teilt sich das Tal. Nun geht es links (Süden) weiter und nach einer Stufe befindet man sich auf dem flachen „Schwarzen Boden". Links ist eine Zollhütte (2.220 m) sichtbar und nach einem flachen Kilometer beginnt das Tal wieder zu steigen. Man muss nicht ganz bis zur Hütte, sondern kann sie unterhalb von ihr umgehen. Dann geht es nach links (Südwesten) und zuletzt nach rechts hinauf zur Seelücke (2.776 m). Jetzt kann man das Ziel schon gut sehen. Zunächst geht es flach hinüber zum steilen Gipfelhang. In diesen legt man die Spur querend so hoch wie möglich unter die Felsen und kommt mit wenigen Spitzkehren ins Flachstück unterhalb der felsigen Gipfel (Schidepot). Normalerweise wird der westliche Gipfel erstiegen. Dazu geht es den Grat entlang bis zum höchsten Punkt.

Abfahrt: Prinzipiell folgt die Abfahrt dem Anstieg. Meist fährt man allerdings den Seegletscher bis etwa 2.600 m ab und steigt dann wieder eine 1/2 Stunde zur Seelücke auf.

Varianten

Östliche Kromerspitze (2.865 m)

4 Std. • 1.120 Hm • mittel

Dieser Gipfel ist eine einfache Variante zu den Seehörnern. Der Anstieg bis zur Seelücke (2.772 m) ist identisch. Dann geht es den Kamm entlang nach Norden zum Gipfel. Abfahrt wie Anstieg.

Abfahrt über den Kromergletscher [72a]

+1 Std. • +200 Hm • mittel

Oft wählt man nach der ersten Abfahrt den Überstieg zum Kromergletscher. Voraussetzung ist aber sicherer Firn, und dass man nicht zu spät dran ist. Dazu steigt man das sehr steile Kar zur Kromerscharte (2.800 m) auf. Die letzten Höhenmeter sind zu Fuß meist leichter als mit

Gipfelgruß am Ostgipfel des kleinen Seehornes

Spitzkehren bewältigbar und der krönende Abschluss ist ein eingeklemmter Felsblock, der überklettert werden kann, oder man kriecht unten durch.
Die Abfahrt erfolgt über das Kromertal und ist meist ein Genuss (siehe Tour 70).

Abfahrt über den Schweizergletscher [72b]

+1 Std. • +200 Hm • mittel

Diese Variante ist unter anderem dann zu empfehlen, wenn in der Rinne zur Kromerscharte zu viel Schnee liegt.
Dazu fährt man bis knapp unterhalb von 2.600 m ab und steigt nach Umrundung des Südwestrückens der Westlichen Kromerspitze zur Schweizer Lücke (2.745 m) auf. Die Abfahrt erfolgt dann über den Schweizergletscher (siehe Tour 70).

[53] Übergang: Saarbrücker Hütte → Tübinger Hütte → Gargellen [72c]

Endpunkt: Gargellen (1.464 m)

5 Std. • ↗ 850 Hm • ↙ 1910 Hm • mittel

Diese Tour ist die logische Schlussetappe einer Silvrettadurchquerung. Meist ist man völlig allein in einer gewaltigen Hochgebirgslandschaft.
Die Route kann genauso in umgekehrter Richtung begangen werden.
Bei der beschriebenen Richtung zeigen die steileren Hänge nach Norden und Nordwesten und weisen oft gute Verhältnisse auf.
Zuerst bei oben beschrieben zur Seelücke (2.776 m).
Am besten ersteigt man auf Grund der besseren Abfahrt noch das Kleine Seehorn (zumindest bis zum Schidepot). Nun fährt man bis knapp unter 2.600 m ab und steigt nach Umrundung des Südwestrückens der Westlichen Kromerspitze zum Plattenjoch (2.728 m) auf. Auf der Nordseite folgt eine tolle Abfahrt hinab zur Tübinger Hütte (2.191 m). Man kann diese im Winter geschlossene Hütte
(Winterraum mit 12 Lager) auslassen und schon etwa 100 m oberhalb davon links querend möglichst weit nach Westen abfahren.
Oberhalb einer Zollhütte (2.196 m) beginnt der Anstieg zum Hinterbergjoch.
Dazu steigt man zuerst Richtung Westen das leicht ausgeprägte Tal hoch. Ab etwa 2.300 m wendet man sich immer mehr nach Norden und über einen steilen Schlusshang gelangt man zum Hinterbergjoch (2.600 m).
Der kurze Anstieg auf den südlich davon stehenden Hinterberg (2.682 m) lohnt sich.
Nun folgt die lange Abfahrt durchs Vergaldatal nach Gargellen (1.464 m) (siehe Tour 68)

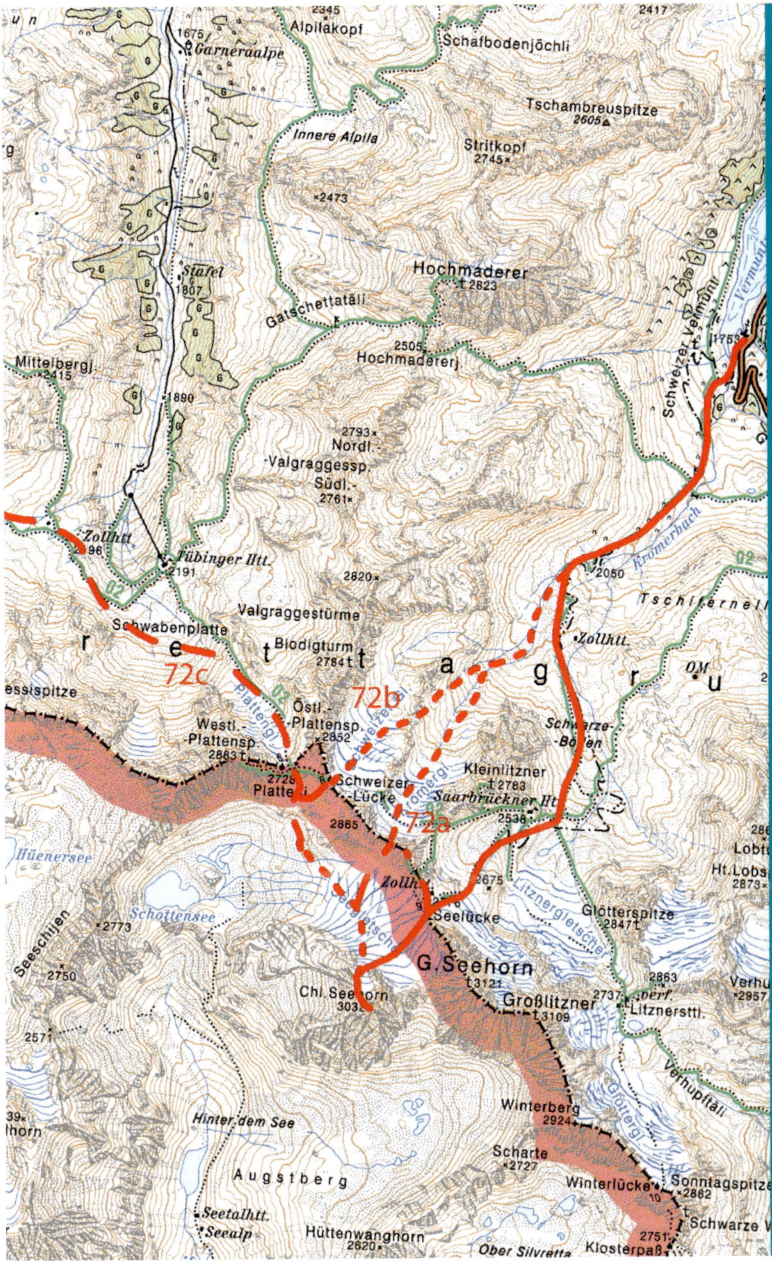
72a
72b
72c
G.Seehorn
Kleinlitzner
Saarbrücker Ht.
Schweizer Lücke
Seelücke
Großlitzner
Hochmaderer
Schwabenplatte
Valgraggestürme
Biodigturm
Tübinger Htt.
Winterberg
Winterlücke
Klosterpaß
Hüttenwanghorn
Augstberg
Schottensee
Hüenersee

Bielerhöhe (2.036 m)

Die Bielerhöhe ist im Sommer wie auch im Winter ein beliebter Stützpunkt. Die Bedeutung der Bielerhöhe reicht geschichtlich weit zurück. Bis ins 17. Jahrhundert war sie ein wichtiger Knotenpunkt, an dem sogar regelmäßig ein Viehmarkt stattfand. Durch zu Zunahme der Vergletscherung verlor sie allerdings die Bedeutung. Der hier befindliche Silvrettastausee hat einen Nutzinhalt von 38,6 Millionen Kubikmeter, was einem Energieinhalt von 135 Millionen Kilowattstunden entspricht. Vor Beginn des Winters wird das Wasser meist abgearbeitet und Tourengeher, Langläufer und Winterwanderer spazieren mehr oder weniger auf dem Seegrund.
Es gibt hier mehrere Unterkünfte. Auf der Passhöhe stehen das Silvrettahaus und der Alpengasthof Piz Buin. Besonders von der Terrasse des Piz Buin hat man einen schönen Blick ins Bieltal und kann bei einem Getränk den Tourentag ausklingen lassen. Im Silvrettadorf unterhalb der Staumauer sind das Madlenerhaus (AV-Hütte), das kleine Naturfreundehaus sowie Hütten des VVS (Vorarlberger Schiverband) und des Militärs zu finden.
Die bewirtschafteten Unterkünfte haben zu Weihnachten und Mitte Februar bis Mai offen. Es sind dies:

Madlenerhaus (AV-Hütte): Die Hütte liegt am Rande des Silvrettadorfes, wie die noch aus der Zeit des Stauseebaues stammende Ansammlung von Hütten genannt wird. Sie ist aber schon länger hier als die anderen Häuser. Da die Hütte von den Tunnelbussen angefahren wird, ist sie ein wichtiger und beliebter Stützpunkt, vor allem, wenn die Wiesbadener Hütte noch geschlossen ist.
Telefon Hütte: +43/(0)5558/4234
Schlafplätze: 29 Betten, 52 Lager
Kein Winterraum!

Silvrettahaus: Das Silvrettahaus ist ein rundum modernes Hotel, das schon durch die Architektur heraussticht. Wegen der gebogenen Form und der großen Solaranlage wird es oft auch liebevoll „Solarbanane“ genannt. Neben top Zimmern verwöhnt es seine Gäste auch mit einer Sauna, die bei Voranmeldung auch den Gästen der anderen Unterkünfte der Bielerhöhe zur Verfügung steht.
Telefon: +43/(0)5558/4246
Fax: +43/(0)5558/4246-6
Kein Winterraum!

Alpengasthaus Piz Buin: Vom Piz Buin kann man zwar den gleichnamigen Berg nicht sehen, es ist jedoch ein traditionelles Gasthaus mit riesiger Panoramaterrasse und vielen Zimmern. Direkt unterhalb des Gasthauses befindet sich die Haltestelle der Tunnelbusse.
Telefon: +43/(0)5558/4231
Fax: +43/(0)5558/4238
Kein Winterraum!

73 Sonntagsspitze 2.882 m

Winterberg 2.932 m

Sattelkopf 2.863 m

Silvrettasee

Die Sonntagsspitze darf nicht nur am Sonntag, der Winterberg nicht nur im Winter bestiegen werden.

Gebirge: Silvretta
Ausgangspunkt: Bielerhöhe (2.036 m)
Ausgangskoordinaten:
N46 55 6.0 E10 5 48.0
Gehzeit: 3 1/2 Std.
Höhenunterschied: 890 Hm
Beste Jahreszeit: März bis Mai

Karten: ÖK-Blatt 169, ÖKU-Blatt 2101, AVK-Blatt 26, LKS Blatt 249S, LKS-Blatt 1178
Lawinensituation: Der Anstieg durchs Verhupftäli erfordert sichere Verhältnisse, der Winterberg kann auf Grund der Steilheit nur bei ganz sicheren Verhältnissen bestiegen werden.

Besonderheit: Diese Berge werden eher wenig bestiegen, denn der Anstieg durchs Verhupftäli ist vom Morgen an der Sonne ausgesetzt. Vor allem der Winterberg wird seinem Namen nicht gerecht, denn er bleibt wegen seiner sehr steilen Flanke meist unbestiegen. Beide Berge liegen am Weg vom Verhupftäli über den Litzner Sattel zur Saarbrücker Hütte.

Anstieg: Von der Bielerhöhe quert man den See nach Süden. Etwa in der Hälfte des Sees trennen sich die Spuren ins Klostertal (rechts) und ins Ochsental (links). Ins Klostertal geht es am Seerand links des markanten Klostertalbaches hoch und nach etwa 2 1/2 km meist flachen Anstiegs gelangt man in den Bereich der Klostertaler Hütte (2.366 m – öffentlich nicht zugänglich). Dabei hält man sich immer auf der linken (Ost-)Seite des Baches und bleibt zuletzt besser rechts unterhalb von der Hütte.
Hier wendet man sich nach rechts (Westen) und steigt durchs Verhupftäli auf. Anfangs ist es steil und man hält sich links neben der Rinne, durch die oft Lawinenrutsche abgehen. Oberhalb von 2.600 m wird es flacher. Man folgt nun dem Tal nach links (Süden) und gelangt über den flachen Glöttergletscher zum Gipfel der Sonntagsspitze.

Abfahrt: Abfahrt wie Anstieg.

Varianten

Winterberg (2.932 m) [73a]

3 1/2 Std. • 930 Hm • mittel

Zuerst wie oben beschrieben zum Glöttergletscher. Dann geht es direkt den sehr steilen Hang zuerst nach Westen, dann nach Süden hoch. Abfahrt wie Anstieg.

Anstieg durchs Klostertal

Sattelkopf (2.863 m) [73b]

3 1/4 Std. • 870 Hm • schwierig

Zuerst wie oben beschrieben zum Glöttergletscher. Nun nach rechts (Norden) zum Litzner Sattel (2.737 m). Vom Sattel entlang des Westkammes hinauf zum Sattelkopf. Abfahrt meist nach Norden (siehe Tour 71).

Abfahrt übers Kromertal [73c]

Man kann auch mit einer kleinen Gegensteigung von etwa 80 Hm zum Litzner Sattel (2.737 m) aufsteigen und Richtung Saarbrücker Hütte und somit durchs Kromertal zum Vermuntstausee abfahren.

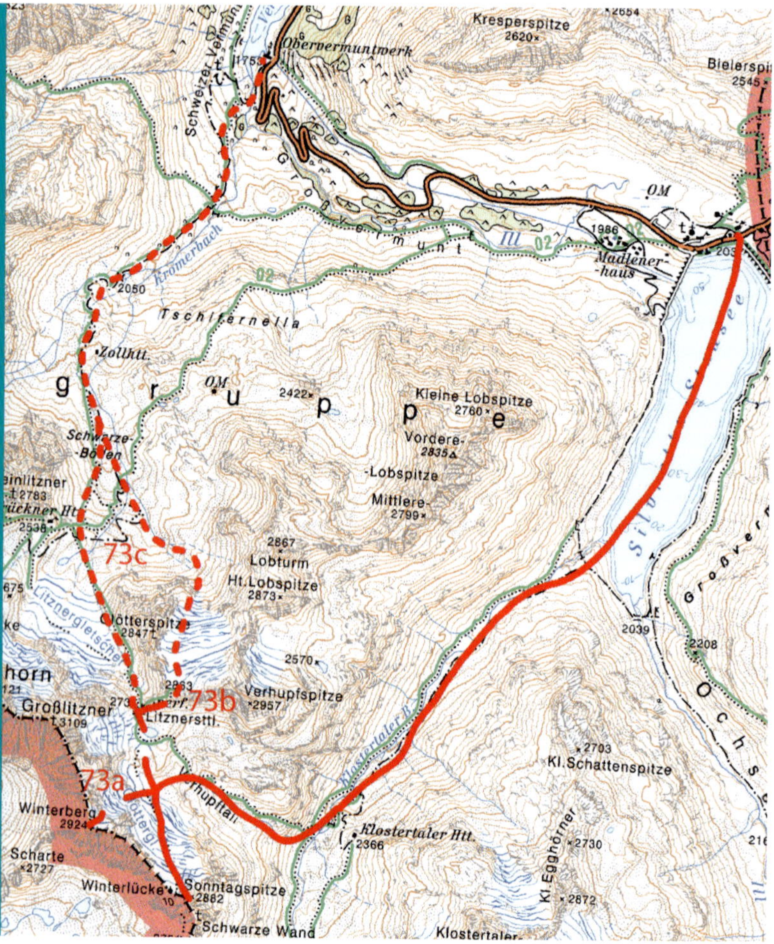

74 Schneeglocke 3.223 m

Rotfluh 3.166 m

Übergang: Bielerhöhe → Silvrettahütte

Abfahrt von der Schneeglocke

Der Schiberg der Silvretta, der jeden Tourengeher begeistert: spätestens mit der langen Abfahrt über ausgedehnte Hänge in idealer Neigung.

Gebirge: Silvretta
Ausgangspunkt: Bielerhöhe (2.036 m)
Ausgangskoordinaten:
N46 55 6.0 E10 5 48.0
Gehzeit: 4 1/2 Std.
Höhenunterschied: 1.230 Hm
Beste Jahreszeit: Februar bis Mai
Karten: ÖK-Blatt 169 + 170, ÖKU-Blatt 2101, AVK-Blatt 26, LKS Blatt 249S, LKS-Blatt 1178 + 1198

Lawinensituation: Beim Aufstieg im Klostertal quert man vor allem im Frühjahr einige Lawinenstriche. Auf Grund idealer Hangneigung und Nordwestausrichtung des Hanges oberhalb der Klostertaler Hütte kein besonderes Risiko.

Besonderheit: Wenn man von Schitouren in der Silvretta spricht, dann ist diese wahrscheinlich die erstgenannte Tour. Fast 800 Hm Abfahrt in perfekter Neigung lassen niemand kalt. Ob Pulverschnee oder Firn ist dabei belanglos. Auch die Aussicht Richtung Piz Buin ist ein Grund für einen Besuch.

Anstieg: Von der Bielerhöhe quert man den See nach Süden. Etwa in der Hälfte des Sees trennen sich die Spuren ins Klostertal (rechts) und ins Ochsental (links). Ins Klostertal geht es am Seerand links des markanten Klostertalbaches hoch und nach etwa 2 1/2 km meist flachen Anstiegs gelangt man in den Bereich der Klostertaler Hütte (2.366 m – öffentlich nicht zugänglich). Dabei hält man sich immer auf der linken (Ost-) Seite des Baches und bleibt zuletzt besser rechts unterhalb von der Hütte.
1 km südlich der Hütte kann man bei guten Verhältnissen nach links (Osten) direkt den steilen Gletscher durch ein Kar oder links davon hochsteigen. Meist geht man aber noch etwa 1 km weiter und kann dann in angenehmer Steigung in einem großen Bogen nach links (Osten) aufsteigen.
So gelangt man südlich unter den Gipfel. Hier steigt man Richtung des markanten Knoten (ein Felskopf am Grat rechts des Gipfels) auf und muss sich den steilen Hang zum Grat hinaufkämpfen (manchmal auch ohne Schi). Über den Grat ist man kurz darauf am Gipfel.

Abfahrt: Abfahrt wie Anstieg.
Bei der Abfahrt ist unbedingt zu beachten, dass der Gletscher durchaus Spalten haben kann, und dies bedeutet eine überlegte Wahl der konkreten Abfahrtsspur. Meist wird die rechte Gletscherzunge (in Abfahrtsrichtung gesehen) gewählt, da hier die steileren Hänge warten. Je nach Verhältnisse fährt man im unteren Bereich das Kar hinab oder quert nach rechts (Norden), um hier schöne Hänge zu erreichen. Im Gegensatz zum Aufstieg fährt man an der Klostertaler Hütte vorbei, damit man anschließend leicht bergab und ohne Anstrengung das Tal hinauskommt.

Varianten

Abfahrt über Nordflanke [74a]
Manchmal können sehr gute Schifahrer bei perfekten Verhältnissen die Abfahrt über die Nordwand wagen. Dazu rutscht/fährt man vom Gipfel den Ostkamm entlang hinab und kann anschließend nach links in den fahrbaren Teil des Steilhanges queren. Danach geht es nach Westen weiter

und man trifft auf die normale Abfahrt.

Rotfluh (3.166 m) [74b]

4 1/2 Std. • 1.170 Hm • schwierig

Die Rotfluh wird sehr selten bestiegen. Der Anstieg ist nur möglich, wenn der Schnee durch die steile Rinne auf der Nordostseite gute Fußtritte ermöglicht. Man kann sie auch von der Rotfluhlücke aus über den Grat ersteigen (sehr schwierig – Seilsicherung empfehlenswert).

Übergang: Bielerhöhe → Silvrettahütte [74c]

Endpunkt: Silvrettahütte (2.341 m)

3 1/2 Std. • ↗ 690 Hm • ↙ 340 Hm • mittel

Details werden beim Tourenbereich „Silvrettahütte" beschrieben.

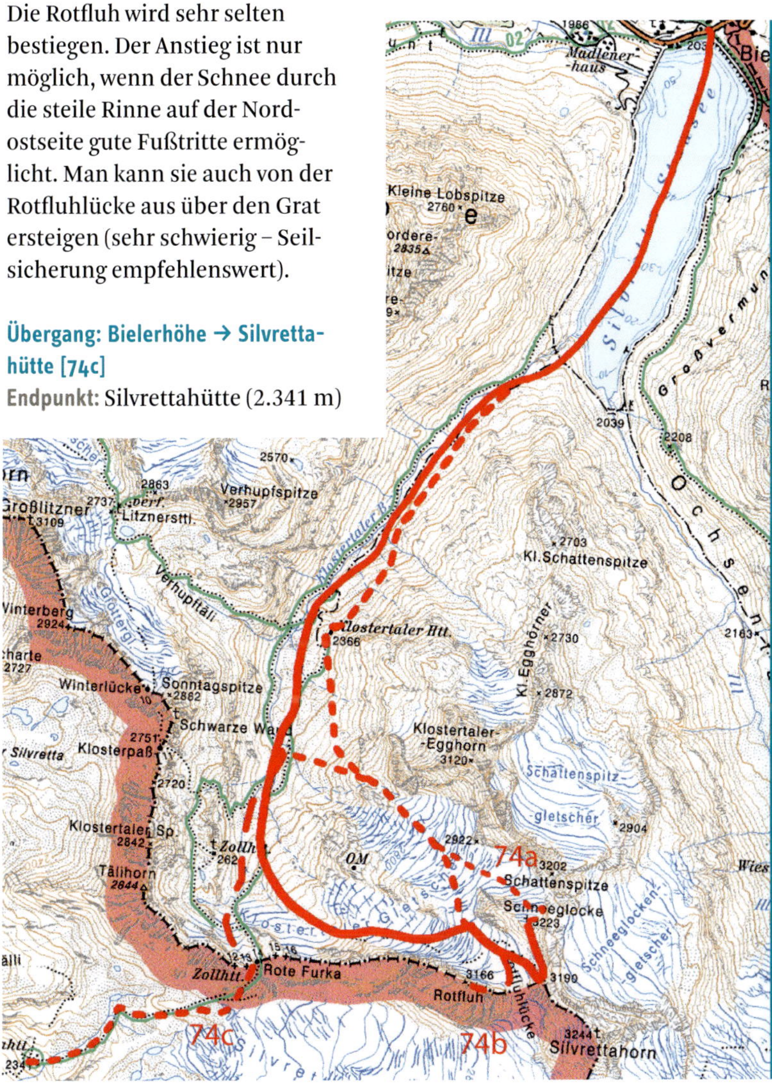

75 Rauher Kopf 3.101 m

Haagspitze 3.029 m

Übergang Bielerhöhe → Jamtalhütte

Anstieg durchs Bieltal

Rauhe Köpfe mit tollen Abfahrten, der steile Nordhang der Haagspitze ist perfekt für geübte Pulverschneeliebhaber.

Gebirge: Silvretta
Ausgangspunkt: Bielerhöhe (2.036 m)
Ausgangskoordinaten: N46 55 6.0 E10 5 48.0
Gehzeit: 4 Std.
Höhenunterschied: 1.100 Hm
Beste Jahreszeit: Jänner bis Mai
Karten: ÖK-Blatt 170, ÖKU-Blatt 2101, AVK-Blatt 26, LKS Blatt 249S, LKS-Blatt 1178

Lawinensituation: Der Rauhe Kopf ist durch die perfekte Hangneigung bei richtiger Spurenanlage relativ gefahrlos. Der direkte Anstieg auf die Haagspitze benötigt sehr sichere Verhältnisse, wie auch die Abfahrt zur Jamtalhütte.

Besonderheit: Die Rauhkopfscharte und der Rauhe Kopf werden sowohl als eigenständiges Tourenziel als auch als reizvolle Zugangsvariante zur Wiesbadener Hütte gewählt. Die Haagspitze ist vor allem dann beliebt, wenn man den steilen Nordhang in Pulverschnee abfahren kann.

Anstieg: Zuerst geht es entlang der Dammloipe bis ans Ende des Dammes und dann nach links hinab zum Eingang der Bieltales (2.000 m). Nun auf dem Rücken links einer Rinne hoch ins flache Bieltal, das man anschließend bis an sein Ende durchwandert. Fast unbemerkt gewinnt man Höhe. Nach etwa 3 km erreicht man einige riesige Steinblöcke (2.403 m), die einen optimalen Rastplatz darstellen.
Nach diesem schönen Platz geht man weiter in südlicher Richtung. Rechts der Haagspitze vorbci gelangt man über den immer steiler werdenden, nach rechts hängenden Hang zur Rauhkopfscharte (3.000 m).
Der Weiterweg zum Gipfel wird jetzt schwieriger und ist ohne Schier zu bewältigen. Auf der linken Seite der Scharte führt eine kleine Rinne zum Grat hoch. Hier im Fels etwas hoch und dann nach links querend in die Flanke aufsteigen. So gelangt man unter die leichten Gipfelfelsen und steht gleich danach am Gipfel.

Abfahrt: Abfahrt wie Anstieg.

Blick zur Haagspitze

Maulwürfe unterwegs im Bieltal

Varianten

Haagspitze (3.029 m) [75a]

Abzweigpunkt: etwa 1 km südlich der Steinblöcke (ca. 2.500 m)

3 1/2 Std. • 1.030 Hm • mittel

Bald nach dem schönen Platz bei den Steinblöcken, auf etwa 2.500 m, wendet man sich nach links der Totenfeldscharte zu. Ab 2.900 m steuert man aber den Rücken, der westlich des Gipfels herunterzieht, an und steigt mit einigen Spitzkehren steil zur Einsattelung östlich unter dem Gipfel auf. Von dort sind es nur mehr wenige Meter zum Gipfel, der meist ohne Schi bestiegen wird.

Haagspitze über Totenfeldscharte [75b]

4 Std. • 1.200 Hm • mittel

Bei viel Schnee muss der Gipfel von der Tiroler Seite erstiegen werden. Dazu muss man zuerst die Totenfeldscharte überschreiten, die links des oben beschriebenen Steilhanges liegt. Der Überstieg gestaltet sich oft schwierig, da es eine große Wechte zu überwinden gilt. Meist kann man sie auf der linken Seite mit einem kleinen Sprung oder als Maulwurf überwinden. Auf der anderen Seite muss man etwas Richtung Jamtal abfahren, bevor man auf etwa 2.780 m nach rechts aufsteigen kann und zuletzt nach Norden zur Einsattelung östlich des Gipfels aufsteigen kann.

Übergang Bielerhöhe → Jamtalhütte [75c]

Ausgangspunkt: Bielerhöhe (2.036 m)

Endpunkt: Jamtalhütte (2.165 m)

↗↙ 4 1/2 bis 5 1/2 Std. • ↗ 900 bis 1.080 Hm • ↙ 730 bis 900 • mittel

Von der Totenfeldscharte (2.844 m) und der Haagspitze (3.029 m) kann man sehr gut zur Jamtalhütte abfahren. Aus Vorarlberg ist dieser Übergang die beste Möglichkeit, ins wunderbare Tourengebiet der Jamtalhütte zu gelangen, ohne die lange Fahrt über Arlberg und Paznauntal zu benötigen.
Von der Totenfeldscharte (2.844 m) oder der Haagspitze (3.029 m) fährt man den Toten-

feldgletscher hinab, wobei man sich im mittleren Teil links halten sollte, denn in der Mitte des Gletschers ist ein steiler Abbruch mit breiten Spalten. Im Tal angelangt muss man dieses schiebend überqueren und kann dann meist zu Fuß ohne Schi auf guter Spur die wenigen Höhenmeter zur Hütte hinaufgehen.

Abfahrtsspuren vom Nordrücken des Hohen Rades

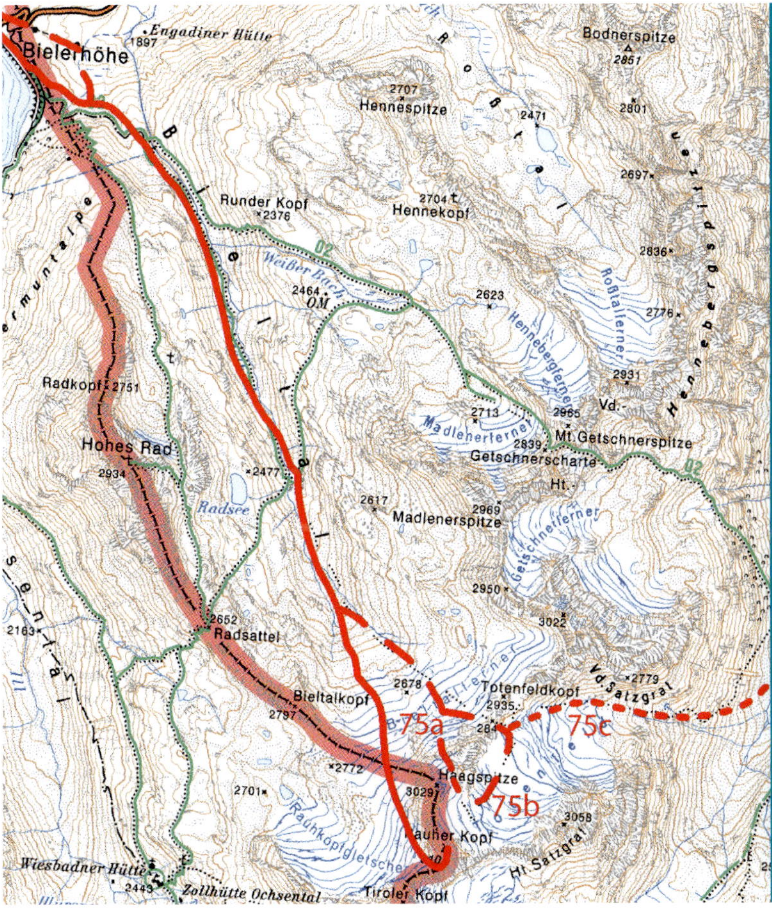

76 Hennekopf 2.704 m

Mittlere Getschnerspitze 2.965 m

Madlenerspitze 2.969 m

Gipfelhang der Mittleren Getschnerspitze

Die Klassiker der Bielerhöhe in ganz verschiedenen Schwierigkeitsgraden, Anfängern wird nur die Tour auf den Hennekopf nahegelegt.

Gebirge: Silvretta
Ausgangspunkt: Bielerhöhe (2.036 m)
Ausgangskoordinaten: N46 55 6.0 E10 5 48.0
Gehzeit: 2 1/2 Std.
Höhenunterschied: 710 Hm
Beste Jahreszeit: Dezember bis April
Karten: ÖK-Blatt 170, ÖKU-Blatt 2101, AVK-Blatt 26, LKS Blatt 249S, LKS-Blatt 1178
Lawinensituation: Beim Hennekopf geringes Risiko, die anderen Ziele sind im Gipfelbereich sehr steil und deshalb ist eine stabile Schneedecke erforderlich.

Besonderheit: Der Hennekopf ist eine Anfängertour für fast alle Verhältnisse, stellt er doch den kürzesten, leichtesten und sichersten Anstieg im Bereich der Bielerhöhe dar. Die Mittlere Getschnerspitze ist schon schwieriger und deshalb einsamer. Die Madlenerspitze bleibt Experten vorbehalten und ist eher für das Frühjahr geeignet.

Anstieg: Zuerst geht es entlang der Dammloipe bis ans Ende des Dammes und dann nach links hinab zum Eingang der Bieltales (2.000 m). Nun auf dem Rücken links einer Rinne hoch.
Nach einem kurzen Flachstück kann man bei einer Wasserfassung nach links den tief eingeschnittenen Bach queren und kommt so zu breiten Westhängen. Über diese einfach hoch. Auf etwa 2.250 m trennen sich die verschiedenen Touren. Zum Hennekopf geht man meist nach links (Nordosten), umgeht den Kopf P2464 (AVK) nördlich und gelangt unter geringer Steigung in Richtung Südosten zum Gipfelhang und weiter zum Ziel. Man kann aber noch weiter in südöstlicher Richtung bis zum Runden Kopf (2.376 m) ansteigen und dann nach links zum Gipfel gelangen.

Abfahrt: Abfahrt wie Anstieg. Vom tiefsten Punkt unterhalb der Staumauer kann man mit dem Lift (Mittagspause 12.00 bis 13.00 Uhr) wieder zur Bielerhöhe gelangen.

Varianten

Mittlere Getschnerspitze (2.965 m) [76a]

3 1/2 Std. • 970 Hm • mittel

Zuerst wie zum Hennekopf bis zum Abzweigpunkt auf etwa 2.250 m. Dann geht es schräg nach Südosten den Hang hoch in ein flaches Gebiet, auf dem im Sommer wunderbare kleine Seen versteckt liegen (etwa 2.400 m). Am Ende dieser Hochfläche gelangt man links über einen kurzen steilen Hang zum Hennebergferner und weiter, in südwestlicher Richtung ansteigend, zum Gipfelsteilhang. Diesen bewältigt man bei sicheren Verhältnissen direkt mit ein paar Spitzkehren oder man umgeht ihn rechts durch felsiges Gelände. Am Grat rechts

Traumspur im Gipfelhang

des Gipfels Schidepot. Nun muss man noch kurz über den leichten felsigen Grat zum Gipfel. Abfahrt wie Anstieg.

Getschnerscharte (2.839 m) [76b]

3 Std. • 870 Hm • leicht

Zuerst wie zum Hennekopf bis zum Abzweigpunkt auf etwa 2.250 m. Dann schräg nach Südost den Hang hoch in ein flaches Gebiet, auf dem im Sommer wunderbare kleine Seen versteckt liegen (etwa 2.400 m). Am Ende dieser Hochfläche dem flachen Talboden folgend nach Südosten und zum Schluss steil zur Scharte hoch. Abfahrt wie Anstieg. Achtung: Keinesfalls sollte man von der Getschnerscharte Richtung Jamtal abfahren (Sommerübergang), da unterhalb etwa 2.200 m steile Schrofen die Fahrt gefährlich machen!

Madlenerspitze (2.969 m) [76c]

3 1/2 Std. • 1.000 Hm • schwierig

Unterhalb der Getschnerscharte steigt man, vorbei an P2713, zur steilen Rinne, die vom Gipfel herunter zieht, hoch. Die letzten Meter sind in mäßig schwieriger Kletterei (II) zu bewältigen.

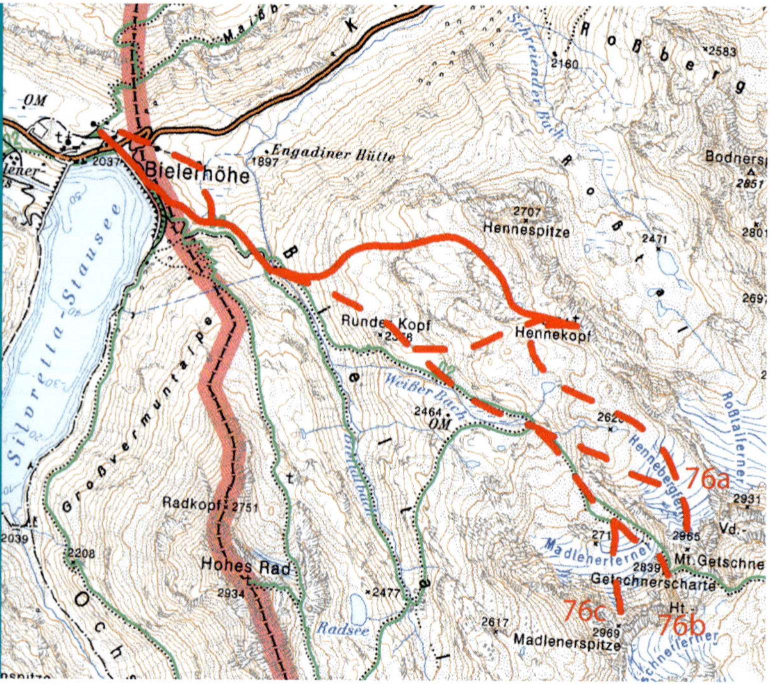

77 Bielerspitze 2.506 m

Gipfelrast auf der Bielerspitze

Eine Rundtour für Spezialisten, deren Erfahrung vor allem bei der oft kritischen Nordabfahrt gefragt ist.

Gebirge: Silvretta
Ausgangspunkt: Bielerhöhe (2.036 m)
Ausgangskoordinaten:
N46 55 6.0 E10 5 48.0
Gehzeit: 1 1/2 Std.
Höhenunterschied: 470 Hm
Beste Jahreszeit: Februar bis April

Karten: ÖK-Blatt 169 + 170, ÖKU-Blatt 2101, AVK-Blatt 26, LKS Blatt 249S, LKS-Blatt 1178
Lawinensituation: Durch die intensive Sonnenbestrahlung ist der Südanstieg meist problemlos, nordseitig besteht aber oft Gefahr.

Besonderheit: Von der Bielerhöhe aus schaut dieser Berg sehr unscheinbar aus. Er bietet aber die Möglichkeit einer rassigen Rundtour nach Partenen und zurück zur Bielerhöhe. Allerdings ist die Nordabfahrt steil und heikel. An den Tourenleiter werden dabei betreffend Situationseinschätzung und Routenwahl hohe Anforderungen gestellt.

Anstieg: Direkt hinter dem Gasthof Piz Buin steigt man den Rücken teilweise steil in Richtung des markanten Kreuzes (2.389 m) auf. Durch die permanente Sonnenbestrahlung ist der Schnee in der Früh meist sehr hart und schon früh in der Saison knapp. In der Nähe des Kreuzes wendet man sich nach rechts (Nordosten) zur Einsattelung (2.506 m) östlich des Gipfels und erreicht diesen über den Grat von links (Osten).

Abfahrt: Abfahrt wie Anstieg.

Bielerspitze

Ergänzung

Rundtour [75a]

↗↙ 6 Std. • ↗ 750 Hm • ↙ 1.600 Hm • mittel

Dazu muss man vom Gipfel zuerst zurück zur Einsattelung (2.506 m). Dann fährt man über den steilen Hang nach Norden hinab. Unterhalb von 2.300 m hält man sich in flacherem Gelände links (Nordwesten).
Auf 2.200 m sollte man sich in der geraden Verlängerung des Vallülabaches befinden, denn nur hier führt eine befahrbare Rinne hinab in das Tal, welches zur Unteren Vallülaalpe (1.746 m) führt.
Nun heißt es wieder die Felle aufziehen und Richtung Nordosten geht es zur Oberen Vallülaalpe (1.890 m) hinauf.
Von hier erreicht man über Latschenhänge den Kamm, dessen westlicher Endpunkt der Breitspitz (2.203 m) darstellt.
Reicht die Kondition aus, sollte man diesem Aussichtsberg unbedingt einen Besuch abstatten, denn er bietet einen Überblick auf das gesamte Montafon.
Nun geht es nach Norden hinab zur Kops-Staumauer.
Über den meist gespurten Güterweg über Ganifer (Teil der Silvretta Schisafari) gelangt man hinab nach Partenen (1.051 m).
Dies bedeutet dann 1.600 Hm Abfahrt bei nur etwa 750 Hm

Anstieg. Man kann aber auch nach Galtür fahren. Dazu geht es auf 2.200 m flach nach rechts (Nordosten) ins Pistengebiet von Galtür und hinab in das Bergdorf. Von dort kann man sich mittels Snowmobil wieder zur Bielerhöhe schleppen lassen.

Anstieg oberhalb der Bielerhöhe

Wiesbadener Hütte (2.443 m)

Die Wiesbadener Hütte liegt ostseitig des Ochsentales etwa 200 Hm über dem Talgrund. Sie ist bestens ausgebaut und stark besucht. Im Winter hat sie von Ende Februar bis Mitte Mai geöffnet. Die überdachte Sonnenterrasse verleitet nach einer Tour zu einem gemütlichen „Hock" und der morgendliche Blick auf Piz Buin, Silvrettahorn und Schneeglocke ist berauschend.
Telefon Hütte: +43/(0)5558/4233
Telefon Tal: +43/(0)5443/20 039
Web: www.wiesbadener-huette.at
E-Mail: wiesbadener@gmx.net
geöffnet: Mitte Februar bis Anfang Mai
Schlafplätze: 40 Betten, 160 Lager
Winterraum: 20 Lager (offen)
Zugang: Bielerhöhe (2.036 m)
2 Std. • 450 Hm • leicht
Von der Bielerhöhe führt ein markierter Winterwanderweg zur Hütte. Man überquert zuerst den See nach Süden und wendet sich dem linken Tal zu. Nun „wandert" man etwa 3 km das Ochsental hinein. Bevor es auf etwa 2.300 m in Richtung Gletscher ansteigt, steigt man links die Moräne und den Hüttenhang hoch. Bei der Abfahrt von der Hütte durchs Ochsental sollte man auf Fußgänger achten. Der Rückmarsch über den See ist leider nicht zu vermeiden.

Dreiländerspitze

78 Ochsenkopf 3.057 m

Rauher Kopf 3.101 m

Übergang Wiesbadener Hütte → Jamtalhütte

Rast bei der Rauhkopfscharte

Kurze und etwas schwierige Tour mit tollem Gipfelerlebnis, bei dem man sich an der Ruhe und Abgeschiedenheit dieses Berges erfreuen kann.

Gebirge: Silvretta
Ausgangspunkt:
Wiesbadener Hütte (2.443 m)
Ausgangskoordinaten:
N46 52 05.23 E10 6 58.8
Gehzeit: 2 Std.
Höhenunterschied: 620 Hm
Beste Jahreszeit: Februar bis Mai
Karten: ÖK-Blatt 170, ÖKU-Blatt 2101, AVK-Blatt 26, LKS Blatt 249S, LKS-Blatt 1178 + 1198
Lawinensituation: Der Anstieg zur Tiroler Scharte ist selten kritisch.

Besonderheit: Der Ochsenkopf liegt „neben" dem kürzesten Übergang von der Wiesbadener Hütte zur Jamtalhütte, der Tiroler Scharte, und kann deshalb „nebenher" bestiegen werden.

Anstieg: Hinter der Hütte steigt man zuerst einen Hang nach Osten hoch und gelangt in das Kar zwischen Tiroler Kopf und Ochsenkopf. Durch dieses geht es in angenehmer Steigung zum Tiroler Gletscher und nach etwa 1 1/2 Std. erreicht man die Tiroler Scharte (2.935 m). Zum Gipfel quert man am besten nach rechts in die Einsattelung westlich des Gipfels und von hier ohne Schier in leichter Kletterei zum Gipfel. Hier hat man einen wunderbaren Blick zur stark frequentierten Dreiländerspitze und kann sich über die Einsamkeit am Ochsenkopf freuen.

Abfahrt: Abfahrt wie Anstieg.

Varianten

Übergang: Wiesbadener Hütte → Jamtalhütte [78a]

Endpunkt: Jamtalhütte (2.165 m)
↗↙ 3 Std. • ↗ 500 Hm •
↙ 800 Hm • leicht

Zuerst steigt man wie oben beschrieben zur Tiroler Scharte (2.935 m) auf. Hier geht es ostseitig in südöstlicher Richtung

hinab zum Jamtalgletscher und dann fährt dann nach Nordosten links haltend den Gletscher und anschließend das flache Tal bis in die Nähe der Hütte hinab. Zuletzt hält man sich rechts und schafft es flach zur Hütte oder man bleibt weiter im Talboden und geht dann zu Fuß die wenigen Höhenmeter hinauf zur Hütte.

Rauher Kopf (3.101 m) [78b]

2 1/2 Std. • 670 Hm • mittel

Hinter der Hütte steigt man zuerst einen Hang nach Osten hoch und gelangt zum Beginn des Kares zwischen Tiroler Kopf und Ochsenkopf. Hier wendet man sich nach links (Norden) und gelangt über einen steilen Hang zum Rauhkopfgletscher. Nun kann man das Ziel schon sehen. Weiter geht es den Hang gerade hoch bis zur Rauhkopfscharte.

Der Weiterweg zum Gipfel wird jetzt schwieriger und ist ohne Schier zu bewältigen. Auf der linken Seite der Scharte führt eine kleine Rinne zum Grat hoch. Hier im Fels etwas hoch und dann nach links querend in die Flanke aufsteigen. So gelangt man unter die leichten Gipfelfelsen und steht gleich danach am Gipfel.

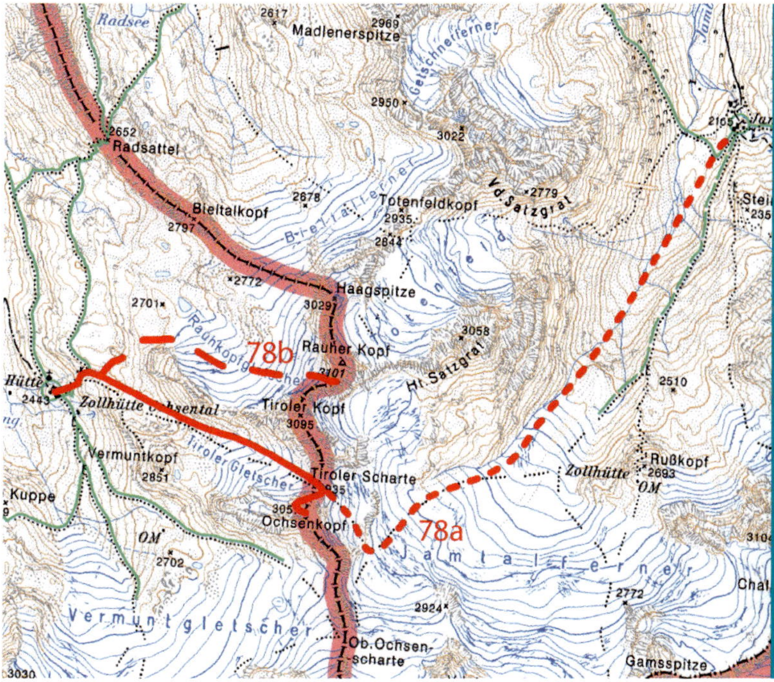

79 Dreiländerspitze 3.197 m

Übergang: Wiesbadener Hütte → Jamtalhütte

Ochsenscharte, Hintergrund: Jamspitze

Ein attraktiver Grenzberg, der einen nicht ohne ausgeprägte Kletterkünste auf seinen höchsten Punkt gelangen lässt.

Gebirge: Silvretta
Ausgangspunkt:
Wiesbadener Hütte (2.443 m)
Ausgangskoordinaten:
N46 52 05.23 E10 6 58.8
Gehzeit: 3 Std.
Höhenunterschied: 760 Hm
Beste Jahreszeit: Februar bis Mai

Karten: ÖK-Blatt 170, ÖKU-Blatt 2101, AVK-Blatt 26, LKS Blatt 249S, LKS-Blatt 1178 + 1198
Lawinensituation: Der Gipfelhang ist sehr steil und von dementsprechendem Risiko. Die sehr häufige Befahrung mindert das Risiko zeitweise etwas.

Besonderheit: Der Name des Berges steht dafür, dass an seiner Spitze die Länder Vorarlberg, Tirol und Schweiz zusammentreffen. Die Dreiländerspitze ist charakterisiert durch einen flachen Zustieg bis zur Ochsenscharte, den steilen Gipfelhang und Kletterei zum ausgesetzten höchsten Punkt (Seilsicherung und manchmal auch Steigeisen sinnvoll). Dafür ist der Rundblick unvergleichlich.

Anstieg: Von der Hütte steigt man in südöstlicher Richtung unter dem Vermuntkopf in optimaler Steigung hoch. Nach einem Flachstück geht es in konstanter Steigung über den Gletscher zur Ochsenscharte. Bei der Scharte begegnet man meist den Frühaufstehern der Jamtalhütte. Den Gipfelhang überwindet man in Spitzkehren am östlichen Rand und quert ganz oben nach rechts zum Schidepot unter den Felsen. Zum Gipfel umklettert man die ersten Felsen links und dann geht es immer den Grat entlang. Die Hauptschwierigkeit liegt in den letzten Metern zum Gipfel (Schwierigkeit II). Dabei ist Seilsicherung ratsam. Der Gipfel bietet nur wenigen Bergsteigern Platz und am Grat ist ein Passieren des „Gegenverkehrs“ nicht überall möglich.

Abfahrt: Abfahrt ähnlich wie Anstieg. Der steile Gipfelhang ist sehr lange in der Saison pulvrig. Man fährt meist bis etwa 2.800 m hinab und quert dann zur Aufstiegsspur.

Variante

Übergang: Wiesbadener Hütte → Jamtalhütte [79a]

Endpunkt: Jamtalhütte (2.165 m)
↗↙ 3 1/2 Std. • ↗ 550 Hm • ↙ 850 Hm • leicht
Von der Oberen Ochsenscharte (2.977 m) fährt man nach Nord-

Gipfelgruß auf der Dreiländerspitze

Abfahrtstraum von der Dreiländerspitze

osten links haltend den Gletscher hinab. Dann geht es das flache Tal bis in die Nähe der Hütte hinaus. Zuletzt hält man sich rechts und schafft es flach zur Hütte oder man bleibt weiter im Talboden und geht dann zu Fuß die wenigen Höhenmeter hinauf zur Hütte.

Reicht die Kondition noch aus, kann man noch zur Jamspitze aufsteigen und von dort über schöne Hänge zur Jamtalhütte abfahren.

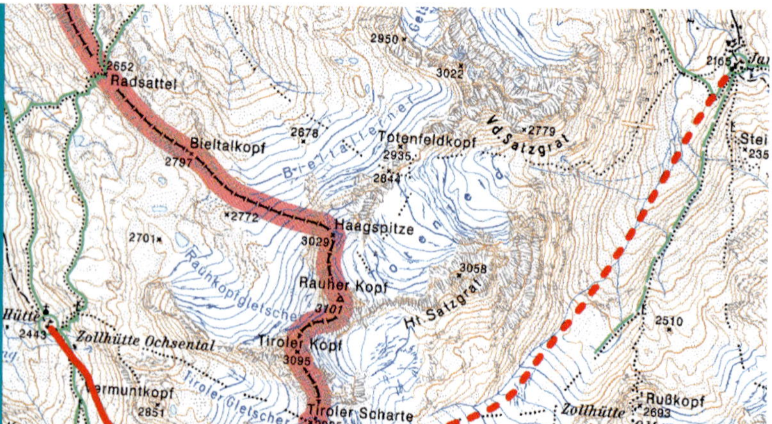

80 Piz Buin 3.312 m

Weitblick vom Piz Buin

Der Höchste unter den Vorarlberger Bergen, dessen Gipfel erkämpft sein will: zuletzt durch einen Felsriegel, den nur schwindelfreie, trittsichere und geübte Alpinisten wagen sollten.

Gebirge: Silvretta
Ausgangspunkt:
Wiesbadener Hütte (2.443 m)
Ausgangskoordinaten:
N46 52 05.23 E10 6 58.8
Gehzeit: 4 Std.
Höhenunterschied: 900 Hm
Beste Jahreszeit: März bis Mai

Karten: ÖK-Blatt 170, ÖKU-Blatt 2101, AVK-Blatt 26, LKS Blatt 249S, LKS-Blatt 1178 + 1198
Lawinensituation: Eher geringes Risiko. Am Gletscher gibt es Spalten und deshalb ist die richtige Spur sehr wichtig.

Besonderheit: Da der Weg durch den Gletscherbruch führt und der Gipfel nur nach längerer Kletterei erreicht werden kann, ist die Besteigung dieses Gipfels ein sehr ernstes Unternehmen und erfordert eine erfahrene Tourenleitung. Seilsicherung ist dabei ratsam und manchmal sind auch Steigeisen erforderlich. Der Anstieg übers Wiesbadener Grätle ist im Winter nicht üblich und sehr schwierig.
Der Ausblick vom Gipfel ist berühmt. Ortler, Bernina und viele andere Berggebiete sind zu erkennen. Schon mancher Tourengeher hat hier Lust auf diese exklusiven Ziele bekommen.

Anstieg:
Von der Hütte wendet man sich direkt nach Süden. Nach 1 km schwenkt man nach rechts (Westen) und ersteigt die Grüne Kuppe (2.579 m). Zum Ochsentaler Gletscher muss man dann wieder etwas hinab. Nun quert man den Gletscher nach Westen und steigt rechts am Gletscherbruch vorbei nach Süden auf. Anschließend geht es über den nun flachen Gletscher mehr als 1 km nach Süden, dann schwenkt

Grüne Kuppe

Im Bereich des Gletscherbruches

man langsam nach links zur Buinlücke (3.054 m), die klar zwischen dem Kleinen und Großen Piz Buin zu erkennen ist. Die Schier bleiben in der Buinlücke. Für den Gipfelanstieg gibt es je nach Schneelage zwei Möglichkeiten:
Sommerweg:
Zuerst steigt man den Westhang etwas hoch und wendet sich nach links zum Gratrücken. Nun beginnt der Kletterteil und ein Ausrutscher kann fatal enden (Seilsicherung!). Über Felsrisse und eine Rinne neben dem sogenannten Kamin erreicht man den Nordwestrücken. Über diesen geht es noch etwa 100 Hm auf einem Fußweg bis zum Gipfel.
Winterweg:
Bei guter Schneelage, wenn der Schnee gute Tritte ermöglicht, kann der Westhang über der Buinlücke rechts durch eine kleine Rinne verlassen werden. Man ist nun am Westrücken und kommt meist mit minimaler Kletterei zum Fußweg oberhalb der Kletterstellen.

Abfahrt: Bis unter den Gletscherbruch folgt man dem Anstieg. Dann fährt man einfach den tollen Hang hinab, bis es unterhalb der Hütte flach wird (etwa 2.250 m). Hier trifft man auf den Winterwanderweg zur Hütte und steigt über diesen zur Hütte auf oder fährt das Tal hinaus zum See und zur Bielerhöhe.

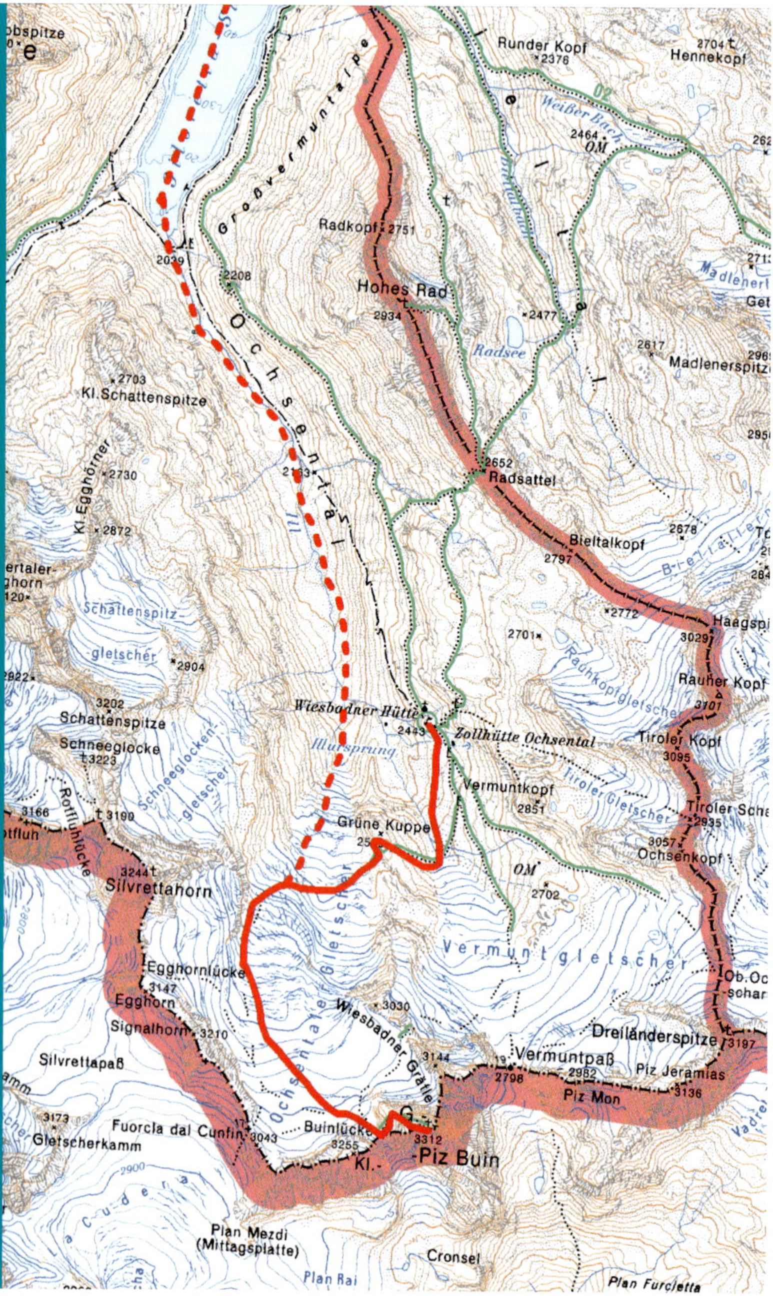
Runder Kopf
2376
2704
Hennekopf
Weißer Bach
2464
OM
Großvermuntalpe
Radkopf 2751
Hohes Rad
2934
2029
2208
2477
Radsee
2617
Madlenerspitze
2703
Kl. Schattenspitze
Ochsental
2652
Radsattel
2730
Kl. Egghörner
2872
Bieltalkopf
2797
2678
2772
2701
Haagspi
3029
Schattenspitz-
gletscher
2904
Radkopfgletscher
Rauher Kopf
3101
3202
Schattenspitze
Wiesbadner Hütte
2443
Zollhütte Ochsental
Tiroler Kopf
3095
Schneeglocke
3223
Illursprung
Schneeglocken-
gletscher
Vermuntkopf
2851
Tiroler Gletscher
Rotfluhlücke
3166
3190
Grüne Kuppe
3057
Ochsenkopf
3244
Silvrettahorn
OM
2702
Vermuntgletscher
Egghornlücke
3147
Egghorn
Ochsentaler Gletscher
3030
Wiesbadner Grätle
Signalhorn 3210
Dreiländerspitze
3197
Silvrettapaß
3144
Vermuntpaß
2798
2982
Piz Jeramias
Piz Mon
3136
3173
Gletscherkamm
Fuorcla dal Cunfin
3043
Buinlücke
3255
3312
Kl.
Piz Buin
2900
Plan Mezdi
(Mittagsplatte)
Cronsel
Plan Rai
Plan Furcletta

81 Silvrettahorn 3.244 m

Egghorn 3.147 m

Schneeglocke 3.223 m

Übergang Wiesbadener Hütte → Silvrettahütte

Morgenstimmung bei der Wiesbadener Hütte: Silvrettahorn, Schneeglocke, Schattenspitze

Etwas verzwickte Tour auf ein steiles Horn mit mehreren reizvollen Möglichkeiten zum Ausweichen, etwa über das Egghorn.

Gebirge: Silvretta
Ausgangspunkt:
Wiesbadener Hütte (2.443 m)
Ausgangskoordinaten:
N46 52 05.23 E10 6 58.8
Gehzeit: 3 1/4 Std.
Höhenunterschied: 830 Hm
Beste Jahreszeit: März bis Mai
Eignung: Schi

Karten: ÖK-Blatt 170, ÖKU-Blatt 2101, AVK-Blatt 26, LKS Blatt 249S, LKS-Blatt 1178 + 1198
Lawinensituation: Wegen des steilen Gipfelanstiegs sind sichere Verhältnisse nötig. Vom Übergang zur Schneeglocke bei nicht perfekten Verhältnissen ist abzuraten.

Besonderheit: Das Silvrettahorn ist im Sommer wie im Winter ein anspruchsvoller Berg, auch wenn er im Winter etwas einfacher ist. Viele Tourengeher bleiben deshalb bei der Egghornlücke. Als Lohn bietet es eine tolle Aussicht auf fast alle Silvrettaberge und vor allem auf den Piz Buin.

Anstieg: Von der Hütte wendet man sich direkt nach Süden. Nach 1 km schwenkt man nach rechts (Westen) und ersteigt die Grüne Kuppe (2.579 m). Zum Ochsentaler Gletscher muss man dann wieder etwas hinab. Nun quert man den Gletscher nach Westen und steigt rechts am Gletscherbruch vorbei nach Süden auf. Kurz nach Beginn des flachen Teiles des Gletschers, auf 2.800 m, wendet man sich nach rechts Richtung Nordwesten und steuert auf den Fuß des Südgrates des Silvrettahornes zu. Hier steil nach rechts weiter, dann unter einer Felsrippe nach links in die Westflanke und durch diese oft auch ohne Schi hinauf zum Gipfel weiter. Im Frühjahr sind eventuell Steigeisen erforderlich.

Abfahrt: Bis unter den Gletscherbruch folgt man dem Anstieg. Dann fährt man einfach den tollen Hang hinab, bis es unterhalb der Hütte flach wird (etwa

Stimmung am Gletscher

2.250 m). Hier trifft man auf den Winterwanderweg zur Hütte und steigt über diesen zur Hütte auf oder fährt das Tal hinaus zum See und zur Bielerhöhe.

Varianten

Egghorn (3.147 m) [81a]

3 Std. • 730 Hm • mittel

Dabei handelt es sich um eine reizvolle Variante zum Silvrettahorn. Zuerst geht es wie oben beschrieben zum Sattel beim Silvrettahorn. Kurz davor wendet man sich nach links und steigt unterhalb des Egghornes vorbei zum Sattel zwischen Egghorn und Signalhorn auf. Nun zu Fuß den Südostgrat entlang auf den Gipfel. Abfahrt wie Anstieg.

Übergang: Wiesbadener Hütte → Silvrettahütte [81b]

Endpunkt: Silvrettahütte (2.341 m)

↗↙ 4 Std. • ↗ 650 Hm • ↙ 750 Hm • mittel

Zuerst wie oben beschrieben auf den oberen Ochsentaler Gletscher und weiter hinauf zur nördlichen Egghornlücke. Dann kann man auf der Westseite steil hinab zum Silvrettagletscher und weiter zur Silvrettahütte. Man kann auch noch weiter Richtung Piz Buin und dann nach rechts zur Fuorcla dal Cunfin (3.043 m) aufsteigen. Von dort geht es flach nach

Bei der Wiesbadener Hütte: Blick zum Piz Buin

Nordwesten zum Silvrettapass (3.003 m) und dann ebenfalls den Silvrettagletscher hinab. Details siehe Tour 84.

Übergang zur Schneeglocke (3.223 m) [81c]

+1 Std. • +150 Hm • schwierig bis sehr schwierig

Erfahrene Bergsteiger können bei entsprechend guten Verhältnissen vom Silvrettahorn weiter zur Schneeglocke und somit eine besondere Überschreitung erleben. Steigeisen sind fast immer erforderlich. Die linksseitige Umgehung des „Knoten" ist manchmal leicht, oft aber auch sehr lawinengefährlich. Die direkte Übersteigung des Knoten ist immer schwierig (II). Abfahrt ins Klostertal siehe Tour 74.

Anstieg zur Grünen Kuppe

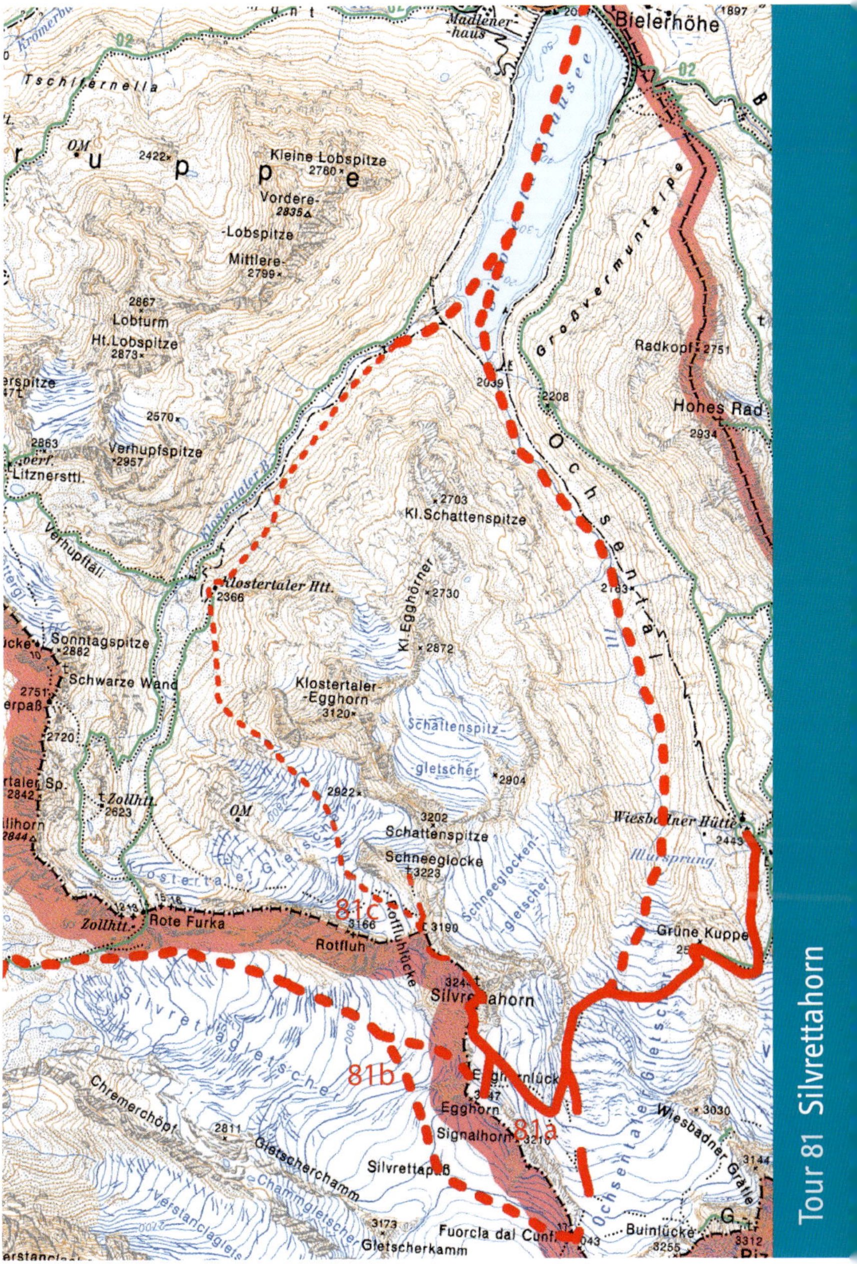

Bielerhöhe
Madlener-haus
Tschifernella
Kleine Lobspitze
2760
Vordere-
2835
-Lobspitze
Mittlere-
2799
2422
2867
Lobturm
Ht. Lobspitze
2873
Großvermuntalpe
Radkopf 2751
Hohes Rad
2934
2039
2208
Ochsental
2570
Verhupfspitze
2957
2863
Litznerstl.
Verhupftäli
2703
Kl. Schattenspitze
Klostertaler Htt.
2366
Kl. Egghörner
2730
2872
2783
Sonntagspitze
2882
Schwarze Wand
2751
2720
Klostertaler-
-Egghorn
3120
Schattenspitz-
-gletscher
2904
Zollhtt.
2623
2922
3202
Schattenspitze
Wiesbadner Hütte
2443
Illursprung
Schneeglocke
3223
Schneeglocken-gletscher
81c
Zollhtt.
Rote Furka
3166
Rotflüh
Rotfluhlücke
3190
Grüne Kuppe
Silvrettahorn
Silvrettagletscher
81b
Egghornlücke
3147
Egghorn
Signalhorn
3210
81a
Ochsentaler Gletscher
3030
Wiesbadner Grätle
3144
Chremerchöpf
2811
Gletscherchamm
Chammgletscher
Verstanclagletscher
Silvrettapaß
3173
Gletscherkamm
Fuorcla dal Cunfin
3043
Buinlücke
3255
3312
Tour 81 Silvrettahorn

Silvrettahütte (2.341 m)

Die Silvrettahütte ist vielen Vorarlberger Bergsteigern unbekannt, obwohl sie von der Bielerhöhe sehr gut übers Klostertal und die Rote Furka erreichbar ist. Sie liegt malerisch unterhalb des Silvrettagletschers direkt an der Geländekante, wo das Tal des Silvrettagletschers steil ins Verstanclatal hinabstürzt.
Telefon Hütte: +41/(0)81/42 21 306
Telefon Tal: +41/(0)79/62 84 841
Web: www.silvrettahuette.ch
E-Mail:
silvrettahuette@bluewin.ch
geöffnet:
Mitte Februar bis Anfang Mai
Schlafplätze: 65 Schlafplätze
Winterraum: 15 Lager (offen)
Zugang: Bielerhöhe (2.036 m)
3 1/2 Std. • 700 Hm • mittel
Von der Bielerhöhe quert man den See nach Süden. Etwa in der Hälfte des Sees trennen sich die Spuren ins Klostertal (rechts) und ins Ochsental (links). Ins Klostertal geht es am Seerand links des markanten Klostertalbaches hoch und nach etwa 2 1/2 km meist flachen Anstiegs gelangt man in den Bereich der Klostertaler Hütte (2.366 m – öffentlich nicht zugänglich). Dabei hält man sich immer auf der Ostseite (links) des Baches und geht unterhalb der Hütte vorbei. Am Talende führt eine steilere Rinne hinauf zur Roten Furka (2.688 m), die den niedrigsten Punkt des Kammes darstellt. Dann muss man direkt den steilen Hang (35°–40°) nach Süden hinab zum Ende des Silvrettagletschers. Nun nach rechts leicht bergab in südwestlicher Richtung zur Hütte (viele große Steinmänner und -frauen).

Silvrettahütte

82 Schneeglocke 3.223 m

Rotfluh 3.166 m

Übergang: Silvrettahütte → Saarbrücker Hütte

Grat zur Schneeglocke

Der Schiberg der Silvretta bezaubert nicht nur dann, wenn er von der Bielerhöhe aus erstiegen wird, auch von der Silvrettahütte aus lässt sich der Gipfel auf lohnendem Weg entdecken.

Gebirge: Silvretta
Ausgangspunkt: Silvrettahütte (2.341 m)
Ausgangskoordinaten:
N46 51 16.1 E10 2 29.0
Gehzeit: 3 1/2 Std.
Höhenunterschied: 890 Hm
Beste Jahreszeit: Februar bis Mai

Karten: ÖK-Blatt 169 + 170,
ÖKU-Blatt 2101, AVK-Blatt 26,
LKS Blatt 249S, LKS-Blatt 1178 + 1198
Lawinensituation: Die Traverse zum Schneeglockengletscher kann durch Schneeverfrachtungen kritisch sein und auch der Gipfelhang erfordert sichere Verhältnisse.

Besonderheit: Wenn man von Schitouren in der Silvretta spricht, dann ist diese Tour wahrscheinlich die erstgenannte. Zwar denken die meisten an den Anstieg von der Bielerhöhe, denn fast 800 Hm Abfahrt in perfekter Neigung lässt niemand kalt. Ob Pulverschnee oder Firn ist dabei belanglos. Aber auch der Anstieg von der Silvrettahütte und die Abfahrt ins Klostertal ist sehr zu empfehlen.

Anstieg: Von der Hütte steigt man zuerst in nordöstlicher Richtung das leicht ausgeprägte Tal bis unter die Rote Furka auf. Dann muss man den steilen Hang hinauf zu diesem Übergang, der möglicherweise schon beim Zustieg zur Hütte überquert wurde. Anschließend folgt man kurz dem Kamm nach Osten, bis man nach links zum Gletscher hinabfahren kann. Nun geht es auf diesem in angenehmer Steigung bis südlich unter den Gipfel. Hier steigt man in Richtung des markanten Knoten (ein Felskopf am Grat rechts des Gipfels) auf und muss sich den steilen Hang zum Grat hinaufkämpfen (manchmal auch ohne Schi). Über den Grat ist man kurz darauf am Gipfel.

Abfahrt: Abfahrt wie Anstieg.

Varianten

Anstieg durch die Südrinne [82a]

Zuerst steigt nach Osten bis zum Silvrettagletscher auf. Auf etwa 2.800 m wendet man sich nach links und steuert den immer steiler werdenden Hang an, der bis hoch in die Felsen des Knoten hinaufreicht. Auf etwa 2.900 m zieht nach links eine steile Rinne hinauf (ca. 40° steil, Schi tragen), die zum Klostertaler Gletscher führt.

Abfahrt ins Klostertal [82b]

Sinnvoll ist oft die Abfahrt ins Klostertal. Meist wird dabei die rechte Gletscherzunge (in Abfahrtsrichtung gesehen) gewählt, da hier die steileren Hänge warten. Zurück zur Silvrettahütte muss man im Talboden (etwa 2.400 m) die Felle aufziehen und noch etwa 280 Hm nach Süden zur Roten Furka (2.688 m) aufsteigen. Von dort entlang des Aufstieges (tageszeitliche Erwärmung und Durchnässung des Hanges beachten!) hinab zur Hütte.

Übergang: Silvrettahütte → Saarbrücker Hütte [82c]

Endpunkt: Saarbrücker Hütte (2.538 m)

↗↙ 5 Std. • ↗ 900 Hm • ↙ 700 Hm • mittel

Zuerst wie oben beschrieben zur

Roten Furka (2.688 m) und auf der anderen Seite hinab ins Klostertal. Bei der Klostertaler Hütte (2.320 m) steigt man nach links übers Verhupftäli (siehe Tour 73) zum Litzner Sattel (2.737 m). Von dort fährt man bis unterhalb der Saarbrücker Hütte ab und erreicht mit etwa 100 Hm Anstieg die Hütte (2.538 m).

Rotfluh (3.166 m) [82d]

3 1/2 Std. • 830 Hm • schwierig

Die Rotfluh wird nur selten bestiegen (siehe Tour 74).

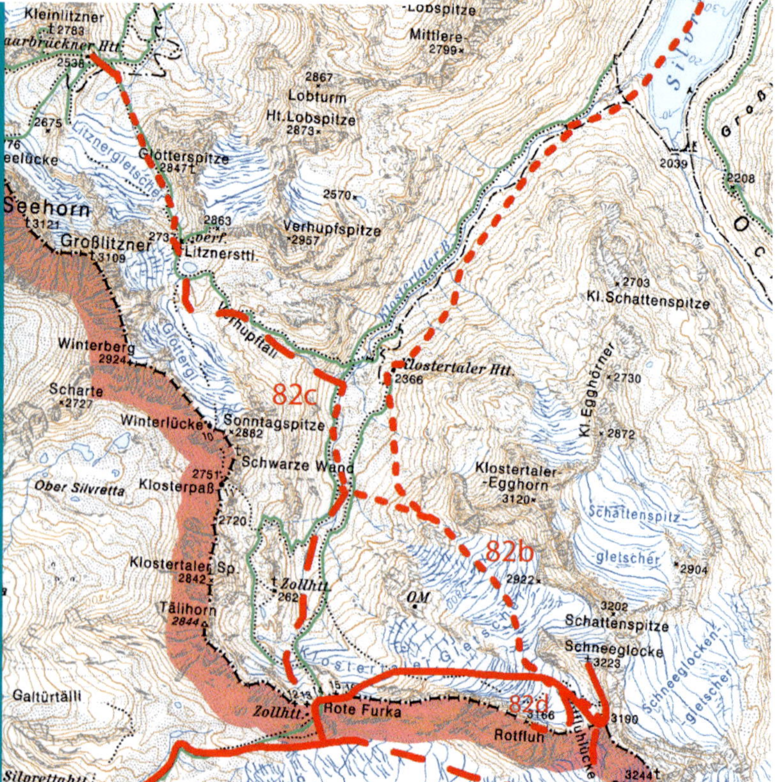

83 Silvrettahorn 3.244 m

Egghorn 3.147 m

Schneeglocke 3.223 m

Silvrettagletscher mit Silvrettahorn, Egghorn, Signalhorn

Das steile Horn ist auch von der Silvrettahütte aus nicht leicht zu erklimmen, eine deutlich einfachere Alternative bietet das Egghorn.

Gebirge: Silvretta
Ausgangspunkt: Silvrettahütte (2.341 m)
Ausgangskoordinaten: N46 51 16.1 E10 2 29.0
Gehzeit: 4 Std.
Höhenunterschied: 900 Hm
Beste Jahreszeit: März bis Mai

Karten: ÖK-Blatt 169 + 170, ÖKU-Blatt 2101, AVK-Blatt 26, LKS Blatt 249S, LKS-Blatt 1198
Lawinensituation: Wegen des steilen Gipfelanstiegs sind sichere Verhältnisse nötig. Vom Übergang zur Schneeglocke bei nicht perfekten Verhältnissen ist abzuraten.

Besonderheit: Das Silvrettahorn bietet eine tolle Aussicht auf fast alle Silvrettaberge und vor allem auf den Piz Buin. Seine Ersteigung ist allerdings nicht leicht.

Anstieg:
Von der Hütte geht man zuerst in nordöstlicher Richtung das leicht ausgeprägte Tal und anschließend nach Osten den Silvrettagletscher hoch. Oberhalb von 2.800 m steuert man den Steilhang an, der sich rechts (südlich) eines Felsfußes befindet. Hier steil nach links weiter, dann unter einer Felsrippe nach links in die Westflanke und durch diese oft auch ohne Schi hinauf zum Gipfel. Im Frühjahr sind eventuell Steigeisen erforderlich.

Abfahrt vom Egghorn ins Ochsental

Abfahrt: Abfahrt wie Anstieg.

Varianten

Egghorn (3.147 m) [83a]

3 1/2 Std. • 810 Hm • mittel

Dabei handelt es sich um eine reizvolle und deutlich leichtere Variante zum Silvrettahorn. Zuerst geht es wie oben beschrieben über den Silvrettagletscher bis unter den Gipfelaufbau. Nun rechts des Gipfels in Sattel zwischen Egghorn und Signalhorn hoch und abschließend zu Fuß den Südostgrat entlang auf den Gipfel. Abfahrt wie Anstieg.

Übergang zur Schneeglocke (3.223 m) [83b]

+1 Std. • +1 Hm • schwierig bis sehr schwierig

Erfahrene Bergsteiger können bei entsprechend guten Verhältnissen vom Silvrettahorn weiter zur Schneeglocke und somit eine besondere Überschreitung erleben. Siehe Tour 81.

Abfahrt zur Bielerhöhe [83c]

Siehe Tour 81.

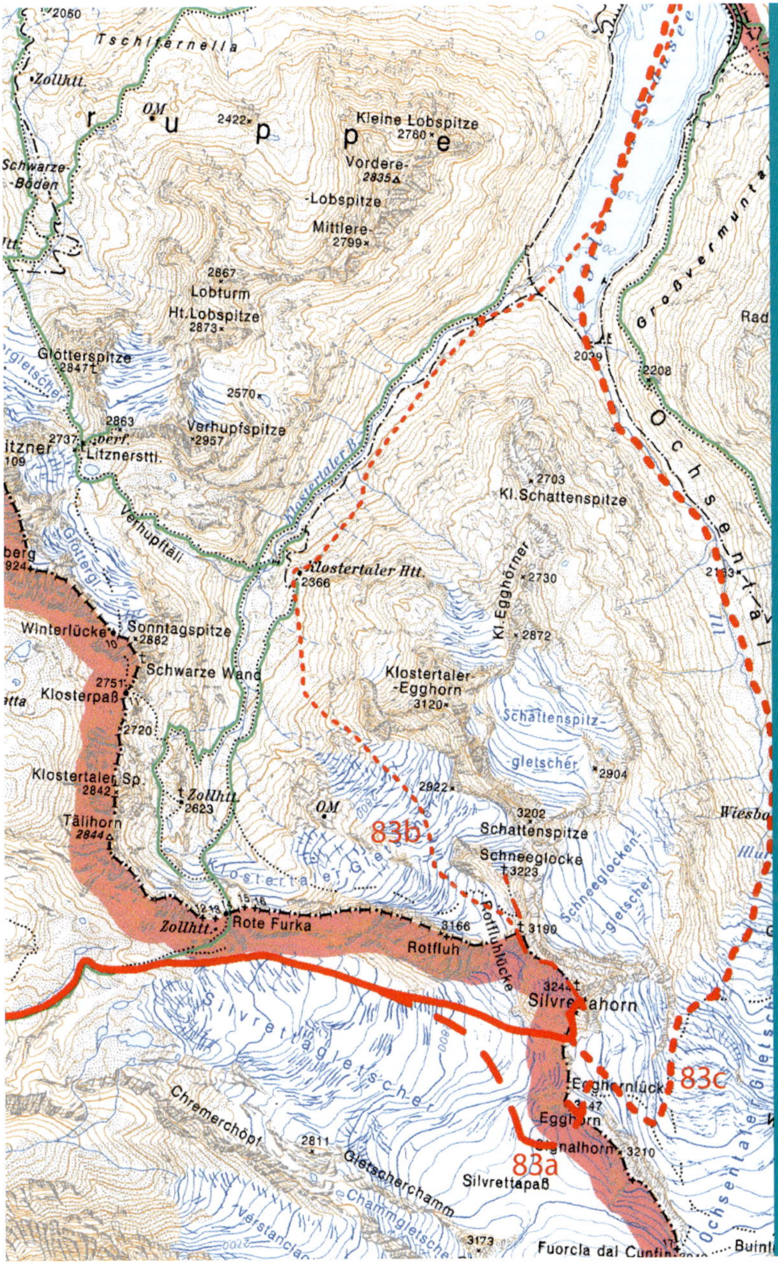

Tschifernella
Zollhtt.
Kleine Lobspitze
2760
Vordere-
2835
-Lobspitze
Mittlere-
2799
Lobturm
Ht.Lobspitze
2873
Glötterspitze
2847
Verhupfspitze
2957
Litznersttl.
Klostertaler Htt.
2366
Kl.Schattenspitze
Kl.Egghörner
Winterlücke
Sonntagspitze
2882
Schwarze Wand
Klosterpaß
Klostertaler-
-Egghorn
3120
Schattenspitz-
gletscher
Klostertaler Sp.
2842
Zollhtt.
2623
Tälihorn
2844
Schattenspitze
Schneeglocke
3223
Rote Furka
Rotfluh
Rotfluhlücke
Silvrettahorn
Silvrettagletscher
Egghornlücke
Egghorn
Signalhorn
3210
Chremerchöpf
Gletscherchamm
Silvrettapaß
Fuorcla dal Cunfin
Ochsental
83a
83b
83c
Tour 83 Silvrettahorn

84 Piz Buin 3.312 m

Übergang: Silvrettahütte → Wiesbadener Hütte

Blick vom Piz Buin zum Silvrettahorn

Der „Höchste" unter den Vorarlbergern, der ja zugleich auch Schweizer ist, ist nur nach ausdauernder Felskletterei zu erreichen, die geübt sein will.

Gebirge: Silvretta
Ausgangspunkt: Silvrettahütte (2.341 m)
Ausgangskoordinaten: N46 51 16.1 E10 2 29.0
Gehzeit: 5 Std.
Höhenunterschied: 1.100 Hm
Beste Jahreszeit: März bis Mai

Karten: ÖK-Blatt 169 + 170, ÖKU-Blatt 2101, AVK-Blatt 26, LKS Blatt 249S, LKS-Blatt 1198
Lawinensituation: Eher geringes Risiko. Am Gletscher gibt es Spalten und deshalb ist die richtige Spur sehr wichtig.

Besonderheit: Da der Gipfel nur nach längerer Kletterei erreicht werden kann, ist die Besteigung dieses Gipfels ein sehr ernstes Unternehmen und erfordert eine erfahrene Tourenleitung. Seilsicherung ist ratsam. Manchmal sind auch Steigeisen erforderlich. Der Ausblick vom Gipfel ist berühmt.
Ortler, Bernina und viele andere Berggebiete sind zu erkennen. Schon mancher Tourengeher hat hier Lust auf diese exklusiven Ziele bekommen.

Anstieg: Von der Hütte geht man zuerst in nordöstlicher Richtung das leicht ausgeprägte Tal und anschließend nach Osten den Silvrettagletscher hoch. Dabei hält man sich eher links (in Aufstiegsrichtung gesehen – rechts sind Spaltenzonen). Oberhalb von 2.800 m wendet man sich nach Südosten und steigt unterhalb von Egghorn und Signalhorn zum Silvrettapass (2.994 m) auf. Auf der Ostseite davon geht es flach unter die Fuorcla dal Cunfin (3.042 m), die zuletzt über einen kurzen Steilhang erstiegen wird. Auf der anderen Seite muss man etwas hinab und quert dann flach unterhalb des Kleinen Piz Buin zur Buinlücke (3.054 m) zwischen dem Kleinen und Großen Piz Buin. Die Schier bleiben nun in der Buinlücke.

Für den Gipfelanstieg gibt es je nach Schneelage zwei Möglichkeiten:
Sommerweg:
Zuerst steigt man den Westhang etwas hoch und wendet sich nach links zum Gratrücken. Nun beginnt der Kletterteil und ein Ausrutscher kann fatal enden (Seilsicherung!). Über Felsrisse und eine Rinne neben dem sogenannten Kamin erreicht man den Nordwestrücken. Über diesen geht es noch etwa 100 Hm auf einem Fußweg bis zum Gipfel.
Winterweg:
Bei guter Schneelage, wenn der Schnee gute Tritte ermöglicht, kann der Westhang über der Buinlücke rechts durch eine kleine Rinne verlassen werden. Man ist nun am Westrücken und kommt meist mit minimaler Kletterei zum Fußweg oberhalb der Kletterstellen.

Abfahrt: Will man zur Silvrettahütte zurück, folgt man der Anstiegsroute. Die Übersteigung der Fuorcla dal Cunfin und des Silvrettapasses ist dabei etwas mühsam.

Varianten

Rückweg über Egghornlücke [84a]

Statt des mühsamen Rückweges über die Fuorcla dal Cunfin und den Silvrettapass ist es sehr reizvoll, zuerst Richtung Bielerhöhe soweit abzufahren, wie es Spaß macht und wie ausreichende Kraftreserven für einen Wiederaufstieg übrig bleiben. Anschließend steigt man zur Egghornlücke (3.047 m) auf und kann dann auf der Westseite steil hinab auf den Silvrettagletscher und dann entlang der restlichen Aufstiegsroute zurück zur Hütte.

Abfahrt zur Bielerhöhe [84b]

Von der Buinlücke geht es in nordwestlicher Richtung auf die linke Seite des Gletschers unterhalb der Felsen des Silvrettahornes und hier knapp bei den Felsen nach Norden.
Dann fährt man einfach den tollen Hang hinab, bis es unterhalb der Wiesbadener Hütte flach wird (etwa 2.250 m).
Hier trifft man auf den Winterwanderweg zur Hütte und fährt über diesen weiter das Tal hinaus zum See und zur Bielerhöhe.

Übergang: Silvrettahütte (2.341 m) → Wiesbadener Hütte [84c]

Endpunkt:
Wiesbadener Hütte (2.443 m)
↗↙ 4 Std. • ↗ 750+200 Hm •
↙ 800 Hm • mittel

Zuerst wie oben beschrieben über den Silvrettapass (2.994 m) und die Fuorcla dal Cunfin (3.042 m) auf den Ochsentaler Gletscher.
Nun wie oben beschrieben hinab zum Winterwanderweg zur Wiesbadener Hütte und über diesen hinauf zur Hütte.

Der Piz Buin naht

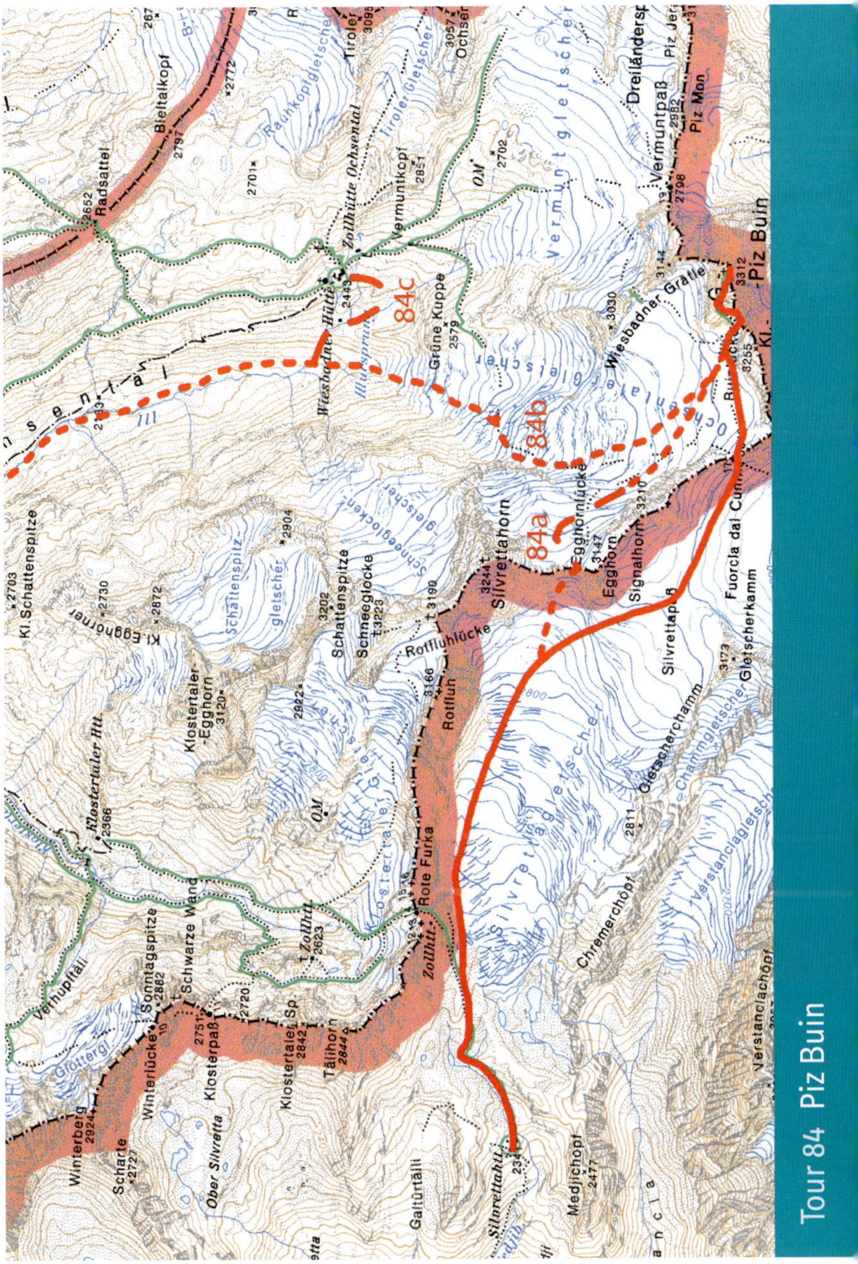
Tour 84 Piz Buin
84a
84b
84c
Piz Buin
3312
Wiesbadner Grätle
Wiesbadner Hütte
2443
Grüne Kuppe
2579
Vermuntkopf
2851
Zollhütte Ochsental
Radsattel
2652
Bieltalkopf
2797
Dreiländersp.
Vermuntpaß
2982
Piz Mon
Vermuntgletscher
Ochsentalergletscher
Egghornlücke
Egghorn
3147
Signalhorn
3210
Silvrettahorn
3244
Silvrettapaß
Fuorcla dal Cun
Gletscherkamm
3173
Silvrettagletscher
Rotfluhlücke
Rotfluh
3166
Schneeglocke
3223
Schattenspitze
3202
Schattenspitzgletscher
Schneeglockengletscher
Kl. Schattenspitze
2703
Klostertaler-Egghorn
3120
Klostertaler Htt.
2366
Rote Furka
Zollhtt.
Chremerchöpf
Gletscherchamm
Chammgletscher
Verstanclagletscher
Verstanclachöpf
Medjichopf
2477
Galtürtälli
Silvrettahtt.
Tälihorn
2844
Klostertaler Sp.
2842
Klosterpaß
2751
Schwarze Wand
Sonntagspitze
2882
Winterlücke
Winterberg
2924
Scharte
2727
Ober Silvretta
Verhupftäli
Grüne Kuppe

Bregenzerwald

Der Bregenzerwald ist kein Wald und auch keine Gebirgsgruppe, sondern eine Talschaft. Von oben betrachtet ist er eine hügelige Landschaft, die an einigen Stellen von massiven Bergen durchbrochen ist. Er wird durch die oft sehr tief eingeschnittene Bregenzerach geteilt. Richtung Hochtannbergpass türmen sich die Berge immer schroffer und höher auf.
Diese einzigartige Landschaft hat auch die Menschen geprägt. Sogar mancher Vorarlberger hat beim Anhören des Bregenzerwälder Dialektes das Gefühl, er befinde sich im fremdsprachigen Ausland. Dies schlägt sich auch in den Namen einiger Berge nieder.
Der „Wald“ zählt zu den schneereichsten Gebieten der Ostalpen. Deshalb bietet er fast unzählige Möglichkeiten für kleine bis große Schitouren. Trotzdem sind die schneearmen Winter der letzten Jahre zu bemerken. Viele Lifte in niedrigen Regionen stehen fast den gesamten Winter im Grünen und manche früher oft begangenen Hänge weisen nur mehr an wenigen Tagen Spuren auf.
In diesem vielfältigen Gebiet wechseln sich Schigebiete und Tourenberge ab. Jede Tour startet in einem anderen Ort und es gibt deshalb keinen zentralen Ausgangspunkt. Die Reihung der Touren folgt der Reise von Bregenz bis zum Hochtannberg. Für diesen Führer wurden nur die bekanntesten und markantesten Ziele ausgewählt. Dabei wurde auch die Dauer der Anreise aus dem Rheintal in Relation zur Tourenlänge mit einbezogen. Der Bereich an der Grenze zu Deutschland wurde deshalb bewusst nicht berücksichtigt.

Egg bis Bizau

Gebirge: Bregenzerwaldgebirge
Talorte: Egg (561 m), Andelsbuch (613 m), Bezau (650 m), Bizau (681 m)
Ausgangspunkte: Schetteregg (1.060 m), Bezau-Sonderdach (1.208 m), Talstation Hirschbergbahn (792 m)
Anreise: Nach Schetteregg fährt man in Egg Richtung Großdorf. Direkt bei der Kirche zweigt die gut beschilderte Straße ab. In Schetteregg gibt es ausreichend Parkmöglichkeiten bei den Liften. In Andelsbuch, Bezau und Bizau parkt man bei der Talstation der Bergbahnen.
Öffentliche Verkehrsmittel: Nach Egg und Bezau fährt man mit dem Bus Linie 35 ab Bregenz und Linie 40 ab Dornbirn. Von Egg mit Linie 32 nach Schetteregg und von Bezau nach Bizau mit Linie 34.
Karten: ÖK-Blatt 112, ÖKU-Blatt 1218 + 1224 + 2213 + 2219, LKS-Blatt 218 + 228, F&B-Blatt 364

Beim Hammeratsbergvorsäß

85 Winterstaude 1.877 m

Bullerschkopf 1.761 m

Am Gipfel der Winterstaude angekommen

So klein und doch schon so ernst zu nehmen: die Winterstaude, die trotz ihrer recht bescheidenen Seehöhe hohe Anforderungen an die Erfahrung der Tourengeher stellt.

Gebirge: Bregenzerwaldgebirge
Ausgangspunkt:
Egg – Schetteregg (1.060 m)
Ausgangskoordinaten:
N47 25 04.0 E9 59 07.0
Gehzeit: 3 Std.
Höhenunterschied: 850 Hm
Beste Jahreszeit: Dezember bis März

Karten: ÖK-Blatt 112, ÖKU-Blatt 1218 + 1224 + 2213 + 2219, LKS-Blatt 218 + 228, F&B-Blatt 364
Lawinensituation: Die Winterstaude und der Bullerschkopf weisen mächtige Nordhänge auf, die oft sehr viel Schnee haben. Deshalb ist der Anstieg auch bei guter Spuranlage an sichere Bedingungen gebunden.

Besonderheit: Die Winterstaude ist schon von weiter Ferne zu sehen. Sie stellt trotz ihrer geringen Höhe eine sehr ernste Tour dar, die fundierte Kenntnisse voraussetzt. Dafür ist der Ausblick traumhaft. Sowohl der Bodensee als auch fast alle markanten Bregenzerwälder Berge sind erkennbar.

Anstieg: Vom Parkplatz geht man zuerst kurz den Weg (meist für Pferdeschlitten gespurt) zum Hammeratsbergvorsäß. Nach der Brücke über den Bach verlässt man schräg rechts ansteigend den Weg. Leider muss man die gewonnenen Höhenmeter anschließend wieder abfahren und gelangt zur Unteren Falzalpe (1.141 m). Hier geht man noch ein Stück weiter Richtung Obere Falzalpe, wendet sich dann aber nach links (Süden). Man steigt auf der Ostseite einer kleinen Rinne in Richtung der Felsen der Hohen Kirche hoch und erreicht den Bereich der Bühlenalpe (1.486 m). Hier sollte man knapp oberhalb der Alphütte nach Westen (rechts) queren und über eine Rippe kommt man auf etwa 1.700 m zum Kamm, der nach rechts zum Gipfel führt.

Abfahrt: Abfahrt wie Anstieg. Der Versuch, von der Winterstaude direkter abzufahren, endet meist bei einem Wasserfall, der nur selten überwunden werden kann. Ab der Unteren Falzalpe bleibt man besser auf dem Weg, auch wenn er nicht immer abwärts geht und deshalb Schiebepassagen aufweist.

Varianten

Anstieg von Bezau [85a]

Ausgangspunkt:
Bezau-Sonderdach (1.208 m)
2 1/2 Std. • 700 Hm • mittel
Eine andere Möglichkeit zur Ersteigung der Winterstaude ist der Aufstieg von Bezau aus. Dieser Anstieg ist durch seine Südorientierung für Schi nur selten optimal, aber durchaus gut für Schneeschuhe geeignet.
Dabei folgt der Anstieg meist den gut erkennbaren Güterwegen.
Vom Sonderdach geht es leicht bergauf und zwischendurch auch etwas bergab nach Osten ins Tal bei der Wildmoosalpe. Hier noch ein Stück flach nach Osten weiter und dann den Hang entlang hinauf zur Lingenauere Alpe. Etwas vor der Alpe beginnt der letzte, sehr steile Anstieg zum Gipfel.
Abfahrt wie Anstieg, wobei bei guter Schneelage von der Wildmoosalpe auch eine Abfahrt

über den Güterweg nach Bezau denkbar ist.

Bullerschkopf (1.761 m) [85b]

2 1/2 Std. • 740 Hm • mittel

Er ist etwas niedriger als die Winterstaude und deshalb auch beliebt. Zuerst geht es wie oben beschrieben zur Unteren Falzalpe. Hier überquert man nach links auf einer kleinen Brücke den Bach, steigt nach rechts geschützt im Wald auf und quert dann nach links (Osten) zur Isenwartalpe (1.361 m). Weiter geht es ostseitig (links) zum Kamm und ihm entlang steil zum Gipfel. Abfahrt wie Anstieg. Bei sehr guten Verhältnissen kann man auch den Gipfelhang direkt abfahren.

Kurz nach dem Start im Schetteregg

Übergang vom Bullerschkopf zur Winterstaude [85c]

+1 1/2 Std. • +150 Hm • schwierig

Gute Bergsteiger können vom Bullerschkopf teilweise südseitig ausweichend den Kamm entlang zur Winterstaude gelangen.

Tour 85 Winterstaude

86 Hirschberg-Schigipfel 1.535 m

Hirschberg 1.834 m

Tiefschneegenuss

Einfach, schnell und gut: Diese Tour durch ein früheres Schigebiet besticht durch die angenehme Steigung der Hänge – und nicht zuletzt auch durch ihre Anfängertauglichkeit.

Gebirge: Bregenzerwaldgebirge
Ausgangspunkt: Bizau – Talstation Hirschbergbahn (792 m)
Ausgangskoordinaten: N47 22 05.5 E5 56 53.7
Gehzeit: 2 1/2 Std.
Höhenunterschied: 750 Hm
Beste Jahreszeit: Dezember bis März
Karten: ÖK-Blatt 111, ÖKU-Blatt 1124 + 2219, LKS-Blatt 228, F&B-Blatt 364
Lawinensituation: Der Anstieg bis zur Bergstation der im Winter nicht in Betrieb befindlichen Bahn ist wenig gefährdet. Der weitere Weg zum Gipfel ist durch die Südlage meist ebenfalls problemlos.

Besonderheit: Früher tummelten sich am Hirschberg die Pistenschifahrer. Seit allerdings die Liftanlagen im Winter still stehen, wird es stiller. Durch die geringe Lawinengefahr und die optimale Steilheit der ehemaligen Schipiste eignet sich dieser Anstieg besonders auch für Anfänger. Die Tour endet üblicherweise etwas oberhalb der Bergstation der Sesselbahn.

Anstieg: Die ehemalige Piste geht in Aufstiegsrichtung gesehen links (nordseitig) der Sesselbahn hinauf. Außer im untersten Teilstück gibt es dank der Nordlage meist überraschend viel Schnee. Bei der Bergstation der Sesselbahn geht es nach links hinauf auf einen Kopf, der Schigipfel oder auch Plattenkopf genannt wird.

Abfahrt: Abfahrt wie Anstieg.

Variante

Hirschberg (1.834 m) [86a]

3 1/2 Std. • 1.050 Hm • mittel

Der Weiterweg zum Hirschberggipfel folgt dem Güterweg, ist oft für Schi ungeeignet und wird deshalb eher von Schneeschuhwanderern begangen. Er beginnt bei der Bergstation der Sesselbahn und führt südseitig mit geringer Steigung Richtung Osten zur Oberen Hirschbergalpe und zum Hirschbergsattel (1.605 m). Dann geht es steil hinauf zum Gipfel. Abfahrt wie Anstieg.

Mellau bis Schoppernau und Damüls

Gebirge: Bregenzerwaldgebirge
Talorte: Mellau (688 m), Au (792 m), Damüls (1.425 m), Schoppernau (852 m)
Ausgangspunkte: Mellau – Ortsmitte (688 m), Au – Gemeindeamt (810 m), Au-Argenau (850 m), Au-Argenwald (1.235 m), Damüls – Gh. Jägerheim (1.680 m), Schoppernau – Ortsende (850 m), Schoppernau – Kraftwerk (880 m), Hopfreben (1.000 m)
Anreise: Von Bezau weiter die B200 Richtung Hochtannberg. In Mellau und Au Parkmöglichkeiten in der Ortsmitte, in Schoppernau beim jeweiligen Ausgangspunkt. Die Straße nach Damüls zweigt in Au ab. Parkmöglichkeiten bei den Ausgangspunkten entlang der Straße. Nach Damüls ist die Anreise übers Große Walsertal und das Faschinajoch zu empfehlen, wenn aus dem Raum Feldkirch/Bludenz kommt.
Öffentliche Verkehrsmittel: Bis Bezau mit Bus Linie 35 ab Bregenz und Linie 40 ab Dornbirn. Weiter mit der Linie 40 bis Schoppernau und ab hier nach Damüls mit der Linie 43
Karten: ÖK-Blatt 112, ÖKU-Blatt 1224 + 2219, LKS-Blatt 218 + 228, F&B-Blatt 364

Blick vom Toblermann zu Damülser Mittagsspitze, Lug und Kanisfluh

87 Dornbirner First:

Guntenkopf 1.765 m
Guntenspitze 1.811 m
Hangspitze 1.746 m

Rast auf dem Guntenkopf

Gipfel mit beeindruckendem Bodensee- und Rheintalblick, der nicht nur von Dornbirn, sondern auch von Mellau aus eine Schitour wert ist.

Gebirge: Bregenzerwaldgebirge
Ausgangspunkt: Mellau – Eingang des Mellentales bei Brücke oder Steinbruch (730 m)
Ausgangskoordinaten: N47 20 40.8 E9 52 12.2
Gehzeit: 4 1/2 Std.
Höhenunterschied: 1.100 Hm

Beste Jahreszeit: Dezember bis März
Karten: ÖK-Blatt 111, ÖKU-Blatt 1224, LKS-Blatt 228
Lawinensituation: Nach starken Schneefällen ist vor allem der letzte Anstieg kritisch. Weiters sind Windverfrachtungen zu beachten.

Besonderheit: Der Dornbirner First ist auch aus dem Bregenzerwald beliebt. Wenn man den Kamm erreicht, wird plötzlich der Blick zum Bodensee und übers Rheintal frei. Der Gipfelhang bietet durch seine Ostorientierung überraschend oft guten Schnee.

Anstieg: Zuerst geht es auf dem Güterweg etwa 2 1/2 km das Tal hinein. Bei Elma, vor einem von rechts einmündenden Bach, geht es durch den Wald hinauf zur Waldalpe (1.124 m). Von der Alpe direkt nach Norden gerade hinauf in den Bereich der Untergüntenstallalpe, hier auf dem Güterweg nach rechts (ostseitig) bergauf und um eine Geländekante herum. Dann geht es in westlicher Richtung (links) einen Talkessel hinauf. Etwa 100 Hm höher hält man sich rechts und kommt in den Bereich der Obergüntenstallalpe. Noch vor der Alphütte geht es links ansteigend den Hang hinauf zum First. Der Guntenkopf befindet nun sich links, die Guntenspitze rechts.

Abfahrt: Abfahrt wie Anstieg.

Variante

Hangspitze (1.746 m) [87a]

Ausgangspunkt:
Mellau – Ortsmitte (688 m)
3 1/2 Std. • 1.020 Hm • mittel
Die Hangspitze ist der östlichste Kopf des langen Kammes, der von ihm über den First und die

Die letzten Meter zum Guntenkopf

Abfahrtsbereit

Mörzelspitze bis zum Hohen Freschen zieht. Der Berg ist steil und braucht sichere Verhältnisse.
Im Dorf muss man zuerst auf die Nordseite des Mellenbaches und über ein schmales Sträßchen hinauf zur Doseggalpe (1.004 m). Dann geht es nach links auf den Wald zu, über einen Bach und links einer Geländekante entlang des Sommerweges bis an die obere Waldgrenze. Noch vor einem tief eingeschnittenen Bachgraben steil nach rechts (Norden) hinauf zum Grat und nach rechts zum Gipfel. Abfahrt wie Anstieg.

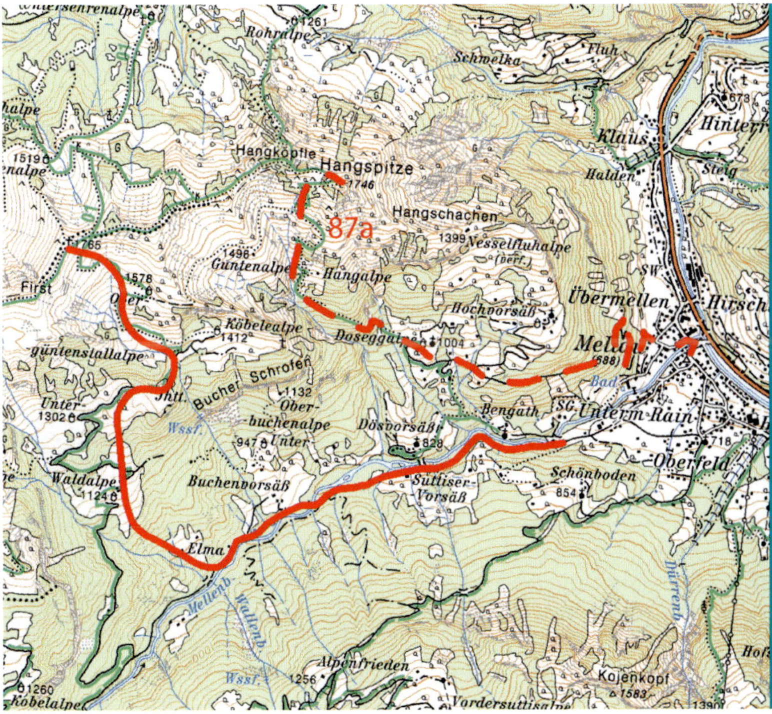

88 Lug 1.767 m
Annalper Joch 1.997 m

Anstieg zur Lug

Einfache Tour auf einen erstaunlich schneesicheren Gipfel, der auch bei weniger günstigen Bedingungen sicher zu ersteigen ist – und sich vor allem zum Rundumschauen (= „luaga") eignet.

Gebirge: Bregenzerwaldgebirge
Ausgangspunkt:
Au bei Gemeindehaus (810 m)
Ausgangskoordinaten:
N47 19 17.40 E9 58 53.9
Gehzeit: 3 Std.

Höhenunterschied: 960 Hm
Beste Jahreszeit: Dezember bis März
Karten: ÖK-Blatt 112, ÖKU-Blatt 1224, LKS-Blatt 228
Lawinensituation: Bei richtiger Spuranlage geringes Risiko.

Besonderheit: Der leichte, bei richtiger Routenwahl risikoarme Anstieg ist vor allem für Anfänger interessant. Weiters bietet sich diese Tour als Ausweichtour bei Schlechtwetter oder hoher Lawinengefahr an. Durch die Nordlage des Anstieges ist der Berg trotz niedriger Höhe relativ schneesicher.
Während des Anstiegs hat man ständig einen tollen Blick auf die beherrschende Üntschenspitze und den Widderstein im Hintergrund. Ab etwa 1.400 m ist auch der Blick nach rechts auf die Kanisfluh und nach vorne auf den Zitterklapfen frei. Man kommt sich wie in einem Landschaftskino im Breitleinwandformat vor. Nicht umsonst wird dieser Gipfel in früherer Literatur „Lueg“ genannt, was laut Walter Flaig von „luegen, lugen“ (= schauen) kommt. Nachdem in Karten eine Zeit lang der Name „Brendlerlug“ aufgetaucht ist, hat sich inzwischen wieder die alte Bezeichnung durchgesetzt.

Anstieg: Direkt gegenüber dem Gemeindehaus geht's über die Wiese zum Schlepplift (Betriebszeiten 9.30 bis 12.00 und 13.00 bis 16.00 Uhr) und entlang der Piste hoch bis zu dessen Ende. Nun folgt man dem meist durch eine Pistenraupe gespurten Weg in Richtung der bewirtschafteten Kristallhütte. Nach etwa 1/2 Stunde, auf 1.180 m, trifft man auf eine beschilderte Abzweigung. Der flache linke Weg führt zur Kristallhütte, der bergauf gehende rechte Weg weiter zum Lug. Gleich darauf kann man gerade den Wiesenhang hochgehen und gelangt zur Brendler Alpe (1.398 m). Über den Nordwestrücken geht es unspektakulär zum Gipfel weiter.

Abfahrt: Die Abfahrt vom Lug folgt dem Anstieg. Im oberen Bereich sind freie Hänge in mäßiger Neigung bei gutem, lockerem Schnee ein Genuss. Trotzdem wünschen sich abfahrtsorientierte Tourengeher mehr.

Ergänzung

Annalper Joch (1.997 m) [88a]

Abzweigpunkt: Lug (1.767 m)
+1 Std. • +240 Hm • leicht
Das Besondere dieses Anstieges ist der ständige Blick nach vorne auf den Zitterklapfen und nach

hinten auf die Kanisfluh. Vom Lug geht es zuerst etwas absteigend (die Felle bleiben besser an den Schiern) dann wieder ansteigend immer den Kamm in einem Bogen nach Süden bis zum höchsten Punkt. Leider ist der Rücken oft abgeblasen.
Bei der Abfahrt vom Annalper Joch kann zuerst der nordseitige Hang Richtung Säckelalpe (1.727 m) knapp unterhalb des Lugs befahren werden. Dann sollte man dem Güterweg und ab der Brendler Alpe dem Anstieg folgen, um Wildeinstandsgebiete zu schonen.

Annalper Abfahrt nach Süden [88b]

Die Abfahrt nach Südosten zur Annalpe (1.745 m) ist natürlich auch möglich. Etwas unterhalb der Alpe muss man aber meist dem Güterweg folgen, der ab der Annalperaualpe (1.364 m) teilweise recht flach ist. Vorbei am Wh. Bergkristall und Bodenvorsäß (1.215 m) kommt man schließlich wieder zur Anstiegsroute.

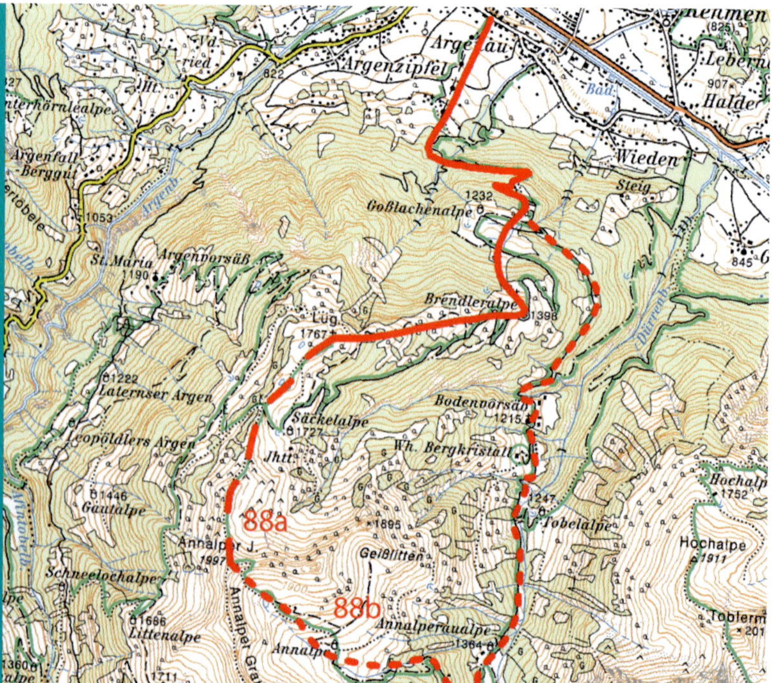

89 Kanisfluh – Holenke 2.044 m

Knapp unterhalb des Gipfels

Überraschend einfach zu besteigen ist dieser wunderbare Aussichtsberg – allerdings erst im Spätwinter und im Frühling.

Gebirge: Bregenzerwaldgebirge
Ausgangspunkt:
Brücke in Au-Argenau (850 m)
Ausgangskoordinaten:
N47 19 7.55 E9 57 41.45
Gehzeit: 4 Std.
Höhenunterschied: 1.200 Hm
Beste Jahreszeit: Februar bis April

Karten: ÖK-Blatt 112, ÖKU-Blatt 1224, LKS-Blatt 228
Lawinensituation: Der Gipfelhang hat 400 Hm und kann bei größeren Neuschneemengen und bei starker Erwärmung (Südhang) risikoreich sein.

Besonderheit: Diese Tour ist fast nur bei firnigen Verhältnissen sinnvoll, da im Hochwinter der Gipfelhang meist abgeblasen ist und bei Neuschnee nicht erkennbar ist, wo alter Schnee darunterliegt, wo man über Gras und wo man über Steine fährt.
Der Rundblick ist gewaltig. Vom Bodensee über Dornbirner First, Hoher Freschen, Klippern, Rote Wand, Zitterklapfen, Hochkünzelspitze bis zum Widderstein sind sehr viele Bergziele zu erkennen. Sogar die Drei Türme und die Sulzfluh sind im Hintergrund sichtbar.

Anstieg: Von der Brücke steigt man zuerst fast parallel zur Straße den Hang Richtung Westen auf. Man sollte unbedingt der Versuchung widerstehen, dem Leuebach entlang Richtung Kanisfluh zu folgen, denn dann muss man teilweise steil durch Gebüsch und Wald die Steilstufe zum Gasthof Edelweiß (1.473 m) überwinden. Nach Überquerung eines Baches (etwa 1.000 m) trifft man auf 1.300 m auf das im Winter gesperrte Sträßchen zum Gasthof und erreicht diesen ohne Schwierigkeiten.
Nun geht es in geringer Steigung nach Westen zum Wurzachsattel (1.640 m) oberhalb der Obernalpe (1.593 m). Hier steht man unter dem mächtigen Gipfelhang, der fast 400 Hm aufweist.
Man steigt westlich (links) der Gipfelfalllinie zum Grat auf und gelangt über diesen nach rechts zum Gipfel.

Unterwegs am Gipfelgrat

Abfahrt: Abfahrt wie Anstieg, lediglich im Bereich des Sträßchens kann man teilweise abkürzen.

Variante

Anstieg von der Roßstelle [89a]

Ausgangspunkt: Roßstelle (1.390 m)

2 1/2 Std. • 660 Hm • mittel

Von Mellau fährt man mit der Bergbahn auf die Roßstelle. Von dort folgt man dem breiten Sommerweg zur Kanisalpe (1.463 m) und weiter zur Wurzachalp (1.622 m) und dem Wurzachsattel (1.640 m) (Schiwanderung ohne besondere Steigungen). Weiter siehe oben. Abfahrt wie Anstieg. Man kann den Aufstieg von der Roßstelle auch mit einer Abfahrt nach Au verbinden. Von Au fährt man mit dem Bus zurück nach Mellau und vollendet eine schöne Runde.

Auf den Wiesen oberhalb von Au

90 Klippern 2.066 m

Gungern 2.053 m

Blick vom Klippern: Rote Wand, Drei Türme …

Der schiefe Aussichtsbalkon des Bregenzerwaldes, der – leichter zu erreichen als sein wenig niedrigerer Nachbar – nicht nur Einsteiger begeistert.

Gebirge: Bregenzerwaldgebirge
Ausgangspunkt: Straße nach Damüls bei Au-Argenwald (1.235 m) (bei großer Tafel mit der Aufschrift „Damüls grüßt seine Gäste")
Ausgangskoordinaten: N47 17 29.9 E9 55 41.2
Gehzeit: 3 Std.
Höhenunterschied: 830 Hm
Beste Jahreszeit: Dezember bis März
Karten: ÖK-Blatt 112, ÖKU-Blatt 1224, LKS-Blatt 228
Lawinensituation: Bis auf die kurze Querung auf den Gipfelhang mit wenig Risiko behaftet.

Besonderheit: Der Klippern ist relativ einfach zu besteigen und eignet sich deshalb gut für Anfänger. Lediglich der Übergang in den Gipfelhang kann bei hartem Schnee Schwierigkeiten bereiten. Auch als Schneeschuhtour ist er ein Genuss. Der Gungern ist etwas schwieriger als sein Nachbar und als Firntour interessant.
Die Gipfel bieten einen tollen Rundblick auf Säntis, Bodensee, Kanisfluh, die Nachbarschitouren (Annalper Joch, Toblermann), Zitterklapfen und im Hintergrund bis weit in den Rätikon (Drei Türme usw.) hinein.

Anstieg: Zuerst nutzt man kurz den Güterweg zur Argenwaldalpe. Aber gleich bei einem Hüttchen steigt man links den freien Hang hoch. Bei etwa 1.400 m links halten, bis rechts ein klar erkennbarer Weg durch den Waldgürtel führt. Nun erreicht man einen großen freien Hang und der Gipfel zeigt sich. Man steigt einfach in Richtung Gipfel weiter und stößt auf etwa 1.600 m wieder auf den Güterweg. Über diesen erreicht man flach die Mittelargenalpe (1.688 m).
Hinter der Alphütte geht es über einen kleinen Rücken hoch ins Kar links unterhalb des Gipfels und auf etwa 1.800 m, oberhalb einer markanten Wettertanne, quert man nach rechts in den Gipfelrücken (Achtung: hier kann es lawinengefährlich sein). Nun steigt man einfach den Gipfel-

Unterhalb der Mittelargenalpe

rücken hoch bis zum Ziel. Dabei sollte allerdings darauf geachtet werden, dass man nicht zu weit nach rechts (= Osten) gerät, da hier oft große Wechten über den steilen Felsabbruch Richtung Kanisfluh hinausragen.

Abfahrt: Abfahrt wie Aufstieg.

Varianten

Gungern (2.053 m) [90a]

3 Std. • 820 Hm • mittel

Bei der Mittelargenalpe steigt man links haltend über einen Rücken in Spitzkehren in Richtung eines kleinen Kopfes (P1.811 LKS) hoch. Auf 1.900 m wendet man sich nach rechts und gelangt steil zum Gipfel. Abfahrt wie Anstieg.

Zugang aus Schigebiet

Ausgangspunkt: Bergstation Bergbahn Wannekopf (2.006 m)

1 1/2 Std. • 400 Hm • mittel

Von der Bergstation fährt man links haltend zur Mittelargenalpe (1.688 m) ab. Hier trifft man auf den Anstieg von Argenwald.

91 Portlahorn 2.010 m

Portlakopf 1.905 m

Am Gipfel des Portlahornes

Zwei Schitourenziele, die sich hervorragend für Anfänger eignen und dabei abseits des Schigebiets liegen.

Gebirge: Bregenzerwaldgebirge
Ausgangspunkt:
Damüls – Furkajochstraße, Gh. Jägerstüble (1.680 m)
Ausgangskoordinaten:
N47 16 44.4 E9 51 14.4
Gehzeit: 1 Std.

Höhenunterschied: 330 Hm
Beste Jahreszeit: Dezember bis März
Karten: ÖK-Blatt 112, ÖKU-Blatt 1224, LKS-Blatt 228, F&B 364
Lawinensituation: Geringes Risiko, vor allem bei den südseitigen Anstiegen.

Blick vom Portlahorn zum Hohen Freschen

Besonderheit: Damüls bietet neben dem Schigebiet auch noch reizvolle, eher einfache Tourenmöglichkeiten. So mancher Tourengeher hat hier seine ersten Schritte mit Fellen an den Schiern getan. Wie sich die geplanten Erweiterungen des Schigebietes auf die Tourenziele auswirken wird, kann derzeit noch nicht genau abgeschätzt werden. Vor allem sind umfangreiche Gebietssperrungen im Gespräch!

Anstieg: Vom Gasthaus Jägerheim steigt man fast genau nach Norden auf einem leicht ausgeprägten Rücken auf. Auf etwa 1.800 m kann man entweder links über den Steilhang hoch oder man wählt die reizvollere und sicherere Variante über den markanten Gratrücken. 100 m höher treffen sich die Wege wieder und nach einer kleinen Senke erreicht man kurz darauf den Gipfel.

Abfahrt: Normalerweise folgt die Abfahrt dem Anstieg.

Varianten

Portlakopf (1.905 m) [91a]

Ausgangspunkt:
Gh. Jägerstüble (1.680 m)
3/4 Std. • 230 Hm • leicht
Bei alleiniger Betrachtung des Höhenunterschiedes ist dies eigentlich keine Tour, sondern eher ein Spaziergang. Allerdings kann man vom Gipfel bis etwa 200 Hm unterhalb des Ausgangspunktes abfahren und dann wieder aufsteigen.
Vom Gasthaus steigt man nach Nordwesten in die Einsattelung zwischen Portlahorn und Portlakopf auf. Von dort über den Gratrücken zum Gipfel.

Unterwegs am Gratrücken

Portlahorn von Norden [91b]

Ausgangspunkt: Parkplatz beim Sunnecklift (1.440 m)

2 Std. • 570 Hm • mittel

Vom Parkplatz geht es auf dem Güterweg zuerst nach Norden, dann unterhalb der Ragazer Schrofen in südlicher Richtung zur Ragazalpe (1.682 m). Hier folgt man dem Talboden weiter nach Westen und steigt dann links den Hang hoch. Die letzten Meter zum Gipfel muss man allerdings oft ohne Schi bewältigen. Abfahrt wie Anstieg.

Ragazer Blanken (2.051 m) [91c]

Ausgangspunkt: Parkplatz beim Sunnecklift (1.440 m)

2 Std. • 610 Hm • leicht

Zuerst wie oben beschrieben zur Ragazalpe (1.682 m). Hier startet der breite Gipfelhang, über den es leicht zum höchsten Punkt geht. Abfahrt wie Anstieg.

Der Ragazer Blanken wird in Zukunft wahrscheinlich als Schitourenziel ausfallen, denn auf seinen Gipfel ist ein Schilift geplant. Derzeit wird er auch schon oft von der Bergstation des Hasenbüchelliftes mit leichten Querungen bestiegen.

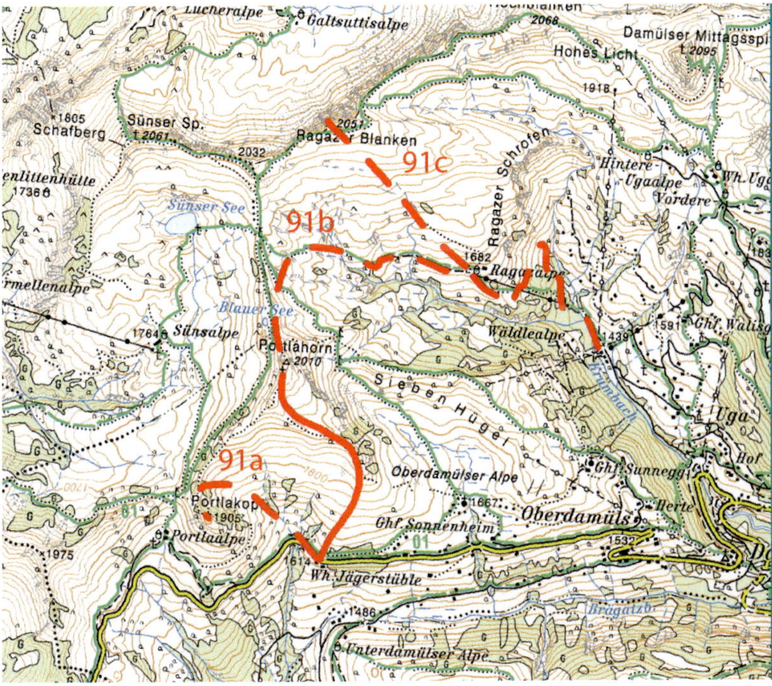

92 Hornbachgrat: Falzer Kopf 1.968 m

Steinmandl 1.981 m

Grünhorn 2.039 m

Neuhornbachalpe und Falzer Kopf

Einfache Schitour mit Einkehrmöglichkeit wenig unterhalb des Gipfels, dessen Südhang einen frühen Aufbruch nahelegt.

Gebirge: Bregenzerwaldgebirge
Ausgangspunkt: Schoppernau – Ortsende (850 m) bei Talstation der Materialseilbahn Neuhornbach
Ausgangskoordinaten: N47 18 33.0 E10 1 49.6
Gehzeit: 3 1/2 Std.

Höhenunterschied: 1.120 Hm
Beste Jahreszeit: Dezember bis März
Karten: ÖK-Blatt 112, ÖKU-Blatt 2219
Lawinensituation: Geringes Risiko, da sich auf Grund der Südlage der Schnee schnell umwandelt – leider ist er deshalb meist rasch „batzig“.

Besonderheit: Der Falzer Kopf kann anstrengend von Schoppernau aus, aber auch leicht aus dem Schigebiet Diedamskopf erreicht werden. Vom Gasthaus Neuhornbach (1.620 m) ist es nur kurz zum Gipfel und deshalb können hier auch Anfänger ihre ersten Gehversuche unternehmen. Das Gasthaus ist auch oft Ziel von Schifahrern aus dem Schigebiet, von Fußgängern und Rodlern. Am Gipfel hat man eine gute Aussicht Richtung Hochkünzelspitze und Üntschenspitze.

Anstieg: Vom Parkplatz bei der Materialseilbahn nützt man den gespurten Güterweg, der dem Schrecksbach entlang durch ein enges Tal und in Kehren hoch zur Neuhornbachalpe (1.620 m) und dem Neuhornbachhaus (1.650 m) führt. Nach der Alpe erreicht man einen Bach und wendet sich nach Norden (rechts) zum Neuhornbachjoch. Von dort den Kamm entlang einfach zum Gipfel.

Abfahrt: Abfahrt wie Anstieg oder über den Südhang hinab zum Gasthaus und dann über den Güterweg weiter.

Varianten

Steinmandl (1.981 m) [92a]

Abzweigpunkt:
Neuhornbachalpe (1.620 m)
3 1/2 Std. • 1.130 Hm • mittel
Zuerst wie oben beschrieben zur Neuhornbachalpe. Hier rechts

Blick von der Neuhornbachalpe zur Üntschenspitze

Richtung Osten um den Südrücken des Kreuzmandl herum gelangt man in ein flaches, nach Norden hochziehendes Tal, an dessen Ende man direkt und steil zum Gipfel gelangen kann. Abfahrt wie Anstieg.

Falzerkopf

Grünhorn (2.039 m) [92b]

Abzweigpunkt:
Neuhornbachalpe (1.620 m)
4 Std. • 1.200 Hm • mittel
Zuerst wie oben beschrieben zur Neuhornbachalpe (1.620 m). Hier rechts Richtung Osten um den Südrücken des Kreuzmandl herum und auf fast konstanter Höhe etwa 1 km nach Osten bis zur Althornbachalpe (1.666 m). Von hier steigt man am besten über den Südwestrücken teilweise steil zum Gipfel hoch. Abfahrt wie Anstieg.

93 Toblermann 2.010 m

Hörnle 2.112 m

Im Anstieg zum Toblermann, Hintergrund: Üntschenspitze

Bis auf das letzte Stück ist diese Tour völlig unkompliziert – und das bei kaum zu überbietenden Ausblicken beim Aufstieg und anspruchsvoller Abfahrt.

Gebirge: Bregenzerwaldgebirge
Ausgangspunkt: Nach Schoppernau Richtung Schröcken, nach Tunnel bei Kraftwerk (880 m)
Ausgangskoordinaten: N47 17 59.7 E10 2 19.45
Gehzeit: 4 Std.
Höhenunterschied: 1.130 Hm
Beste Jahreszeit: Dezember bis März
Karten: ÖK-Blatt 112, ÖKU-Blatt 1224 + 2219
Lawinensituation: Bei richtiger Routenwahl risikoarme Tour. Der querende Anstieg zum Nordrücken im Bereich 1.600–1.700 m kann aber kritisch sein. Weiters ist die direkte Abfahrt nach Nordost nur bei sicherem Schnee möglich.

Besonderheit: In älteren Karten wird er Toblermannskopf genannt, obwohl alle nur Toblermann sagen. Nun hat diese Bezeichnung Einzug in die Karten gehalten. Bis auf den letzten Gipfelanstieg ist es eine einfache Tour mit wunderbaren Hängen zum Abfahren, deshalb wird der Gipfel oft ausgelassen. Bei der Routenführung sollten die Hinweise betreffend der Wildruhezonen beachtet werden.
Der Ausblick ist während der ganzen Tour berauschend und gleicht dem beim Anstieg auf den Lug (Beschreibung siehe dort). Am Gipfel hat man einen besonders tollen Einblick in die Nordseite der Hochkünzelspitze und zum Felsabbruch des Annalper Stecken.

Anstieg: Der Anstieg beginnt genau beim Kraftwerk und folgt einem Güterweg, der in Serpentinen bis zur Gräsalpe (1.282 m) führt. Auf etwa 1.170 m wird man durch ein Schild gebeten, nicht mehr dem Weg zu folgen, sondern nach rechts den Hang hoch zur Alpe aufzusteigen. Ab hier folgt man dem Ostrücken und umgeht auf 1.400 m rechtsseitig eine kleine Hütte. Hinter dieser führt ein Weg kurz nach links durch die Bäume und dann gleich wieder nach rechts unter steilen Hängen vorbei. Nach einem Flachstück verlässt man den Hang auf etwa 1.580 m und kommt rechts zwischen Bäumen durch auf eine schwach ausgeprägte Rippe, die in gebührendem Respektsabstand zu den steilen Hängen zum Nordkamm führt, den man auf etwa 1.700 m erreicht. Nun folgt man diesem, passiert auf 1.800 m die

Im Bereich der Hochalpe, Hintergrund: Hoher Ifen

Hochalpe und kommt schließlich auf 1.911 m. Diesen Punkt erklären viele Tourengeher zum Gipfel. Weiter geht es eher flach den Grat entlang. Da der Schnee meist weggeblasen ist, muss man oft auf die Schier verzichten. Zu guter Letzt geht es noch kurz in eine Einsattelung hinunter und dann etwa 50 m steil zum Gipfel hoch.

Abfahrt: Am einfachsten fährt man entlang des Anstieges wieder ab. Bei guten Bedingungen kann der Nordosthang etwa 200 Hm abgefahren werden. Allerdings ist dann ein kurzer Aufstieg zurück Richtung Hochalpe erforderlich.

Varianten

Südabfahrt nach Schalzbach [93a]

Bei firnigem Schnee kann man vom Toblermann auch nach Süden abfahren und dabei die Nordseite der Hochkünzelspitze erleben. Diese Abfahrt ist im Gipfelbereich etwas steiler. Bei der Unteren Galtalpe (1.600 m), wo eine Minihütte steht, geht es einen Osthang etwa 150 Hm hinab. Dann muss man auf dem Güterweg nach Nordosten zur Oberschalzbachalpe (1.296 m) und weiter zum Schalzbachvorsäß. Unterhalb der Kapelle kann man den Güterweg über einen Hang abkürzen, erreicht so die Bregenzerwälder Bundesstraße und nach kurzem Fußmarsch ist man wieder beim Ausgangspunkt. Nach der Südabfahrt kann man bei der Unteren Gautalpe (1.600 m) nochmals die Felle aufziehen und aufs Hörnle aufsteigen (+2 Std., +510 Hm). Details siehe unten.

Kurz vor dem Gipfel, Hintergrund: Kanisfluh, Lug

Hörnle (2.112 m) [93b]

4 1/2 Std. • 1.230 Hm • mittel

Zuerst muss man kurz der Straße entlang weiter, bis rechts der Güterweg zum Schalzbachvorsäß beginnt. Gleich nach dessen Beginn kann man rechts direkter hinauf. Dann geht es zwischen den Häusern des großen Vorsäß weiter hinauf und dann auf dem Güterweg und um eine Geländekante herum zur Oberschalzbachalpe (1.296 m). Etwas oberhalb der Alpe quert man auf dem Güterweg den steilen Ostabbruch der Niederen Künzelspitze und kommt in den Bereich der Unteren Gautalpe. Hier geht es nach Westen hinauf zu einer Minihütte (1.600 m) und weiter das Kar hinauf. Ab 1.800 m geht es rechts den immer steiler werdenden Hang hinauf zum gut erkennbaren Gipfel. Abfahrt wie Anstieg.

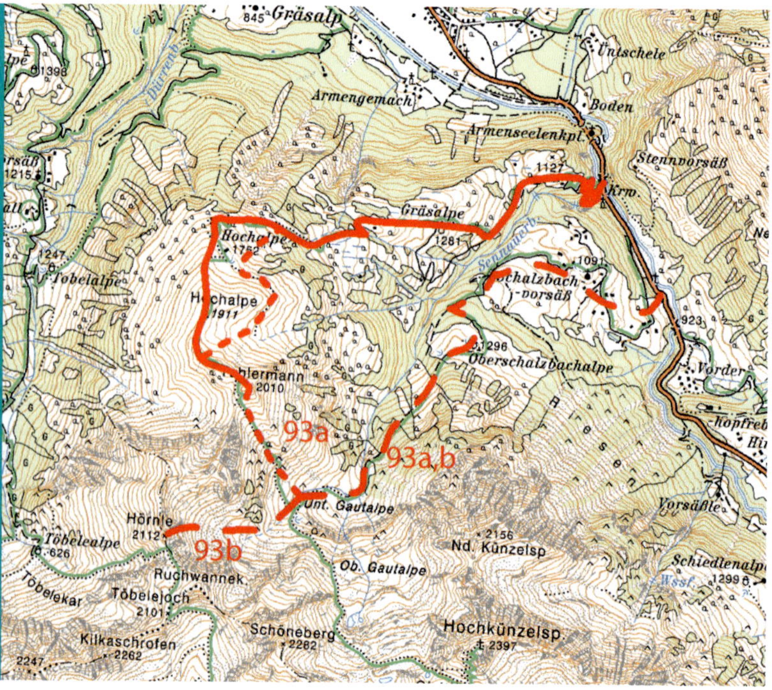

94 Üntschenspitze 2.135 m
Güntlespitze 2.092 m

Die letzten Meter zur Üntschenspitze

Für die Pyramide des Bregenzerwaldes benötigt man die besten Verhältnisse, nicht erst am Gipfel kommt man dann aber in den Genuss eines überwältigenden Ausblicks.

Gebirge: Bregenzerwaldgebirge
Ausgangspunkt: Schoppernau – Hopfreben (1.000 m)
Ausgangskoordinaten: N47 16 55.6 E10 3 37.1
Gehzeit: 4 Std.
Höhenunterschied: ↗ 1.150 Hm • ↙ 1.300 Hm
Beste Jahreszeit: Februar bis April

Karten: ÖK-Blatt 112, ÖKU-Blatt 2219
Lawinensituation: Der südseitige Aufstieg ist im oberen Bereich durch Grundlawinen gefährdet und eine überlegte Routenwahl erforderlich. Die Nordabfahrt erfordert sehr sichere Verhältnisse, da steile Lawinenhänge die Route bedrohen.

Besonderheit: Die Üntschenspitze wird auch einfach „Üntscheler" genannt. Er ist kein Berg für alle Tage. Die Verhältnisse müssen perfekt passen und dies ist nur an wenigen Tagen einer Saison der Fall. Der ausgesetzte Grat kostet im Gipfelbereich einige Überwindung. Der Rundblick am Gipfel ist kaum beschreibbar. Man kann praktisch alle Bregenzerwälder Berge ausmachen und der Tiefblick ins Tal ist berauschend.

Anstieg: Gegenüber dem Kurhaus Bad Hopfreben startet der Anstieg über einen klar erkennbaren Weg. Er führt nach der Wiese nach links in den Wald. Man folgt diesem markierten Sommerwanderweg in perfekter Steigung und in vielen Kehren, bis man die Vorderüntschenalpe (1.757 m) erreicht. Hier öffnet sich das Gelände überraschend und gibt einen grandiosen Blick auf die umliegenden Berge frei. Weiter steigt man am besten über den Rücken hinter der Hütte auf und erreicht knapp oberhalb (rechts) des Häfnerjoches (1.979 m) den Grat.
Will man den Gipfel der Üntschenspitze erreichen, muss man nun den Grat etwas hinunterfahren und dann südseitig in sicherem Abstand von den meist großen Wechten den Grat entlang aufsteigen. Die letzten Meter zum Gipfel sind sehr ausgesetzt.

Güntlespitze

Abfahrt: Natürlich kann man entlang des Anstieges zurück nach Hopfreben abfahren. Aber unterhalb der Vorderüntschenalpe ist der Wald kein gutes Abfahrtsgelände. Deshalb fährt man, wenn die Verhältnisse sicher genug sind, über die Nordroute ab. Dazu muss man wieder zurück zum Häfnerjoch und noch etwas Richtung Güntlespitze hinauf, damit man in den Nordnordwest-Hang queren kann. Etwa 700 Hm Tiefschneehänge warten auf den Abfahrer. Zuerst fährt man in die Senke und bleibt dann in der Mitte des Kares und rechts des Baches. Es ist nicht ratsam, in die Westhänge zu queren, auch wenn Spuren dorthin locken. Sehr oft überdecken Lawinen diese Spuren.
Auf etwa 1.550 m quert man den Bach nach links in die Hänge

unterhalb des Üntschengipfels. Über diese kann man noch bis etwa 1.250 m abfahren. Bei der Pisialpe ist ein kleiner Aufstieg nordseitig des Baches nötig, um auf einen Güterweg zu gelangen, über den man bis Schoppernau abfahren kann.

Nordabfahrt

Varianten

Güntlespitze (2.092 m)

Abzweigpunkt:
Häfnerjoch (1.979 m)
4 Std. • 1.100 Hm • mittel
Die Güntlespitze bietet sich für Tourengeher an, die den scharfen Grat zur Üntschenspitze meiden wollen. Dazu muss man vom Häfnerjoch nach rechts hoch und erreicht in wenigen Minuten den Gipfel.

Schröcken, Hochtannberg

Der Hochtannbergpass begrenzt das Arlberggebiet im Norden und den Bregenzerwald im Osten. Von der Erreichbarkeit her zählt er aber zum Bregenzerwald. Neben dem Schigebiet Warth-Salober gibt es einige sehr interessante und teils auch schwierige Schitourenziele. Der Widderstein mit seiner gewaltigen Südflanke wird im Frühjahr zwar vereinzelt bestiegen, ist aber sowohl von der Schwierigkeit als auch der Gefährlichkeit keine Schitour im klassischen Sinn und wurde in diesem Führer deshalb nicht aufgenommen.

Gebirge: Bregenzerwaldgebirge
Talorte: Schröcken (1.269 m)
Ausgangspunkte: Landsteg (1.100 m), Schröcken (1.269 m), Hochtannbergpass (1.676 m), Hochkrumbach (1.600 m)
Anreise: Von Bezau fährt man auf der B200 Richtung Hochtannbergpass und Warth. *Landsteg* ist kurz vor Schröcken-Unterboden, nach der zweiten Lawinengalerie (Parkplätze neben der Straße). In *Schröcken* gibt es im Bereich der Gemeinde und Kirche einige Parkplätze. Am *Hochtannbergpass* parkt man direkt an der Straße und in Hochkrumbach am Parkplatz der Jägeralpbahn.
Öffentliche Verkehrsmittel: Nach Bezau mit Bus Linie 35 ab Bregenz und Linie 40 ab Dornbirn. Weiter mit Linie 40 bis zu den Ausgangspunkten.
Karten: ÖK-Blatt 112+113, ÖKU-Blatt 2219, F&B 364

Hochkünzelspitze

95 Hochkünzelspitze 2.397 m

Schöneberg 2.282 m

Glattjöchlspitze 2.106 m

Hochkünzelspitze

Der imposante Gipfel kann aus mehreren Richtungen bestiegen werden, am forderndsten gibt er sich von Norden, die entsprechende Tour ist nur fürs Frühjahr ratsam.

Gebirge: Bregenzerwaldgebirge
Ausgangspunkt: Schröcken – Landsteg (1.100 m)
Ausgangskoordinaten: N47 15 58.8 E10 4 01.0
Gehzeit: 4 1/2 Std.
Höhenunterschied: 1.300 Hm
Beste Jahreszeit: Februar bis April

Karten: ÖK-Blatt 112, ÖKU-Blatt 2219
Lawinensituation: Der Zugang zur Biberacher Hütte ist am Taleingang durch Lawinen bedroht. Der Gipfelhang der Hochkünzelspitze ist steil und dementsprechend mit Vorsicht zu betrachten.

Besonderheit: Die Hochkünzelspitze ist ein markanter und schwieriger Berg. Meist wird sie von Landsteg, manchmal auch vom Großen Walsertal aus bestiegen. Der Nordanstieg (95a) ist nur selten verantwortbar (Frühjahr) und benötigt sehr erfahrene Tourengeher. Der Schöneberg ist im Sommer bei Kletterern bekannt und stellt ein überraschend schönes Schitourenziel dar.

Anstieg: In Landsteg muss man zuerst zu einer Brücke über die Bregenzerach hinunter. Dann folgt man einfach dem steilen Güterweg entlang des Schandelstobelbaches zum Schadonapass (1.840 m) und der daneben befindlichen Biberacher Hütte (1.846 m). Schon vor Erreichen des Passes beginnt der Anstieg zum Gipfel. Man zieht dazu die Spur wahlweise ost- oder besser westseitig des markanten Gigiturmes hoch. Im steilen Gipfelhang steigt man schräg von rechts nach links bis unter die Felsen auf. Zuletzt muss man die Schi stehen lassen und zu Fuß zum Gipfel hinauf. Zum Hauptgipfel gilt es noch eine Scharte zu überqueren. Wegen Überwechtung muss dies öfters unterbleiben.

Abfahrt: Abfahrt wie Anstieg.

Schalzbachvorsäß

Hochalpe und Toblermann

Varianten

Hochkünzelspitze von Norden [95a]

Ausgangspunkt: nach Schoppernau Richtung Schröcken, nach Tunnel bei Kraftwerk (880 m)

5 Std. • 1.520 Hm • schwierig

Zuerst muss man kurz der Straße entlang weiter, bis rechts der Güterweg zum Schalzbachvorsäß beginnt. Gleich nach dessen Beginn kann man rechts direkter hinauf. Dann geht es zwischen den Häusern des großen Vorsäß weiter hinauf und dann auf dem Güterweg und um eine Geländekante herum zur Oberschalzbachalpe (1.296 m). Etwas oberhalb der Alpe quert man auf dem Güterweg den steilen Ostabbruch der Niederen Künzelspitze und kommt in den Bereich der Unteren Gautalpe. Hier geht es nach Westen hinauf zu einer Minihütte (1.600 m). Nun wendet man sich nach links (Süden) und steigt über ein Schneeband oberhalb von Felsabbrüchen auf meist sehr hartem Schnee zur Oberen Gautalpe auf (Achtung: Gefahr des Abrutschens!). Jetzt geht es links haltend nach Südosten hinauf zum Glattjöchl und zum steilen Südanstieg. Zuletzt wie oben beschrieben ohne Schi zum Gipfel. Abfahrt wie Anstieg, wobei man sich zwischen Oberer und Unterer Gautalpe genau an die Anstiegsroute halten sollte.

Schöneberg (2.282 m) [95b]

Abzweigpunkt:
Schadonapass (1.840 m)

4 Std. • 1.180 Hm • mittel

Zuerst wie vorher beschrieben bis in den Bereich der Biberacher Hütte. Dann steigt man westlich (links) des Gigiturmes auf. Im

Bereich der Glattjöchlspitze geht es nach Nordwesten weiter zum steilen Osthang des Schöneberges und über diesen zum Gipfel.

Glattjöchlspitze (2.106 m) [95c]

Abzweigpunkt:
Schadonapass (1.840 m)
3 1/2 Std. • 1.000 Hm • leicht

Diese Spitze, nur wenige Meter neben der Route zum Schöneberg, bietet sich als eigenständiges Ziel an. Dazu wendet man sich oberhalb von 2.000 m nach links (Westen) und erreicht eine Einsattelung (2.075 m) nördlich dieser Spitze. Ab hier geht es meist zu Fuß zum höchsten Punkt.

Start an der B200

96 Braunarlspitze 2.649 m

Hochberg 2.324 m

Braunarlspitze

Scheinbar unbezwingbarer Felskoloss, für den man mit allen Wässerchen eines Schitourenspezialisten gewaschen sein muss.

Gebirge: Lechquellengebirge
Ausgangspunkt: Schröcken (1.269 m)
Ausgangskoordinaten:
N47 15 26.3 E10 5 32.5
Gehzeit: 5 Std.
Höhenunterschied: 1.400 Hm
Beste Jahreszeit: Jänner bis Mai

Karten: ÖK-Blatt 112+113+142+143, ÖKU-Blatt 2219, AVK-Blatt 3/2
Lawinensituation: Im unteren Bereich sind steile Osthänge zu queren und ganz oben wird es extrem steil. Deshalb kann diese Tour nur bei besonders sicheren Verhältnissen angegangen werden.

Besonderheit: Wer die Braunarlspitze anschaut und sie womöglich auch noch vom Sommer kennt, kann sich nicht vorstellen, dass sie als Schitour besteigbar ist. Sie ist es, allerdings fordert diese Tour das Können eines Schitourengehers sehr stark. Umso stolzer darf jeder sein, der es geschafft hat.

Anstieg: Von der Kirche in Schröcken geht es auf einem Weg hinab zur Bregenzerach und auf der anderen Seite hinauf zur Fellealpe (1.386 m). Anschließend geht es ohne viel Steigung immer gerade entlang des nicht sichtbaren Sommerweges auf den Talschluss unter der Butzenspitze zu. Dann muss man rechter Hand über einen steilen Hang auf meist sehr hartem Schnee hinauf in den Bereich der Hochgletschalpe.

Im steilen Kar oberhalb der Schlüsselstelle

Nach einem Flachstück steigt man das sich aufsteilende Kar hinauf. Auf 2.300 m wendet man sich nach rechts einer Steilrinne zu. Diese überwindet man an ihrer linken Seite neben einem vereisten Wasserfall (kurz müssen die Schi getragen werden). Dann geht es ein steiles Kar links haltend weiter bergauf. Bald sieht man wieder den Gipfel, braucht aber doch noch einiges an Kraft, um dorthin zu gelangen.

Abfahrt: Abfahrt wie Anstieg. Bei guten Verhältnissen kann man auf etwa 1.600 m oberhalb der Fellealpe in die Nordhänge queren und eventuell noch guten Schnee genießen.

Variante

Hochberg (2.324 m) [96a]

Abzweigpunkt:
Hochgletschalpe (ca. 1.850 m)
4 Std. • 1.070 Hm • mittel

Der Hochberg ist deutlich leichter als die Braunarlspitze zu besteigen. Vor allem in Verbindung mit einer Abfahrt nach Landsteg ist er eine lohnenswerte Tour (siehe unten). Diese Abfahrt wird auch öfters von Variantenfahrern aus dem Schigebiet Lech befahren. Zuerst wie oben beschrieben bis zum flachen Bereich der Hochgletschalpe. Anschließend in einem Rechtsbogen in nordwestlicher Richtung hinauf Richtung Fürggele (2.145 m). Man betritt diesen Übergang ins Große Walsertal nicht, sondern steigt unterhalb davon nach rechts (Norden) zur nächsten Einsattelung hoch. Dann geht es den Kamm entlang, der zuletzt in einen Grat übergeht (meist ohne Schier zu bewältigen), zum Gipfel. Abfahrt wie Anstieg.

Abfahrt vom Hochberg nach Norden [96b]

Für die Abfahrt nach Landsteg fährt man vom Gipfel zuerst bis etwa 2.100 m nach Süden ab und quert dann nach rechts (Westen) unters Schafalpjoch (2.141 m), für dessen Ersteigung meist nochmals die Felle aufgezogen werden müssen. Dann geht es zuerst nach Westen, anschließend nach Norden hinab zur Laubaalpe und hier flach zum Graben und den auf der anderen Seite befindlichen Güterweg. Auf diesem das Schandelstobel hinaus nach Landsteg (1.100 m). Hier zuletzt noch kurz hinauf zur Straße. Mit dem Landbus kommt man wieder nach Schröcken.

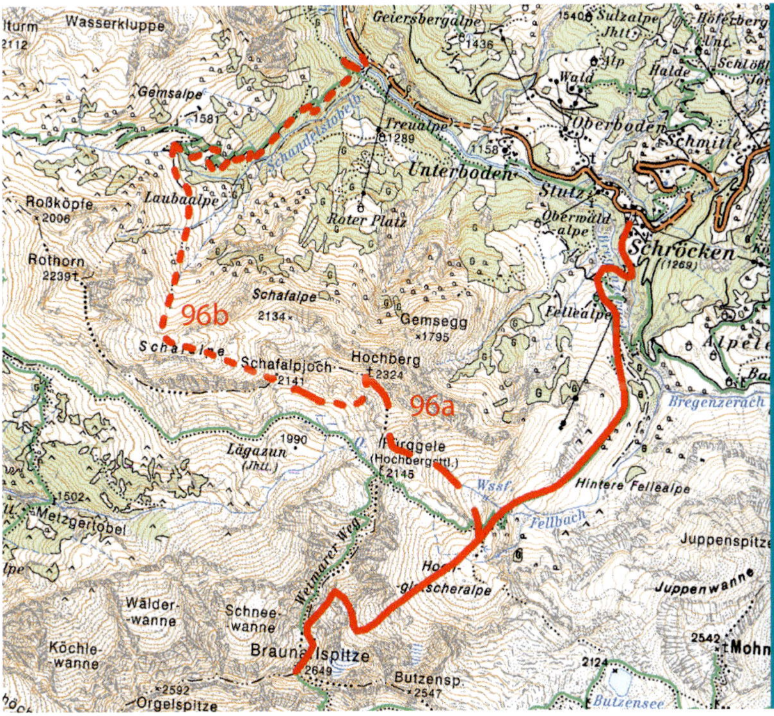

97 Juppenspitze 2.412 m
Mohnenfluh 2.542 m
Butzenspitze 2.547 m

Mohnenfluh von Norden

Ein vielseitiger Berg, der zwar von Schiliften umzingelt ist, dem Tourengeher jedoch besonders von Norden aus einiges an Anstrengung und Kenntnis abverlangt.

Gebirge: Bregenzerwaldgebirge
Ausgangspunkt: Schröcken (1.269 m)
Ausgangskoordinaten: N47 15 26.3 E10 5 32.5
Gehzeit: 4 1/2 Std.
Höhenunterschied: 1.200 Hm
Beste Jahreszeit: Dezember bis April
Karten: ÖK-Blatt 113 + 143, ÖKU-Blatt 2219, AVK-Blatt 3/2

Lawinensituation: Nordanstieg benötigt wegen großer Steilheit sehr sichere Verhältnisse, wie sie meist nur im Frühjahr vorhanden sind. Im unteren Bereich ist dann aber die tageszeitliche Erwärmung zu berücksichtigen. Ostseitig durch die häufige Befahrung der Hänge meist geringes Risiko.

Besonderheit: Die Juppenspitze ist ein Berg mit zwei Gesichtern. Von Osten ist sie angesichts der nebenstehenden Mohnenfluh eher unscheinbar und der Anstieg fordert kein übertriebenes Können. Von Norden ist sie auch nicht besonders markant, bietet aber einen rassigen und schwierigen Anstieg. Die dominant danebenstehende Mohnenfluh ist von Schröcken aus ein besonderer Leckerbissen für Bergsteiger. Die Butzenspitze kann als Einzelziel, aber auch in Kombination mit der Mohnenfluh bestiegen werden. Besteigt man sie zuerst, hat man oft schon eine firnige Abfahrt und von der Mohnenfluh kann es dann durchaus noch pulvrig sein.

Anstieg: Von der Kirche geht es zuerst die alte Straße hoch. Auf 1.350 m wählt man bei einer Weggabelung die rechte Straße und gelangt so zur Batzenalpe. Ab der Alpe geht es sehr flach das Tal entlang zum Auenfeld (1.650 m). Hierher gelangt man auch mit den Bergbahnen von Warth, was eine Verkürzung um etwa 1 1/2 Std. bewirkt. Nun geht man zuerst in südlicher Richtung flach weiter, steigt dann nach rechts (Westen) die Osthänge der Fürmeslemähder hoch und steuert den Sattel zwischen Mohnenfluh und Juppenspitze auf. Abschließend geht es entlang des Grates zum Gipfel.

Abfahrt: Abfahrt wie Anstieg. Kennt man den Nordanstieg und ist ein guter Schifahrer, kann man bei entsprechenden Verhältnissen auch über diese Route abfahren (siehe unten).

Varianten

Mohnenfluh (2.542 m) [97a]

5 Std. • 1.300 Hm • mittel bis schwierig

Nach Ende der Liftsaison ist dieser Anstieg sehr reizvoll. Zuerst steigt man wie oben beschrieben zum Auenfeld auf. Dann geht es in südwestlicher Richtung zuerst flach weiter und ab der Gaisbühelalpe rechts haltend hinauf zum Mohnensattel (2.315 m) auf. Anschließend entlang des Kammes hoch, wobei man meist bald darauf die Schi deponie-

Ausblick zum Widderstein

ren muss. Über einen Vorgipfel gelangt man zum Gipfel der Mohnenfluh. Abfahrt wie Anstieg oder über den oben beschriebenen Nordanstieg.

Juppenspitze von Norden [97b]

4 1/2 Std. • 1.200 Hm • schwierig

Von der Kirche in Schröcken geht es auf einem Weg hinab zur Bregenzerach und auf der anderen Seite hinauf zur Fellealpe (1.386 m). Etwas oberhalb der Alpe muss man wieder zur Bregenzerach hinab, um über eine Brücke auf die andere Talseite zu gelangen. Nun das Tal hinein, bis links eine oben schmaler werdende Steilrinne zwischen Felsen Richtung Mohnenfluh hinaufführt. Hier muss man meist die Schi tragen und manchmal sind Steigeisen angebracht. Auf etwa 1.900 m wird das Gelände wieder schitourentauglich und in einem Bogen nach links steigt man unterhalb der steilen Felsen der Mohnenfluh zur Juppenwanne auf. Dieses Kar führt in östlicher Richtung zum Sattel zwischen Mohnenfluh und Juppenspitze hinauf. Abschließend geht es entlang des Grates zum Gipfel. Abfahrt exakt wie Anstieg, da man unbedingt die Steilrinne treffen muss.

Mohnenfluh von Norden [97c]

5 Std. • 1.300 Hm • schwierig

Zuerst wie beim Nordanstieg zur Juppenspitze beschrieben bis oberhalb der Steilrinne. Dann geht es in einem Bogen nach links (Süden) hinauf zum Butzensee und weiter nach links (Osten) zum

Blick zum Karhorn

Mohnensattel (2.315 m). Weiter wie oben beschrieben. Abfahrt exakt wie Anstieg.

Butzenspitze (2.547 m) [97d]

5 Std. • 1.300 Hm • schwierig

Zuerst wie beim Nordanstieg zur Mohnenfluh beschrieben bis zum Butzensee. Hier über einen schönen Hang nach rechts (Westen) hinauf zum Ostgrat der Butzenspitze. Schließlich ist ein Schidepot nötig und zu Fuß geht es in leichter Kletterei zum Gipfel. Abfahrt exakt wie Anstieg.

Fellealpe

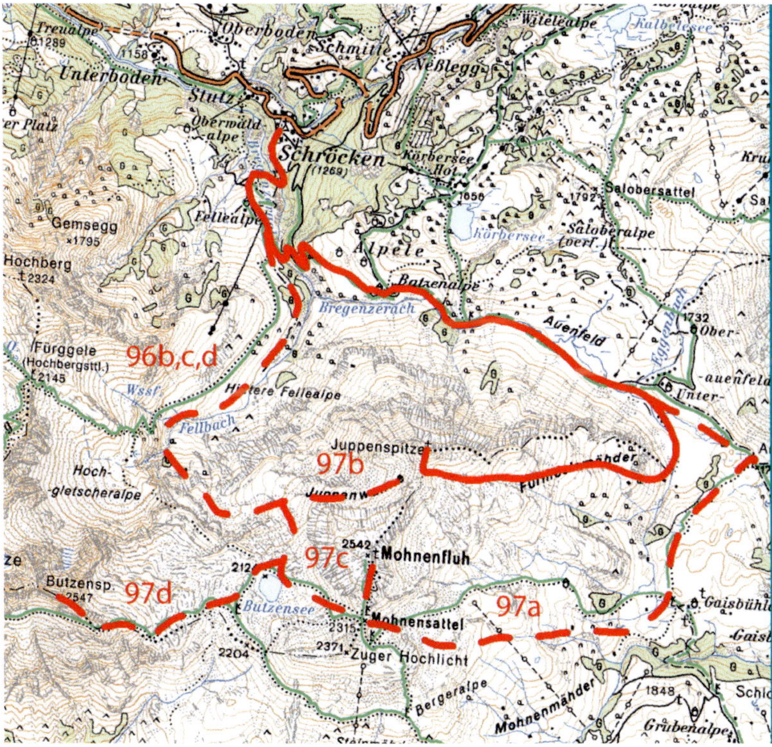

98 Höferspitze 2.131 m

Hochtannberg mit Hochberg und Höferspitze

Ausbaufähige Schiwanderung, die mehrere ansprechende Passagen bereithält, unter anderem einen teils scharfen Grat.

Gebirge: Allgäuer Alpen
Ausgangspunkt:
Hochtannbergpass (1.676 m)
Ausgangskoordinaten:
N47 16 14.7 E10 8 03.3
Gehzeit: 1 1/2 Std.
Höhenunterschied: 460 Hm

Beste Jahreszeit: Dezember bis März
Karten: ÖK-Blatt 112 + 113,
ÖKU-Blatt 2219, AVK-Blatt 3/2
Lawinensituation: Durch die Südlage baut sich der Schnee meist rasch ab. Die Abfahrtsvarianten erfordern jedoch sichere Verhältnisse

Besonderheit: Die Höferspitze steht hoch über Schröcken und ist südseitig mit Lawinenverbauungen bespickt. Von dieser Seite ist sie nicht als Schitour geeignet, aber vom Hochtannberg kann man sie in interessanter Linienführung ersteigen. Der kurze Anstieg und der tolle Blick auf den Widderstein und nach Süden zu Mohnenfluh und Braunarlspitze begeistern auch leistungsstarke Tourengeher.

Anstieg: Direkt vom Pass steigt man den teils breiten Kamm entlang Richtung Westen auf, bis der Kamm zum Grat wird (Schidepot). Nun zu Fuß den teils schmalen Grat zum Gipfel.

Abfahrt: Abfahrt wie Anstieg.

Variante

Abfahrt nach Norden [98a]

Bei sicherem Pulverschnee kann man vom Gipfel auch nach Nordosten Richtung Bärgunttal bis etwa 1.800 m abfahren. Anschließend steigt man 140 Hm zum Hochalppass (1.938 m) und nach rechts zum Kamm auf. Dann kann man den Hang entlang hinab zum Ausgangspunkt fahren.

Abfahrt nach Schröcken [98b]

Endpunkt: Schröcken-Schmitte (1.370 m) – Parkplatz

schwierig (steil)

Sehr gute Schifahrer können bei guten Firnverhältnissen direkt nach Süden bis zum Parkplatz an der Hochtannbergstraße abfahren. Die Einfahrt in den Hang ist knapp vor dem Gipfel und sehr steil (40°). Man steuert ein kleines Heuhüttchen und dann die Hütte des Schlößle an. So gelangt man zum großen Rastplatz an der B200 und mit dem Bus kommt man wieder zum Ausgangspunkt.

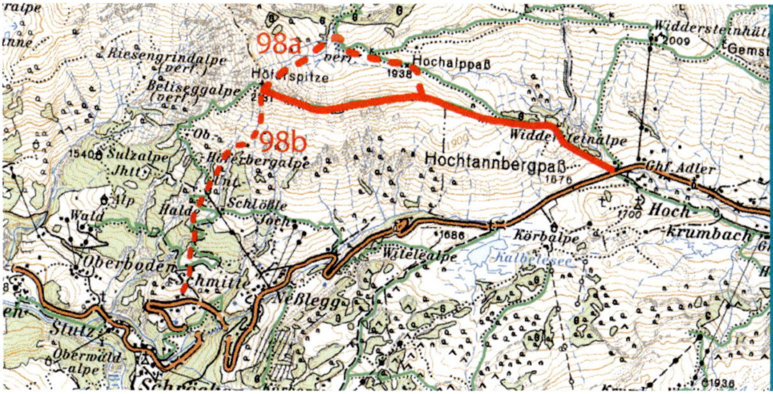

99 Geißhorn 2.366 m

Haldenwangerkopf 2.003 m

Geißhorn

Das versteckte Horn im Schatten des Widdersteins ist vor allem für Frühaufsteher geeignet – zumal der Südhang der Sonne nicht lange standhält.

Gebirge: Allgäuer Alpen
Ausgangspunkt: Hochkrumbach (1.600 m)
Ausgangskoordinaten: N47 16 07.8 E10 8 46.0
Gehzeit: 3 Std.
Höhenunterschied: 770 Hm
Beste Jahreszeit: Jänner bis April

Karten: ÖK-Blatt 113, ÖKU-Blatt 2219
Lawinensituation: Durch die Südlage baut sich der Schnee rasch ab. Durch die Steilheit der zu querenden Hänge und des Gipfelhanges herrscht aber nach Neuschneefällen und an Nachmittagen bei großer Wärme oft ein nicht zu unterschätzendes Risiko.

Besonderheit: Dieses Ziel bietet sich vor allem für den Vormittag an. Der Schnee passt um diese Zeit noch und am Nachmittag kann man sich im Schigebiet Salober auf der Piste austoben. Vom Gipfel kann man im Norden bis weit nach Deutschland hinaus blicken. Nach Süden sind die steilen Nordflanken von Karhorn und Juppenspitze die Horizontbegrenzung. Im Westen thront der Widderstein.

Anstieg: Von der Straße steigt man nach Ostnordost ohne große Steigung zur ersten Alpe (ca. 1.700 m) auf. Nun muss man einen steilen Hang queren und gelangt zu einem großen Kar (Tschirggetal). Man steigt meist etwas entlang des Kares auf, bis man es nach rechts überwinden kann. Nun über einen steilen Hang querend in östlicher Richtung bergauf. Schon bald sieht man den markanten Biberkopf im Osten und geht auf ihn zu. Im Bereich des Haldenwangerkopfes wird es flach. Man geht in der Einsattelung links dieses Kopfes weiter, bis es wieder bergabgeht. Nun nach links den Hang entlang zum Koblatpass (1.982 m). Vor dem höchsten Punkt des Überganges rechts hoch und ziemlich flach entlang des Kammes auf den Gipfelaufbau zu. Diesen ersteigt man direkt oder am rechten Grat.

Abfahrt: Abfahrt wie Anstieg. Im Bereich des Haldenwangerkopfes wird es durch das flache Gelände etwas mühsam.

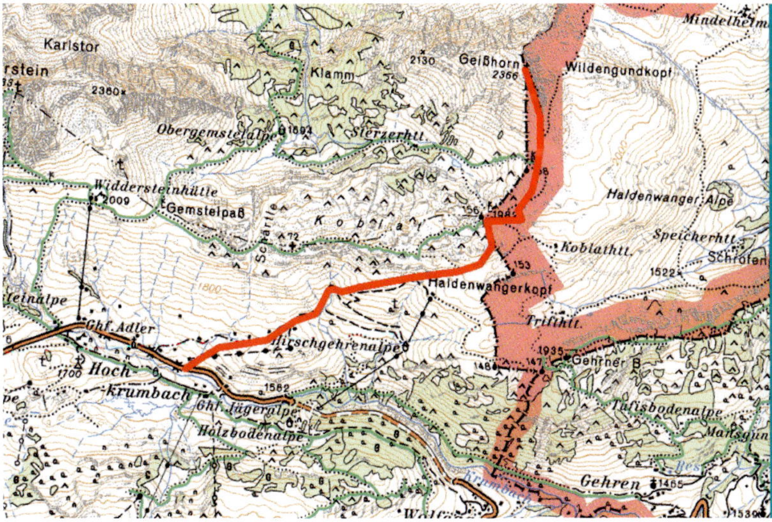

Durchquerungen und Winterbergsteigen

100 Durchquerung Vorarlberg Süd

Eine Frühjahrsroute, die durch Kombination mehrerer Tagestouren entsteht – und damit vielfältigste Ein- und Ausblicke gewährt.

Gebirge: Silvretta und Rätikon
Ausgangspunkt: Wiesbadener Hütte (2.443 m)
Endpunkt: Brand (1.068 m)
Gehzeit: 4 Tage, bei Start in Ischgl (Tirol) 7 Tage
Beste Jahreszeit: März bis Mai
Karten: werden in den entsprechenden Tourenkapiteln angeführt.
Lawinensituation: Diese Gesamtdurchquerung ist nur bei sicheren Frühjahresverhältnissen vertretbar.

Besonderheit: Durch Aneinanderreihung mehrerer Touren entsteht eine ganz besondere Durchquerung. Diese kann auch schon in der tirolerischen Silvretta in Ischgl beginnen und endet in Brand. Die Übergänge sind anderweitig genauer beschrieben. Also folgt hier nur eine Übersicht mit Querverweisen auf die entsprechenden Kapitel in diesem Buch. Natürlich bieten sich entlang der Route mehrere Gipfel an. Die Zeiten sind jedoch immer ohne Gipfelbesteigungen gerechnet.

1. Tag: Wiesbadener Hütte → Silvrettahütte
Ausgangspunkt: Wiesbadener Hütte (2.443 m)
Endpunkt: Silvrettahütte (2.341 m)
↗↙ 4 Std. • ↗ 650 Hm • ↙ 750 Hm • mittel
Siehe Tour 81.
Mögliche Gipfelabstecher entlang der Route:
- Silvrettahorn – Tour 81
- Egghorn – Tour 81
- Piz Buin – Tour 80

2. Tag: Silvrettahütte → Saarbrücker Hütte
Ausgangspunkt:
Silvrettahütte (2.341 m)
Endpunkt:
Saarbrücker Hütte (2.538 m)
↗↙ 5 Std. • ↗ 900 Hm • ↙ 700 Hm
mittel
Siehe Tour 82.
Mögliche Gipfelabstecher entlang der Route:
- Schneeglocke – Tour 82
- Sonntagsspitze – Tour 74
- Sattelkopf – Tour 71

3. Tag: Saarbrücker Hütte → Gargellen
Ausgangspunkt:
Saarbrücker Hütte (2.538 m)
Endpunkt: Gargellen (1.464 m)
5 Std. • ↗ 850 Hm • ↙ 1910 Hm •
mittel
Siehe Tour 72.
Mögliche Gipfelabstecher entlang der Route:
- Kleines Seehorn – Tour 72
- Kromerspitzen – Tour 70
- Hinterberg – Tour 68

4. Tag: Gargellen → Lindauer Hütte
Ausgangspunkt:
Schafberg-Täli (2.150 m)
Endpunkt:
Lindauer Hütte (1.744 m)
7 Std. • 1.750 Hm • mittel
Siehe Tour 62.
Mögliche Gipfelabstecher entlang der Route:
- Riedkopf – Tour 62
- Scheienfluh – Tour 52
- Weißplatte – Tour 52
- Sulzfluh – Tour 29
- Drei Türme – Tour 58

5. Tag: Lindauer Hütte → Brand
Ausgangspunkt:
Lindauer Hütte (1.744 m)
Endpunkt: Brand (1.060 m)
↗↙ 6 Std. • ↗ 750 Hm •
↙ 1.400 Hm • mittel
Siehe Tour 60.
Mögliche Gipfelabstecher entlang der Route:
- Öfakopf – Tour 60
- Schafgafall – Tour 51
- Schesaplana – Tour 39

Drei Verlängerungstage durch Start in Tirol

1. Tag: Ischgl → Heidelberger Hütte
Ausgangspunkt: Ischgl (1.377 m)
Endpunkt:
Heidelberger Hütte (2.264 m)
↗ 4 Std. • ↗ 900 Hm
Von Ischgl gelangt man sehr einfach durchs sehr lang gezogene Fimbertal zur Heidelberger Hütte.

2. Tag: Heidelberger Hütte → Jamtalhütte
Ausgangspunkt:
Heidelberger Hütte (2.264 m)
Endpunkt: Jamtalhütte (2.165 m)
↗↙ 4 Std. • ↗ 720 Hm • ↙ 820 Hm
Von der Heidelberger Hütte nach Süden zum Zahnjoch (2.947 m) oder zum Kronenjoch (2.980 m). Nun westseitig hinab zur Jamtalhütte.

3. Tag: Jamtalhütte → Wiesbadener Hütte
Ausgangspunkt:
Jamtalhütte (2.165 m)
Endpunkt:
Wiesbadener Hütte (2.443 m)
↗↙ 4 Std. • ↗ 800 Hm • ↙ 480 Hm
Zuerst steigt man nach Süden über den Jamtalferner zur Oberen Ochsenscharte (2.918 m) auf (siehe Tour 79). Man kann auch etwas kürzer über die Tiroler Scharte (2.935 m) zur Wiesbadener Hütte gelangen (siehe Tour 78).

101 Winterbergsteigen

Ein paar bekannte Gipfel von Vorarlberg sind im Winter für Schitourengeher nicht erreichbar. Da aber manche(-r) Bergsteiger/-in auch diese in die Tourenliste einreihen möchte, wird hier eine Kürzestbeschreibung geliefert. Dabei ist unbedingt zu beachten, dass diese Touren nur bei besten Verhältnissen und durch hervorragende Bergsteiger/innen gewagt werden sollten. Es besteht akute Absturzgefahr. Meist sind Steigeisen, Pickel und Seilsicherung erforderlich.

Widderstein (2.533 m)
Ausgangspunkt:
Hochtannbergpass (1.676 m)
Problematisch ist bei diesem Anstieg die Steilheit, die keinen Sturz erlaubt, und die große Lawinengefahr, sowohl bei Neuschnee als auch im Zuge der Tageserwärmung. Vom Hochtannberg geht es zuerst zur Widdersteinhütte und dann wie im Sommer links des steilen Kares zum Gipfel.

Rote Wand (2.704 m)
Ausgangspunkt:
Buchboden (910 m)
An eine Besteigung sollte man nur im Frühjahr denken. Der Anstieg ist teils sehr steil und deshalb sind Steigeisen und Pickel erforderlich. Von Buchboden geht es das Hutlatal hinein bis zur Klesenzaalpe. Dann weiter hinauf zur Spitzeggaalpe und weiter das Kar zwischen Jungfernspitze und Madratsch hinauf. Dann unterhalb der Felsen, ungefähr entlang des Sommerweges, zum sehr steilen Nordwestrücken und diesen weiter, bis man nach Osten auf den kleinen Gletscher hinunter kann. Über diesen abschließend hoch zum Gipfel.

Zitterklapfen (2.403 m)
Ausgangspunkt:
Buchboden (910 m)
Diese Firntour ist von den hier beschriebenen noch am ehesten als Schitour bezeichenbar. Von Buchboden wie zum Kunkelkopf (siehe Tour 35) hinauf zur Oberüberlutalpe. Dann gerade nach Norden den Hang hoch bis zum Grat und über diesen nach links zum Gipfel.

Zimba (2.643 m)
Ausgangspunkt:
Bürserberg Tschapina (951 m)
Jedes Jahr versuchen ein paar Mutige, die Zimba auch im Winter (Frühjahr) zu besteigen. Aber nur ein Teil von ihnen schafft es bis zum Gipfel – zu schwierig ist der Anstieg. Von Tschapina zuerst hinab zum Alvier und entlang des Sommerweges zur geschlossenen Sarotlahütte. Dann das Kar Richtung Valkastiel hinauf und auf etwa 2.000 m nach rechts das Steintäli hinauf zum Nordostanstieg auf die Zimba. Dann muss man ohne Schi zum Gipfel klettern.

Drusenfluh (2.827 m)
Ausgangspunkt:
Latschau (1.000 m), Lindauer Hütte (1.744 m)
Seit es den Klettersteig durch die Blodigrinne auf die Drusenfluh gibt, wird der Anstieg im Winter mehrfach begangen, denn die Felsstufe am oberen Ende des unteren Kares lässt sich mit Hilfe des Steiges leichter überwinden. Der weitere Weg ist aber weiterhin sehr steil und jeder noch so kleine Schneerutsch kann einen Bergsteiger sehr weit hinunterwerfen.

Eisentalerspitze, Hintergrund: Pflunspitzen

Zum Schluss

Schibergsteigen gestern und heute

Lange Zeit galten die Berge als Hort von Kobolden und vielerlei Gefahren. Sie wurden deshalb nur mit Ehrfurcht betrachtet und im Großen und Ganzen gemieden. Lediglich Hirten und Jäger „verirrten" sich manchmal in höhere Regionen. Im 18. Jahrhundert begannen sich neugierige, von Forschungsdrang beseelte Menschen immer mehr für die Berge zu interessieren und bald waren alle wichtigen Gipfel erstiegen. Aber alle diese Aktivitäten dieser Zeit des frühen Alpinismus geschahen natürlich in der warmen Jahreszeit, im Sommer. Im Winter blieben die Berge weiterhin unnahbar und gefährlich. Nur einige Passübergänge wurden gezwungenermaßen manchmal verwendet und zahlreiche Unglücke (Lawinen, Erfrorene) flößten allen Furcht und Respekt ein. Doch gegen Ende des 19. Jahrhunderts wich die Furcht langsam der wachsenden Neugier und dem Tatendrang. Nachdem die meisten Gipfel im Sommer bestiegen waren, wollte man sie auch unter den widrigen Winterbedingungen erreichen. 1846 wurde der Dachstein, 1875 der Großglockner, 1876 der Mont Blanc im Winter erstiegen. In Vorarlberg stand am 2. Februar 1885 der Stuttgarter Th. Wundt mit einem „wilden", namentlich nicht bekannten „Führer" aus Brand auf der Schesaplana. Mit dem Beginn des Schifahrens wurden neue Möglichkeiten zur Besteigung winterlicher Gipfel eröffnet. Obwohl anfänglich noch Skepsis bezüglich der bergsteigerischen Nutzbarkeit des Schis herrschte, setzten sie sich langsam, aber sicher durch. 1894 wurden bei der Überschreitung des Ötztaler Hochjoches die Schier noch in Vent zurückgelassen und die Bergsteiger wühlten sich durch den Schnee. 1898 bei der Besteigung des Piz Buins hatte der Führer Schier, der Klient aber noch Schneereifen an den Füßen. 1903 aber, bei der Wintererstbesteigung der Sulzfluh durch Schallert und Sohm hatten beide Schier. Mit der raschen Weiterentwicklung der Schier und der Fahrtechnik wurden bald alle Wandergipfel bestiegen und Schibesteigungen verloren den Nimbus des Besonderen.
Gerade in Vorarlberg hat das Schifahren durch die Errichtung von Liftanlagen sehr große Verbreitung gefunden. Der Schitourismus stellt einen wichtigen Faktor in der Vorarlberger Wirtschaft dar. Viele Schigipfel sind durch Liftanlagen dem Bergsteiger abhandengekommen und Schitouren waren lange Zeit auch kaum mehr interessant. Aber der Wert einer Besteigung eines Berges aus eigener Kraft wird inzwischen wieder erkannt. Heute sind Schitouren populär wie nie zuvor, und das ist gut so.

Karten

Als Karten reichen im Winter normalerweise solche im Maßstab 1:50.000. Die zusätzlichen Details, die Karten im Maßstab 1:25.000 zeigen, sind meist unter dem Schnee verborgen. Jedes Kartenwerk hat seine eigenen Stärken.

Hinweise zu den Kartenwerken:

Österreichkarte 1:50.000 (ÖK)	Die ÖK deckt als einzige das Gebiet komplett ab. Mittels der elektronischen Version (AustrianMap) können Touren im Grenzbereich von zwei Karten zusammenhängend ausgedruckt werden.
Alpenvereinskarte 1:25.000 (AVK)	Die AV-Karte ist inzwischen auch elektronisch verfügbar. Sie ist detailreicher als die ÖK. Leider deckt sie aber nur einen Teil von Vorarlberg ab.
Landeskarte Schweiz 1:50.000, 1:25.000 (LKS)	Sie deckt logischerweise nur einen Teil von Vorarlberg ab. Der Zusatz „S" bei 1:50.000er-Karten bedeutet, dass es sich um eine Schitourenkarte handelt. Die 1:25.000er-Karten sind im Hinblick auf Detaildarstellung nicht überbietbar, enthalten aber keine Routeninformationen für Tourengeher.
Freytag & Bernd 1:50.000 (F&B)	Diese Karten eignen sich sehr gut für den Überblick. Sie enthalten auch aktuelle touristische Informationen wie z.B. Bushaltestellen. Bezüglich der Geländedetails können sie mit den anderen Karten nicht mithalten.

Zur Erstellung des Führers wurden folgende Kartenwerke verwendet:

Österreichkarte Gauß-Krüger Schnitt 1:50.000 (ÖK)	Blatt Nr. 110 St. Gallen, 111 Dornbirn, 112 Bezau, 113 Mittelberg, 140 Buchs, 141 Feldkirch, 142 Schruns, 143 Sankt Anton, 169 Gaschurn, 170 Galtür
Österreichkarte UTM Schnitt 1:50.000 (ÖKU)	Blatt Nr. 1218 Bregenz, 2213 Sonthofen, 1223 Feldkirch, 1224 Hohenems, 2219 Lech, 1229 Vaduz, 1230 Bludenz, 2225 St. Anton a. A., 1106 Gargellen. 2101 Gaschurn
Alpenvereinskarte 1:25.000 (AVK)	Blatt Nr. 3/2 Lechtaler Alpen, Arlberggebiet mit Skirouten, Nr. 26 Silvrettagruppe mit Skirouten
Landeskarte Schweiz 1:50.000 (LKS)	Blatt Nr. 228 Hoher Freschen, 238 S Montafon, 239 Arlberg, 248 S Prättigau, 249 S Tarasp
Landeskarte Schweiz 1:25.000 (LKS)	Blatt Nr. 1096 Diepoldsau, 1136 Drei Schwestern, 1156 Schesaplana, 1157 Sulzfuh, 1177 Serneus, 1178 Groß Litzner, 1198 Silvretta
Freytag & Bernd 1:50.000 (F&B)	Blatt Nr. 364, 371, 372, 373

Ausrüstung

Ungenügende Ausrüstung ist inzwischen kaum mehr ein Thema. Es kann schon eher passieren, dass Rucksäcke zu schwer werden. Trotzdem hier eine Liste der sinnvollen Ausrüstung:

Bekleidung

Allgemein

- leicht trocknend und schweißdurchlässig
- Schichtenprinzip mit windfester Außenschale

Konkret

- Schiunterwäsche (schweißtransportierend)
- Lange Strümpfe (nicht zu dick!)
- Dünner Pullover oder Hemd (möglichst windfest)
- Fleecejacke oder Fleecepullover (eventuell ein sogenanntes Softshell)
- Schitourenhose, die über dem Schuhrand des Tourenschuhs abschließt
- Atmungsaktive, wasserfeste Überjacke
- Atmungsaktive, wasserfeste Überhose (Die Überhose muss bei angezogenen Schischuhen und Steigeisen anziehbar sein, d.h. durchgehender seitlicher Reißverschluss nötig) → Kann bei hoher Atmungsaktivität die Schitourenhose ersetzen.
- dünne Fingerhandschuhe mit Windstopperfolie + Fäustlinge (gewalkte Wollhandschuhe sind immer noch unschlagbar) als Reserve und für sehr kalte Tage
- Wollhaube + Stirnband

Technische Ausrüstung

- Tourenschuh mit Profilsohle (Schischuhe nur bedingt geeignet)
- Tourenschi, Länge etwa Körpergröße
  Je öfter auch auf Pisten gefahren werden soll, desto stabiler (= meist auch schwerer) sollte der Schi sein. Breite Schier haben mehr Auftrieb bei der Abfahrt und keine merklichen Nachteile beim Anstieg.
- Tourenbindung mit Schistopper und Harscheisen
- Felle (genau zur Taillierung der Schier passend)
- Stöcke (große Teller, eher länger als auf Piste); ausziehbare Stöcke brechen leichter ab und sind im Winter nicht unbedingt erforderlich!!
- VS-Gerät: Frequenz 457 kHz
- Schaufel aus Metall mit Klappgriff (möglichst breit)
- Lawinensonde

Sonstiges

- Rucksack ca. 35 Liter (mit seitlicher Schibefestigung und Deckeltasche)
- Biwaksack für 2 Personen, evtl. Sitzmatte
- Gletscherbrille, Schibrille mit Doppelglas
- Sonnencreme (mindestens Faktor 20), Lippenschutz
- Trinkflasche (am besten eine bruchfeste Thermoskanne, auch wenn diese etwas schwerer ist)
- Reservehandschuhe, Reservehaube, Überhandschuhe
- Bergapotheke mit zusätzlich Bleistift und Papier, Trillerpfeife und Spiegel für SOS-Signal
- Karte, Kompass, Höhenmesser
- 2 Schraubkarabiner mit großer Öffnung
- 2 Reepschnüre (Ø 6 mm, Länge 5,0 m)
- 2–3 Schnappkarabiner
- evtl. Draht, Kabelbinder, Zange, Schraubenzieher, Klebeband für notdürftige Reparaturen an Schibindung, Schuh oder Bekleidung.

Zusätzliche Ausrüstung bei Hochtouren im Frühjahr

- Hüftgurt
- Steigeisen (10-Zacker genügen meist)
- Eispickel – leichtes Modell
- Einfachseil (Ø 10 mm) L = 40 m

Schitourenstart in Bad Laterns

Kontaktadressen

Informationen

Wetterlage

Alpenwetter	0900 91 1566 80
Regionalwetter	0900 91 1566 81
Internet	http://www.alpenverein.at
	http://www.nzz.ch/wetter/index.html
Lawinenlagebericht	+43 5574 201 1588
	Im Internet (täglich 7:30 neuer Bericht)
	http://www.vorarlberg.at/lawine

Notrufe

Euro-Notruf-Telefon:	112
Allgemeiner Notruf + Bergrettung:	144

Notrufsäulen

In den immer offenen Winterräumen folgender Hütten befinden sich Notrufsäulen. Diese sind sehr einfach zu bedienen und direkt mit der Landes-Rettungsleitzentrale verbunden:

- Freschenhaus
- Frassen Hütte
- Douglas Hütte
- Totalp Hütte
- Heinrich Hueter Hütte
- Tilisuna Hütte
- First Hütte
- Freiburger Hütte
- Tübinger Hütte
- Heilbronner Hütte

Bergrettung

http://www.bergrettung-vorarlberg.at/

Öffentliche Verkehrsmittel

- Vorarlberg: www.vmobil.at
- Liechtenstein: www.lba.li

Tourismusverbände

Fast jede Ortschaft hat ihr Tourismusbüro. Über den Landesverband Vorarlberg Tourismus kann man zu den lokalen Informationsstellen gelangen:

Tourismusverband Vorarlberg
Bahnhofstraße 14/4,
Tourismushaus,
6901 Bregenz,
Tel. 43 5574 42525-0
Fax: 43 5574 42525-5
www.vorarlberg-tourism.at

Liechtenstein Tourismus
Städle 37
FL 9490 Vaduz
Tel. +423 239 6300
Fax +423 239 6301
www.tourismus.li

Alpenregion Bludenz
(Walgau, Großwalsertal, Brandnertal, Klostertal)
Rathausgasse 12,
A 6700 Bludenz,
Tel. +43 5552-30227,
Fax +43 5552-302273,
www.alpenregion.at

Montafon Tourismus
Montafonerstr. 21
A 6780 Schruns
Tel. +43 5556 72253-0
Fax +43 5556 74856
www.montafon.at

Lech-Zürs Tourismus
A 6764 Lech
Tel. +43 5583 2161,
Fax +43 5583 3155
www.lech-zuers.at

Bregenzerwald
Impulszentrum 1135
A 6863 Egg
Tel. +43 5512 2365
Fax +43 5512 3010
www.bregenzerwald.at

Wanderführer, Bergführer, Alpinschulen

Vorarlberger Bergführerverband
Gantschierstr. 74,
A 6780 Schruns,
Tel. +43 664 2234935
Fax +43 5556 72266
www.bergfuehrer.at/vorarlberg

Bergbahnen

Rheintal + Laternsertal

Schilifte Bödele
+43 5572 7214
www.boedele.info

Seilbahnen Laterns
Tel. +43 5526 252
http://hplaterns.abbag.com/Joomla2/index.php?option=com_frontpage&Itemid=1

Sesselbahn Sareis (FL)
Tel. +423 265 4000
www.bergbahnen.li

Walgau

Muttersbergbahn Bludenz-Nüziders
Tel. +43 5552 68035,
www.muttersberg.at

Großwalsertal

Bergbahnen Faschina
Tel. +43 5510 705,
www.faschina.at

Brandnertal

Bergbahnen Brand
Tel. +43 5559 224-0,
www.bergbahnen-brandnertal.at

Lünerseebahn Brand
Tel. +43 5556 72444,
www.illwerke-tourismus.at

Klosteral

Sonnenkopfbahn Klostertal
Tel. +43 5582 292-0,
www.sonnenkopf.com

Arlberg

Bergbahnen Lech
Tel. +43 5583 2161-0
www.lech-zuers.at

Bergbahnen Zürs
Tel. +43 5583 2245
www.lech-zuers.at

Montafon - Silvretta

Bergbahnen Golm
Tel. +43 5556 701 83167
www.golm.at

Schafbergbahnen Gargellen
Tel. +43 5557 6310
www.schafbergbahnen.at

Silvretta Montafon
Tel. +43 5557 6300 801
www.silvrettamontafon.at

Vermuntbahn Partenen
tägl. 8:30 – 16:45 Uhr
Tel. +43 5556 701-85231
www.vermuntbahn.at

Bregenzerwald

Bergbahnen Bezau
Tel. +43 5514 2254
www.bergbahnen-bezau.at

Bergbahnen Mellau
+43 5518 2222
www.bergbahnenmellau.com

Bergbahnen Damüls
Tel. +43 5510 600
www.seilbahnendamuels.at

Schilifte Schröcken
Tel. +43 5583 4259 101
www.warth-schroecken.com

Schilifte Warth
Tel. +43 5583 3601
www.warth-schroecken.com

Tourenübersicht

Übersicht Touren nach Gehzeit

Anstieg unter 3 Stunden

Kapitel	Gipfel	Ausgangspunkt	Zeit	Hm	Schwierigkeit
91	Portlahorn (2.010 m)	Gh. Jägerstüble (1.680 m)	01:00	330	leicht
62	Riedkopf (2.552 m)	Schafberg (2.150 m)	01:30	400	mittel
77	Bielerspitze (2.506 m)	Bielerhöhe (2.036 m)	01:30	470	mittel
98	Höferspitze (2.131 m)	Hochtannbergpaß (1.676 m)	01:30	460	mittel
63	Madrisarundtour klein (2.612 m)	Schafberg (2.120 m)	01:30	420	mittel
1	Hochälpelekopf (1.464 m)	Rickatschwende (849 m)	02:00	620	leicht
3	Hohe Kugel (1.645 m)	Fraxern-Sportplatz (1.000 m)	02:00	650	leicht
43	Erzberg (2.299 m)	Flexenpass (1.774 m)	02:00	530	mittel
54	Madrisella (2.466 m)	Bergstation Versettlabahn (2.010 m)	02:00	500	leicht
60	Öfakopf (2.374 m)	Lindauer Hütte (1.744 m)	02:00	630	leicht
78	Ochsenkopf (3.057 m)	Wiesbadener Hütte (2.443 m)	02:00	620	mittel
28	Glatthorn (2.133 m)	Faschina (1.486 m)	02:15	650	schwierig
12	Nob (1.785 m)	Innerlaterns (1.037 m)	02:30	750	leicht
17	Gerenspitze (1.871 m)	Bad Laterns (1.147 m)	02:30	730	leicht
20	Schönberg (2.104 m)	Malbun (1.468 m)	02:30	660	leicht
29	Zafernhorn (2.107 m)	Faschina (1.375 m)	02:30	740	leicht
36	Mondspitze (1.967 m)	Tschengla (1.220 m)	02:30	750	mittel

55	Breitfielerberg (2.417 m)	Tromenier (1.732 m)	02:30	700	mittel
76	Hennekopf (2.704 m)	Bielerhöhe (2.000 m)	02:30	710	leicht
86	Hirschberg Schigipfel (1.535 m)	Bizau-Hirschberglift (792 m)	02:30	750	leicht
13	Hohe Matona (1.997 m)	Bad Laterns (1.147 m)	02:45	850	mittel
15	Gerenfalben (1.938 m)	Bad Laterns (1.147 m)	02:45	790	leicht

Anstieg 3 bis 4 Stunden

Kapitel	Gipfel	Ausgangspunkt	Zeit	Hm	Schwierigkeit
4	Kamor (1.751 m)	Plona (645 m)	03:00	1.100	mittel
16	Hochrohkopf (1.975 m)	Bad Laterns (1.147 m)	03:00	830	leicht
18	Goldlochspitze (2.110 m)	Steg (1.303 m)	03:00	810	leicht
21	Augstenberg (2.359 m)	Malbun (1.599 m)	03:00	760	mittel
42	Grubenjochspitze (2.659 m)	Flexenpass (1.774 m)	03:00	890	schwierig
46	Wösterhorn (2.309 m)	Lech (1.440 m)	03:00	870	leicht
79	Dreiländerspitze (3.197 m)	Wiesbadener Hütte (2.443 m)	03:00	760	schwierig
85	Winterstaude (1.877 m)	Schetteregg (1.060 m)	03:00	850	mittel
88	Lug (1.767 m)	Au (810 m)	03:00	960	leicht
90	Klippern (2.066 m)	Au-Argenwald (1.235 m)	03:00	830	mittel
99	Geißhorn (2.366 m)	Hochkrummbach (1.600 m)	03:00	770	mittel
45	Erlispitze (2.634 m)	Zürs (1.717 m)	03:15	920	mittel
81	Silvrettahorn (3.244 m)	Wiesbadener Hütte (2.443 m)	03:15	830	mittel

8	Alvier (2.343 m)	Berghaus Malbun (1.369 m)	03:30	1.000	mittel
25	Augstenberg (2.359 m)	Nenzinger Himmel (1.370 m)	03:30	990	mittel
44	Trittkopf (2.719 m)	Zürs (1.717 m)	03:30	1.000	mittel
47	Karhorn (2.416 m)	Lech (1.420 m)	03:30	1.000	schwierig
49	Wannaköpfle (2.032 m)	Bartholomä-berg (1.087 m)	03:30	950	leicht
65	Schlappiner Spitze (2.442 m)	Gargellen (1.464 m)	03:30	980	schwierig
73	Sonntags-spitze (2.882 m)	Bielerhöhe (2.000 m)	03:30	890	mittel
82	Schneeglocke (3.223 m)	Silvretta Hütte (2.341 m)	03:30	890	mittel
92	Falzer Kopf (1.968 m)	Schoppernau (850 m)	03:30	1.120	leicht
2	Dornbirner First (1.735 m)	Bödele (1.139 m)	04:00	1.000	mittel
7	Rosswies (2.334 m)	Berghaus Malbun (1.369 m)	04:00	1.200	mittel
11	Garmil (2.003 m)	Hienzi (860 m)	04:00	1.150	mittel
24	Hoher Fraßen (1.979 m)	Ludesch-Bovel (780 m)	04:00	1.200	mittel
26	Naafkopf (2.570 m)	Nenzinger Himmel (1.370 m)	04:00	1.200	mittel
35	Kunkelkopf (2.100 m)	Buchboden (910 m)	04:00	1.200	mittel
48	Schafberg: Oberer (2.652 m)	Zug (1.510 m)	04:00	1.150	mittel
56	Tschaggunser Mittagsspitz (2.168 m)	Latschau (1.000 m)	04:00	1.170	schwierig
58	Drei Türme (2.830 m)	Lindauer Hütte (1.744 m)	04:00	1.090	schwierig

59	Sulzfluh (2.818 m)	Lindauer Hütte (1.744 m)	04:00	1.100	mittel
61	Rotspitze (2.517 m)	Gargellen (1.380 m)	04:00	1.140	mittel
67	Vergaldner Schneeberg (2.588 m)	Gargellen (1.464 m)	04:00	1.130	leicht
70	Kromerscharte (2.800 m)	Vermuntstau-see (1.753 m)	04:00	1.050	leicht
71	Sattelkopf (2.863 m)	Vermuntstau-see (1.753 m)	04:00	1.110	schwierig
75	Rauher Kopf (3.101 m)	Bielerhöhe (2.000 m)	04:00	1.100	mittel
80	Piz Buin (3.312 m)	Wiesbadener Hütte (2.443 m)	04:00	900	schwierig
83	Silvrettahorn (3.244 m)	Silvretta Hütte (2.341 m)	04:00	900	mittel
89	Kanisfluh (2.044 m)	Au-Argenau (850 m)	04:00	1.200	mittel
93	Toblermann (2.010 m)	Schoppernau-Kraftwerk (880 m)	04:00	1.130	mittel
94	Üntschen-spitze (2.135 m)	Hopfreben (1.000 m)	04:00	1.150	mittel

Anstieg über 4 Stunden

Kapitel	Gipfel	Ausgangspunkt	Zeit	Hm	Schwierig-keit
10	Gonzen (1.829 m)	Obertrübbach (546 m)	04:30	1.300	mittel
14	Sünserspitze (2.061 m)	Bad Laterns (1.147 m)	04:30	1.300	mittel
19	Naafkopf (2.570 m)	Steg (1.303 m)	04:30	1.270	schwierig
27	Augstenberg (Tschingel) (2.541 m)	Nenzinger Himmel (1.370 m)	04:30	1.250	mittel
30	Gamsfreiheit (2.211 m)	Marul (976 m)	04:30	1.300	mittel
37	Blankuskopf (2.334 m)	Brand (1.050 m)	04:30	1.300	mittel

38	Oberzalim-kopf (2.340 m)	Brand (1.050 m)	04:30	1.300	mittel
57	Kreuzjoch (2.261 m)	Latschau (1.000 m)	04:30	1.260	leicht
69	Heimspitze (2.685 m)	Gargellen (1.464 m)	04:30	1.220	mittel
74	Schneeglocke (3.223 m)	Bielerhöhe (2.000 m)	04:30	1.230	mittel
87	Dornbirner First (1.735 m)	Mellau - Eingang Mellental (730 m)	04:30	1.100	mittel
95	Hochkünzel-spitze (2.397 m)	Landsteg (1.100 m)	04:30	1.300	schwierig
97	Juppenspitze (2.412 m)	Schröcken (1.269 m)	04:30	1.200	mittel
5	Altmann (2.435 m)	Wildhaus (1.084 m)	05:00	1.350	schwierig
6	Chapf (2.043 m)	Grabs (467 m)	05:00	1.580	leicht
9	Hurst (1.971 m)	Räfis (455 m)	05:00	1.520	mittel
23	Mondspitze (1.967 m)	Nenzing (560 m)	05:00	1.450	mittel
66	Rotbühel-spitze (2.853 m)	Gargellen (1.464 m)	05:00	1.400	mittel
68	Hinterberg (2.683 m)	Gargellen (1.464 m)	05:00	1.220	mittel
72	Seehörner: Kleine (3.032 m)	Vermuntstau-see (1.753 m)	05:00	1.300	schwierig
84	Piz Buin (3.312 m)	Silvretta Hütte (2.341 m)	05:00	1.100	schwierig
96	Braunarlspitze (2.649 m)	Schröcken (1.269 m)	05:00	1.400	schwierig
22	Galinakopf (2.198 m)	Nenzing-Laz (678 m)	05:30	1.600	mittel
31	Misthaufen (2.436 m)	Buchboden (884 m)	05:30	1.550	mittel
34	Hochkünzel-spitze (2.397 m)	Buchboden (884 m)	05:30	1.550	schwierig

40	Eisentaler-spitze: Östliche (2.753 m)	Langen (1.150 m)	05:30	1.600	mittel
51	Schafgafall (2.414 m)	Vandans (770 m)	05:30	1.650	mittel
52	Scheienfluh (2.625 m)	Gargellerstraße (1.309 m)	05:30	1.450	mittel
64	Rätschenhorn (2.703 m)	Gargellen (1.464 m)	05:30	1.550	mittel
32	Johanneskopf: Westlicher (2.573 m)	Buchboden (884 m)	06:00	1.700	mittel
33	Bratschen-wand (2.493 m)	Buchboden (884 m)	06:00	1.620	mittel
50	Saulakopf (2.517 m)	Vandans (770 m)	06:00	1.750	schwierig
53	Madererspitze (2.769 m)	Gaschurn (1.050 m)	06:00	1.750	schwierig
41	Kaltenberg (2.896 m)	Langen (1.228 m)	06:30	1.850	mittel
39	Schesaplana (2.965 m)	Brand (1.050 m)	07:00	1.920	mittel
63	Madrisarund-tour groß (2.612 m)	Schafberg (2.120 m)	08:00	420	mittel

Danksagungen

Auch wenn nur ein Autorenname aufscheint, haben doch viele bei der Entstehung dieses Führers mitgearbeitet. Hiermit möchte ich allen einen recht herzlichen Dank aussprechen. Es sind dies vor allem:

- Meine Frau Irmgard: Sie hat mich oft begleitet, aber oft auch auf mich verzichtet.

Weiters haben den Führer kritisch durchgelesen und zu mancher Verbesserung beigetragen:

- Die Schitourenpartner:
  · Hanskarl: Er kennt viel mehr Touren als ich und denkt sich immer die zur jeweiligen Wetter- und Schneelage optimalen Touren aus.
  · Peter und Bernadette: Die beiden Waldviertler habe ich durch Hanskarl kennengelernt und ohne sie sind die Touren nicht mehr vorstellbar.
  · Manfred: Ein Freund aus den unsportlichen Jugendjahren, der nun völlig bergbegeistert ist.
  · Michael: Als Bergretter verfügt er über fundierte Kenntnisse der Vorarlberger Berge und hat mich vor allem bei der ersten Auflage intensiv unterstützt.
- Anita Winkler und damit der Verlag: Sie gaben den Impuls und hatten natürlich sehr viel Arbeit in der Schlussphase der Erstellung. Dank ihnen habe ich die Bergwelt von Vorarlberg erst so richtig kennengelernt.

Die Bitte zum Schluss

Natürlich habe ich versucht, möglichst keine Fehler zu machen. Sie kommen erfahrungsgemäß trotzdem vor. Wenn Sie als kritischer Leser einen solchen entdecken, melden Sie ihn bitte an folgende Adresse:
rudolf@erlebnis-alpin.at
Korrekturen und Ergänzungen sind im Internet unter:
www.erlebnis-alpin.at nachlesbar.
Danke!

Kein Buch ist vollkommen und endgültig. Wenn dir, lieber Bergwanderer / liebe Bergwanderin, ein Fehler, eine Ungenauigkeit oder eine Veränderung bei einer Route auffällt, sende bitte ein Mail an den Autor:
rudolf@erlebnis-alpin.at
Wichtige Ergänzungen und Änderungen können auf der Homepage des Autors nachgelesen werden:
www.erlebnis-alpin.at

e-mail: loewenzahn@studienverlag.at
homepage: www.loewenzahn.at

Bibliografische Information Der Deutschen Bibliothek
Die Deutsche Bibliothek verzeichnet diese Publikation in der Deutschen Nationalbibliografie; detaillierte bibliografische Daten sind im Internet über <http://dnb.ddb.de> abrufbar.

ISBN 978-3-7066-2474-9

Fotos: Rudolf Mayerhofer
Mit Ausnahme von:
Seite 13, 201, 203: Peter Gorski
Seite 77: Manfred Sparr
Seite 202: Hanskarl Jäger
Seite 316, 321: Philipp Werlen

Kartenunterlagen: © BEV 2010, Vervielfältigt mit Genehmigung des BEV – Bundesamtes für Eich- und Vermessungswesen in Wien, T2010/70496
Einzeichnen der Routen: Rudolf Mayerhofer

Buchgestaltung nach Entwürfen von Kurt Höretzeder
Grafische Ausstattung, Layout und Satz: loewenzahn / Maria Strobl, maria.strobl@gestro.at
Umschlag: loewenzahn / Stefan Rasberger

Gedruckt auf umweltfreundlichem, chlor- und säurefrei gebleichtem Papier.

Hinweis:
Die einzelnen Angaben wurden vom Autor sorgfältig nach bestem Wissen und Gewissen zusammengestellt. Für die Richtigkeit der Angaben kann keinerlei Haftung übernommen werden. Wandern im alpinen Gelände erfolgt stets auf eigene Gefahr. Eine Haftung des Autors oder des Verlages für selbst erlittene oder anderen zugefügte Schäden ist ausgeschlossen.